2020包头统计年鉴

BAOTOU STATISTICAL YEARBOOK

包头市统计局 编

Compiled by Bureau of Statistics of Baotou

（总第19期 NO.19）

中国统计出版社
China Statistics Press

（京）新登字 041 号

图书在版编目（CIP）数据

包头统计年鉴. 2020/包头市统计局编.
—北京：中国统计出版社，2020. 11
ISBN978-7-5037-9363-9
I . ①包…
II. ①包…
III. ①统计资料—包头—2020—年鉴
IV. ①C832. 263-54
中国版本图书馆CIP数据核字(2020)第219463号

包头统计年鉴—2020

作　　者/ 包头市统计局
责任编辑/ 钟　钰　刘美霞
装帧设计/ 陈文科
出版发行/ 中国统计出版社有限公司
地　　址/ 北京市丰台区西三环南路甲6号
邮政编码/ 100073
电　　话/ (邮购) (010) 63376909　(书店) (010) 68783171
网　　址/ http://www.zgtjcbs.com
印　　刷/ 包头市三泰印务有限责任公司
经　　销/ 新华书店
开　　本/ 890×1240 毫米　1/16
字　　数/ 1100 千字
印　　张/ 44.3
版　　别/ 2020 年 11 月第 1 版
版　　次/ 2020 年 11 月第 1 次印刷
定　　价/ 300.00元

《包头统计年鉴》编辑委员会

编 辑 说 明

一、《包头统计年鉴—2020》系统收录了2019年包头市及各旗县区经济、社会发展方面的统计数据以及历年和重要历史年份的主要统计数据，是一部国内外各界人士了解包头、认识包头的重要资料工具书。

二、年鉴全书分为两部分。第一部分为特载，载入了2019年包头市党政部门重要文件和2019年国民经济和社会发展统计公报。第二部分为统计资料，分为22个细目，即：1.行政区划和自然资源；2.综合；3.国民经济核算；4.人口；5.就业与工资；6.价格指数；7.人民生活；8.财政；9.能源与环境；10.城市概况；11.农业；12.工业；13.投资和建筑业；14.运输和邮电；15.国内贸易；16.对外经济贸易和旅游；17.金融和保险；18.教育、科技和文化；19.体育、卫生、社会福利；20.要素市场、信息产业、高新技术开发区；21.旗县区资料；22.附录。

三、本年鉴中部分数据合计数或相对数由于单位取舍不同而产生的计算误差，均未作机械调整。

四、符号使用说明：年鉴各表中的“空格”表示该项统计指标数据不足本表最小单位数，不详或无该项数据；“#”表示其中的主要项。

五、本年鉴的统计数据来自政府统计部门和业务部门年度统计报表，在编辑过程中，得到了有关单位和国家统计局、自治区统计局的大力支持与协助，在此表示衷心感谢。

六、限于编辑水平，对于年鉴存在的差错和缺点，敬请广大读者和统计战线的各位同仁提出宝贵意见。

目　录
CONTENTS

第一部分　特载
PART ONE SPECIAL ARTICLES

第二部分　统计资料
PART TWO STATISTICS

一、行政区划和自然资源
Divisions of Administrative Areas and Natural Resources

二、综合
General Survey

三、国民经济核算
National Accounts

四、人口
Population

五、就业与工资
Employment and Wages

六、价格指数
Price Indices

七、人民生活
People's Living Conditions

八、财政
Government Finance

九、能源与环境
Energy and environment

十、城市概况
General Survey of Cities

十一、农业
Agriculture

十二、工业
Industry

十三、投资和建筑业
Investment and construction

十四、运输和邮电
Transportation, Postal and Telecommunication Services

十五、国内贸易
Domestic Trade

十六、对外经济贸易和旅游
Foreign Trade, Economic Cooperation and Tourism

十七、金融和保险
Banking and Insurance

十八、教育、科技和文化
Education, Science and Culture

十九、体育、卫生、社会福利
Sports, health, social welfare

二十、要素市场、信息产业、高新技术开发区
Essential Market , Information Industry and Exploitation Areas of Advanced Technology

二十一、旗县区资料
Statistics of Banners, Counties and Districts

二十二、附录
Appendix

第一部分 特 载

PART ONE SPECIAL ARTICLES

政府工作报告

——2020年4月14日在包头市第十五届人民代表大会第三次会议上

包头市人民政府市长 赵江涛

各位代表：

现在，我代表市人民政府向大会报告工作，请予审议，并请市政协各位委员和列席人员提出意见。

一、2019年工作回顾

过去一年，我们在市委的坚强领导下，认真学习贯彻习近平新时代中国特色社会主义思想和习近平总书记关于内蒙古工作的重要讲话重要指示精神，坚持以生态优先、绿色发展为导向，统筹推进稳增长、促改革、调结构、惠民生、防风险、保稳定各项工作，全市经济社会向着高质量发展迈出坚实步伐。

（一）经济运行稳中有进。全市地区生产总值增长6%；固定资产投资增长2%；社会消费品零售总额增长4.3%；一般公共预算收入增长6.4%；城乡居民人均可支配收入分别达到50427元和19174元，分别增长6.4%和10%，主要经济指标保持在合理区间。**着力减轻企业负担**，全年为企业减免税费43.2亿元，降低用电成本23.4亿元，包钢、北重、北奔实现债转股137.4亿元。落实市领导包联民营企业制度，协调融资4.3亿元，发放助保金贷款4亿元，提供过桥资金4570万元，民营经济呈现良好发展势头。**全力推动重大项目建设**，实施亿元以上重点项目634个，竣工204个，完成投资934.9亿元。杉杉负极材料等一批重点产业项目正式投产。京包高铁开通运营，G6高速青山互通工程、国道210线满都拉口岸至白云鄂博段、国道335线黄家滩至百灵庙段基本完工。深入推进招商引资“市长旗县区长工程”，引进国内（区外）到位资金234亿元。**坚决打好重大风险防范化解攻坚战**，包商银行风险得到妥善处置，股权重组工作稳步推进，打击非法集资、农村牧区高利贷取得明显成效。化解政府隐性债务175亿元，其中清理拖欠民营中小企业账款61.4亿元，“十个全覆盖”工程款全部清偿，超额完成全年目标任务。

（二）产业结构调整不断深化。**加快推动工业转型升级**，实施总投资1605亿元的101个传统产业转型升级项目和163个战略性新兴产业项目，全球首个5G无人驾驶矿用车应用落地包头，磐迅5万吨先进高分子新材料实现进口替代，浦景聚乙醇酸可降解塑料技术率先在国内取得突破，中国稀土产业发展指数在我市发布。11项产品被自治区认定为重大技术装备首台套、3项产品被认定为关键零部件首批次，青山装备制造产业园区入选第三批国家应急产业示范基地，北重集团上榜国家制造业单项冠军示范企业名单，装备制造业增加值增长40.2%，规模以上工业增加值增长

11.2%，其中战略性新兴产业增长21.2%、高技术产业增长1.2倍。**加快推动服务业提档升级**，森林春天城市广场、维多利摩尔城投入运营，万科印象城等项目加快实施。保税物流中心（B型）通过验收。重点监控电商企业交易额完成2244亿元、增长94.4%，会展经济交易额完成13.9亿元。成功举办内蒙古花季旅游节、第七届游牧文化旅游节等10余项大型文化旅游活动，花舞人间获批国家4A级景区，旅游综合收入620.2亿元，增长6.8%。**加快推动农牧业高质量发展**，建成农牧业生产标准化基地55个，牲畜出栏520万头（只），全年粮食产量23.4亿斤，再创历史新高。农畜产品加工转化率达到68%。成功举办第六届牛羊肉产业大会，大雁滩国家级田园综合体、敕勒川现代农博园建成运营。新认定"三品一标"42个，国家级龙头企业达到5家。

（三）改革开放活力加速释放。**深入推进体制机制创新**，实行重点产业"链长制""群长制"，促进企地深度融合，27个产业协作项目、31个军民融合项目加快推进，获批自治区首家军民融合创新示范区。全面深化"放管服"改革，市级行政许可环节、要件和时限分别压缩24%、19%和25%。工程建设项目审批制度改革和"拿地即开工"试点取得突破，"多证合一""证照分离"全面推开，新增市场主体28478户。建成与国家、自治区对接共享的一体化政务服务平台，网上可办率达到77%，117个直接面向群众的高频事项向基层下沉，政务服务标准化试点通过国家验收。制定《市直国有企业整合重组深化改革实施方案》，国有资产集中统一监管取得新突破。设立金融法庭和金融纠纷诉调对接中心，内蒙古金融租赁公司筹建取得阶段性进展，入选全国金融服务综合改革试点城市。集体产权制度改革清产核资和土地确权登记颁证基本完成，97%的嘎查村成立了集体经济组织。**大力推动科技创新**，工信部国家级稀土功能材料创新中心落地包头，科技部稀土技术创新中心创建取得积极进展，新增高新技术企业68户、自治区级企业研发中心14家，科技研发经费投入强度居自治区首位。G115大口径厚壁无缝钢管等20项关键核心技术实现突破，压水堆环形燃料组件等7个新产品填补国内空白，元泰丰生物有机肥技术被联合国发展计划署列为碳基肥料与生态农业融合发展项目。引进高层次和紧缺急需人才1211人，新增高技能人才3051人，培育国际认证高技能人才138人。**加快发展外向型经济**，包头航空口岸获准对外开放，机场旅客吞吐量达到230万人次。与兵器工业集团签订中蒙经济走廊矿山一体化项目，包满铁路三期工程基本完工，进口肉类指定监管场地通过验收，满都拉口岸过货量增长10%。积极组织企业参加"第二届中国国际进口博览会"等贸易活动，外贸进出口总额完成190.7亿元，增长13.6%。

（四）城乡建设管理协调推进。国土空间总体规划编制全面启动，生态保护红线划定评估优化工作基本完成，永久基本农田保护条例、城镇开发边界管理条例颁布实施，国家"城市双修""城市设计"试点任务全面完成。110国道、沼南大道实现主线通车，南门外大街、西脑包大街等改造工程全面完成。渠化改造拥堵路口12个，新增停车位2.6万个，新建停车场6个。赛汗塔拉西门区建成开放，22项园林绿化工程全面完工。改造排水管线和雨污合流管线52公里，获批国家黑臭水体治理示范城市。加快国企职工家属区"三供一业"改造，受益居民7.7万户。房屋产权登记办理率达到70%，解决了160个项目7.97万套房屋产权证办理历史遗留问题。改造棚户区1488套。新增物业管理达标小区147个，达标率提高到75%。综合整治街巷24条，拆除违法建筑20万平方米，城区道路机械化清扫率达到63%。深入开展农村人居环境治理，完成村庄建设规划462个，绿化美化村庄478个，新建改造户厕16699个，改造农村牧区危房963户，244个村建成污水处理设施，大棚房专项整治任务全面完成。新改建农村牧区公路309公里，达茂旗获评“四好农村路”全国示范县。

（五）生态文明建设全面加强。**持续加大生态保护力度**，实施国家林业重点工程70.2万亩，大青山南坡等生态功能区治理恢复取得明显成效，全市森林覆盖率达到17.9%。制定实施《沿黄生态保护与建设规划》，黄河国家湿地公园“五片区”建设工程扎实推进，累计改良利用盐碱地47.6万亩，黄河三个断面水质稳定达标。**全力打好污染防治攻坚战**，投资37亿元实施重点治理工程125项。完成焦化、有色等行业特别排放限值改造23项，启动包钢焦炉脱硫脱硝超低排放改造，治理赵家营村等区域原煤散烧污染100万平方米，整治“散乱污”企业322家，空气质量达标天数达到300天。自治区级以上工业园区污水集中处理设施全部建成，全市污水集中处理率达到96%。修正饮用水水源保护条例，封停地下水源井76眼，整治规范集中式饮用水水源保护区65.7平方公里，9个城市集中式饮用水水源地水质达标率100%。废弃垃圾填埋场整治和存量污泥处置项目加快推进。中央环保督察和“回头看”反馈问题整改取得明显成效，危废中心等一批突出问题得到有效解决。**积极发展低碳循环经济**，工业能耗智慧监管平台投入试运行，包钢800万吨冶炼渣处置利用等项目取得显著成效，成功入围全国“无废城市”建设试点。

（六）民生保障水平稳步提高。全面建成小康社会综合指数位居自治区前列。**全力打好脱贫攻坚战**，圆满完成自治区下达的1688名贫困人口减贫任务，固阳摘掉自治区贫困县“帽子”，中央专项巡视和成效考核反馈问题得到整改落实。**大力促进就业创业**，城镇新增就业4.49万人，城镇登记失业率控制在3.86%。发放创业担保贷款5.7亿元，占全区总量一半以上，城镇新增就业等8项指标居自治区第一。**加快提升社会保障能力**，企业职工养老金实现15连调，城乡低保连续三年调标，农牧民工欠薪案件数量和涉及人数、金额大幅下降。新建日间照料中心等养老设施、机构103个，养老机构入住率达到74%。**全面发展社会事业**。深入推进教育质量提升三年行动计划，无证幼儿园等专项治理取得明显成效，义务教育实行“阳光分班”，17所幼儿园、中小学改造工程全部完工，高考本科率、一本率、平均分三项核心指标位于全区首位。不断深化医药卫生体制改革，建立8个城市医疗集团和6个县域医共体，基本药物目录品种增加165种，居民电子健康码工程全面启动。成功举办2019包头首届国际马拉松赛、第一届全民健身体育节，圆满完成“十四冬”包头站火炬传递活动，青山区获评自治区全民健身示范区。开展各类文化惠民演出2000余场，歌剧《双翼神马》入选“内蒙古草原精品优秀剧目”，话剧《大国工匠》获自治区精神文明建设“五个一”工程奖，达茂旗戍边牧民阿迪雅被评为自治区唯一的第七届全国道德模范。统计、外事、人防、气象、地震等工作得到加强，红十字、妇女儿童、青少年、老年人和残疾人等事业取得新进步。**加强和创新社会治理**。圆满完成第四次全国经济普查、第二次全国污染源普查和第三次全国国土调查任务。制定了自治区首个《党政领导干部食品安全责任清单》，深入开展食药领域安全专项整治，消费者权益得到有效保障。扎实推动领导干部“开门”大接访，信访批次和人数分别下降7.6%和9.8%，一批事关群众切身利益的问题得到解决，白云矿区获批全国信访工作“三无”旗县区。全面落实安全生产责任制，强化重点领域安全隐患整治，各类生产安全事故下降2%，有效遏制了重特大事故的发生。深入推进扫黑除恶专项斗争，打掉涉黑涉恶团伙89个。全面推进警力下沉，有效整治社会治安突出问题，各类刑事警情接报数和刑事案件立案数明显下降，人民群众安全感不断提升。隆重举办庆祝新中国成立70周年系列活动，民族团结、宗教和顺、边疆安定、社会和谐的大好局面进一步巩固。

（七）政府自身建设不断加强。坚持把政治建设摆在首位，增强“四个意识”、坚定“四个自信”、做到“两个维护”，不折不扣落实中央重大决策和自治区、市委的安排部署。政府机构改革任务全面完成，机构设置更加合理、运行机制更加完善。严格落实向市委请示报告制度，主动接受人大法律监督、工作监督，政协民主监督和审计监督、社会监督，613项人大代表建议和政协委员提案全部办理完成，提请市人大常委会审议地方性法规议案6件。严格落实中央八项规定及其实施细则精神，压减一般性支出23.5%、“三公”经费27.1%，以政府名义召开的会议精减39.7%，政府“四类”文件精减39%。认真落实党风廉政建设和意识形态主体责任。扎实开展“不忘初心、牢记使命”主题教育，13个专项整治取得明显成效，政府执行力落实力不断增强。

各位代表！事非经过不知难。过去一年，在外部环境复杂多变、经济下行压力加大、化债清欠任务艰巨等困难的条件下，全市经济社会各项事业实现平稳健康发展，向着全面建成小康社会目标稳步迈进。这些成绩的取得，是党中央、国务院和自治区党委、政府坚强领导、关心关怀的结果，是市委统揽全局、科学决策的结果，是市人大、市政协有效监督、鼎力支持的结果，是全市人民凝心聚力、苦干实干的结果。在此，我代表市人民政府，向全市各族人民、向所有关心支持包头改革发展的同志们、朋友们，致以崇高的敬意和衷心的感谢！

在总结成绩的同时，我们也清醒地认识到，发展中还面临着不少问题。产业转型升级任务艰巨，传统产业链条较短，新产业新动能处于起步阶段、尚未形成有力支撑。城市综合优势和优质资源没有得到充分发挥，推动企地、校地深度融合还需持续加力。营商环境有待进一步优化，基础设施还有一些短板，改善生态环境质量仍需久久为功。人民群众关心的一些热点难点问题还没有得到根本解决，教育、医疗、就业等优质公共服务供给距离群众期盼还有差距。少数干部进取意识不够、担当精神不足、服务意识不强。对此，我们将采取有效措施，认真加以解决。

二、2020年工作安排

今年是全面建成小康社会和“十三五”规划收官之年，是打赢脱贫攻坚战的决胜之年，做好各项工作责任重大、意义深远。政府工作的总体要求是：**坚持以习近平新时代中国特色社会主义思想为指导，深入贯彻党的十九大和十九届二中、三中、四中全会精神以及习近平总书记关于内蒙古工作的重要讲话重要指示精神，增强“四个意识”、坚定“四个自信”、做到“两个维护”，紧扣全面建成小康社会目标任务，坚持稳中求进工作总基调，坚持新发展理念，坚持以供给侧结构性改革为主线，坚持以改革开放为动力，坚持以科技创新为引领，坚定不移走以生态优先、绿色发展为导向的高质量发展之路，统筹推进疫情防控和经济社会发展工作，坚决打赢三大攻坚战，全面做好“六稳”工作，全力稳增长、促改革、调结构、惠民生、防风险、保稳定，努力把疫情对经济社会发展的影响降到最低，保持经济运行**

在合理区间，不断增强人民群众获得感、幸福感、安全感，确保全面建成小康社会和“十三五”规划圆满收官。

今年主要发展预期目标是：地区生产总值、固定资产投资、社会消费品零售总额、一般公共预算收入均增长6%左右，城乡居民人均可支配收入分别增长6.5%、7.5%左右。城镇登记失业率控制在3.9%以内。

落实总体要求，实现预期目标，谋划好“十四五”时期各项任务，要注重把握好几个关键。

一是进一步树牢新发展理念，明晰发展思路。我们必须要全面领会习近平总书记关于内蒙古工作的重要讲话重要指示精神的深刻内涵，不断深化对市情的理性认识，切实找准优势和短板，跳出固有的思维模式和路径依赖，全面推动体制创新、产业创新、科技创新，优先做强二产，不断做大三产，着力做精一产，加快打造自治区现代制造业中心、区域消费中心城市和生产性服务业中心城市，走出一条符合包头实际的高质量发展之路。

二是进一步加强形势判断，坚定发展信心。我们必须要理性客观分析当前面临的形势，既要树立底线思维，充分认识新冠肺炎疫情全球蔓延给经济造成的不利影响，把困难估计的更充分一些，提前谋划应对措施；更要强化机遇意识，牢牢把握疫情影响导致全球产业链重构的机会，精准施策推动优势产业延链补链强链，积极争取国家和自治区各类项目资金，鼓励发展疫情催生的新经济，抢抓机遇、化危为机，确保实现决胜全面建成小康社会目标任务。

三是进一步凝聚发展合力，激活发展潜能。我们必须要树牢“一盘棋”意识、强化“大包头”理念，依托完备的产业体系、良好的科研基础和集聚的人才资源，在更高层次更广领域推动优势产业集群发展。深化企地校地融合，推动驻市企业、高校、金融等优势和地方政策、环境、人力等资源有机融合，充分调动一切生产要素潜力。大力发扬包头人民艰苦奋斗、争创一流的精神，引导全市上下开拓创新、干事创业，切实凝聚起推动高质量发展的强大合力。

四是进一步优化发展环境，打造城市品牌。我们必须要以更高标准提升城市文明程度，着力打造开放包容、诚信友善的人文环境。不断健全完善现代城市治理体系，以更实举措加强城市规划建设管理，着力打造舒朗大气、宜居宜业的城市环境。坚持治理和保护并重，以更严要求推进生态文明建设，着力打造水清地绿、天蓝云白的生态环境。加快转变政府职能，以更大决心提升政务服务水平，着力打造高效有序、普惠便捷的营商环境，真正把包头建设成为一座“来了就不想走”的城市。

2020年重点做好以下几个方面工作。

（一）着力稳定经济运行，切实夯实高质量发展基础支撑。积极应对新冠肺炎疫情对经济造成的冲击，下大力气稳企业、增投资、防风险，力保主要经济指标运行在合理区间。

全力以赴推动企业稳产达效。企业稳，就业和经济就稳。要认真贯彻落实疫情期间党中央、国务院重大决策部署，按照《关于在有效防控疫情的同时积极有序推进复工复产的指导意见》，在推动疫情防控常态化、严防输入性风险的基础上，强化煤电油气运等生产要素保障，及时帮助解决企业存在的突出问题，支持供应链核心企业带动上下游特别是配套中小企业全产业链复工复产。全面落实减税降费、援企稳岗等各项政策，让企业享受到更多政策红利。用足用好用活各类金融政策，支持重点国有企业债转股，健全完善融资服务“白名单”制度，进一步扩大“助保金贷款”、中小企业转贷基金和国有融资担保公司服务范围，开展企业融资服务精准对接活动，全面提升金融服务实体经济能力。扩大电力多边交易覆盖范围，加快推进稀土新材料产业园区配售电改革，降低企业用电成本。

毫不动摇支持民营经济发展。民营经济最具市场活力，是社会就业的“蓄水池”。要把做强民营经济作为高质量发展的重要突破口，全力落实中共中央、国务院《关于营造更好发展环境支持民营企业改革发展的意见》。用好中小企业发展基金，培育一批民营领军骨干企业、优质上市企业和“专精特新”中小企业。鼓励民营企业参与国有企业混合所有制改革，全力支持天和磁材、威丰稀土电磁等具备条件的企业在科创板上市。树立对民营企业正向激励的鲜明导向，健全民营企业家参与涉企政策制定机制，依法保护企业家权益。全面构建“亲”“清”政商关系，切实帮助企业纾困解难，让企业家安心发展、放手创业。

加快推动重大项目建设。投资是当前拉动经济增长最现实有效的手段。要紧盯国家产业政策和重点支持领域以及全市计划实施的635个亿元以上重点项目，确保年内竣工项目200个，完成投资1000亿元以上。**推动重大基础设施建设，**加快包茂高速改扩建工程、国道110线北绕城和省道315线托县至东河段建设进度，力争开工建设国道335线白云鄂博至明安、国道210线白云鄂博至固阳公路项目，启动国道210线固阳至东河公路和古城湾黄河大桥前期工作。开工建设包银高铁，积极推进包西高铁。着力推动包头机场飞行区域改扩建工程，有序实施5G基站、充电桩等新基建建设。**促进产业项目全面开复工，**深化重大项目领导包扶责任制，充分发挥派驻重点企业和重点项目215名“联络员”作用，帮助协调办理项目前期手续，争取落地开工一批、全面建成一批、投产上线一批，列入国家、自治区“十四五”规划一批，加快培育形成新的增长点。**深化招商引资“市长旗县区长”工程，**进一步提升园区综合承载能力，完善招商引资政策，聚焦先进制造业、新兴产业等领域，加强产业链招商、定向招商、以商招商，力争引进国内（区外）到位资金增长6%以上。

全力打好重大风险防范化解攻坚战。出台《政府债务管理绩效评价办法》，探索市区（旗县）统筹、金融介入、平台转型、资产处置等多种化债模式，积极稳妥化解政府债务，确保拖欠民营中小企业账款全部清偿。加大项目、资金和专项债券争取力度，有效缓解财政收支矛盾。加强对网络借贷等领域监管，严厉打击非法金融活动，严密防控金融风险。积极推动蒙商银行挂牌运营、内蒙古金融租赁公司落成开业，引进各类金融机构落户我市。

（二）调整优化产业结构，加快构建高质量发展产业体系。加速推动产业存量升级、增量崛起、优势重构，不断提升产业基础能力和产业链现代化水平。

加快推动传统产业改造升级。坚持以新技术新模式推动产业层次提升，让传统产业“强”起来。支持钢铁、铝业、化工等企业改造升级，聚焦“原字头”产品就地转化，推动华云三期合金铝、明拓稀土现代铁素体不锈钢等项目建设，进一步延伸产业链条，提高产品附加值和竞争力。依托装备制造优势，强化内引外联，支持北奔新能源汽车、北重无人驾驶矿用车等产品“走出去”，加快国家应急产业示范基地建设和国家级军民融合创新示范区创建，推动装备制造业高端化、规模化、集群化发展。支持内蒙古网络协同制造云平台升级，带动制造业向自动化信息化方向加速转型。

培育壮大战略性新兴产业。大力发展新材料、新能源、信息技术等产业，让战略性新兴产业“立”起来。全力打好稀土这张牌，加快稀土新材料产业园区建设，实施金力磁材、英思特新能源汽车电机磁瓦等项目，推动稀土产业高端化发展。以国家级稀土功能材料创新中心为依托，不断增强稀土产业创新能力，力争在稀土新材料领域取得重大突破。制定出台《稀土交易市场管理暂行办法》，促进包头稀土交易所健康发展，争取晋升为国家级交易平台。全力做好现代能源经济这篇文章，推动国家级可再生能源综合应用示范区建设，开工建设一期160万千瓦风电“源网荷”一体化等项目，积极发展氢能产业，进一步优化能源供给结构；推动通威高纯晶硅二期、弘元5GW单晶二期等项目竣工投产，加快完善光伏产业链。大力发展新材料及应用产业，推进神华煤制烯烃二期、光威万吨级碳纤维、浦景化工二期等项目建设。着力构筑新一代数字经济产业体系，推动华为工业互联网云等项目实施和5G应用、大数据等产业发展，积极探索区块链技术应用发展模式。

支持服务业创新发展。努力降低疫情对服务业的冲击和影响，多措并举促进消费，让服务业“火”起来。**推动消费升级和生活性服务业相互促进。**推动中冶商业综合体、包百九原店等项目开工建设，昆区吾悦广场等项目开业运营，促进城市商圈合理布局。实施小白河湿地生态旅游度假区等重点项目，推动春坤山、九峰山、花舞人间、希拉穆仁等景区提档升级。支持各旗县区因地制宜打造特色旅游品牌，设计开发全域旅游环线。依托文化、体育、科技等各类场馆和教育、医疗、旅游等优质资源衍生出的消费需求，大力培育健康养老、休闲娱乐等新业态，加快发展周末经济、夜间经济等新模式，增强城市辐射带动和人口集聚能力。**推动制造业和生产性服务业相互融合。**支持企业发展供应链管理、物流总部经济，加快发展公铁联运、陆空联运。培育3—5家自治区认定的工业设计中心，形成一批拥有自主知识产权的关键技术和设计品牌。做大做强工业产品交易平台，推进双创主题街区等项目建设，鼓励创建区域电子商务示范基地，支持发展农村电商。提升会展品牌质量，加速信息、资金、人气、商品等要素聚合，实现商品贸易向流量经济转变。

（三）全力推动改革创新开放，加快释放高质量发展动力活力。坚持科技创新和改革开放双轮驱动，进一步强动力、增活力、挖潜力，着力提高经济整体竞争力。

不断加强科技创新。强化政策服务引导，鼓励企业加大研发投入，全面提升科技创新能力。**加快完善创新体系，**整合全市科研院校和驻市企业的测试实验设备、创新平台等优质科技资源，面向更多中小企业开放，创建共建共享共赢科技创新大联盟。以中科院包头稀土研发中心为基础，推动设立科技部稀土技术创新中心，全力支持“白云鄂博稀土资源研究与综合利用”和“一机集团特种车辆及其传动系统智能制造”两个国家重点实验室做实做强。培育企业技术中心等创新平台20家以上，认定科技“小巨人”、创新引领型民营企业20家以上，新增国家高新技术企业50家以上。**加强关键技术研发，**充分发挥各类创新平台作用，加强与国内外科研院所的合作，围绕新材料和制造业组织实施30个研发项目，加快解决一批“卡脖子”技术难题。**加速科技成果转化，**着力构建产学研用深度融合体系，设立15亿元的产业发展基金，引进风投基金，建设5个科技成果转化园区和中试基地，让更多科技成果转化为现实生产力。**加大人才引育力度，**启动国际认证引育工程三年计划，加快高技能人才公共实训基地建设。加强对现行人才政策的评估优化，既要引进外来人才，又要留住现有人才，更要用好本土人才，促进人才合理流动，努力让各类人才和年轻人在包头创业有平台、发展有空间。实施高校毕业生购房租房补贴政策，年内引进高层次和紧缺急需人才1000名，培养高技能人才3000名。

加快推动企地校地深度融合。扎实推动58个企地融合项目建设，进一步完善六大平台功能，为国有、民营企业和高校合作共赢做好服务。**深化“链长制”“群长制”**，“链长”重点围绕十二条产业链谋划引进项目，当好招商引资的引领者，主动为项目落地牵线搭桥，推动产业链、创新链、资金链有效对接，整合要素助推重点产业纵向成链。“群长”重点围绕七大产业集群谋划推进融合，当好企地融合的“火车头”，主动与民营企业共建共享技术、人才、设备、市场等各类资源，不断提升产业协作配套水平，集中资源助推重点产业横向成群。**加快推动校地融合，**鼓励高校与企业共建共享科研中试平台，积极参与传统产业转型和关键技术攻关，促进技术研发和成果转化双向流动。支持高校与企业、地方开展人才定向培养，引进共享高层次高技能人才。引导高校积极参与地方规划编制、政策研究和公共服务，为高质量发展提供更多智力支持。

全面深化重点领域改革。深化国企国资改革，推进市直国有企业整合重组和平台公司转型，改组2户投资运营公司，重组8户企业集团，构建“2+8+N”国资监管新格局，做实做大国有资产。持续做好国企职工家属区“三供一业”维修改造，基本实现国有企业退休人员社会化管理。创新园区发展机制，推行“飞地经济”模式，建立健全资源调配、利益分配和综合效益评价等制度。全面实施预算绩效管理，做好市区两级事权和支出责任改革，支持旗县区增强财政保障能力。持续深化标准国际化创新型城市建设，培育更多更有影响力的地理标志商标，打造更具市场竞争力的包头品牌。

着力优化营商环境。开展既有产业政策评估优化，加大精准落实力度，努力让企业有更多获得感。全面推进相对集中行政许可权改革，动态调整权责事项清单，加大区域评估、告知承诺、容缺受理等改革力度，整顿规范中介服务。深入开展企业登记全程电子化，企业设立时间压缩在1天之内。深化“一窗综合受理”改革，进一步减环节、减材料、减时限，推动项目审批再提速。推进市场监管领域信用体系建设，大力推行“双随机、一公开”监管、信用监管、“互联网＋监管”。落实行政执法“三项制度”，避免多头重复执法、杜绝简单粗暴执法、防止随意任性执法。最大限度推动政务服务事项向大厅进驻、向线上迁移、向基层下沉，全力打通政务服务增速提效“最后一公里”，确保营商环境有大的提升。

推进更高水平的对外开放。主动融入“一带一路”和“中蒙俄经济走廊”，开工建设蒙古矿山一体化项目和援蒙棚改项目，加快推动满都拉口岸跨境铁路公路建设和铁路口岸申报进程，推动保税物流中心（B型）、进口肉类指定场所投入运营，构建口岸＋园区＋产业链新格局。全面落实外商投资准入负面清单，引导企业开拓多元化市场，支持优势产品扩大出口，不断加强对外经贸往来和人文交流。全面加强沿黄经济带建设和沿黄生态保护，积极推进“呼包鄂国家自主创新示范区”申报创建，主动融入区域协同发展。

（四）推动城乡协调发展，不断拓展高质量发展空间载体。统筹生产生活生态布局，推动城市内涵式、集约型、绿色化发展，打造宜居宜业的城乡环境。

加快完善城市功能。高标准编制完成市县两级国土空间总体规划，持续推进“多规合一”，形成全市域国土空间开发保护“一张图”，为城乡建设提供科学指引和刚性管控。实施202.9亿元的111个城建项目，启动主城区“三横四纵三连”快速路网规划，推动重要节点工程开工建设。加快工业路、站前路等项目建设，新建、续建停车场4处，进一步改善出行条件。加大老旧管网、雨污分流改造和积水点治理力度，扎实推进中小型城市绿地建设，争创国家生态园林城市。实施农村牧区饮水安全巩固提升工程，新增管道直饮水覆盖人口6万人。改造老旧小区48个，推动既有住宅电梯改造试点建设。持续化解房屋产权证办理历史遗留问题。实施物业管理提档升级项目150个，综合覆盖率达到90%以上。加大城市精细化管理力度，强化对私搭乱建等管控力度，大力开展110国道两侧街景整治和铁路沿线环境治理，积极推进生活、建筑垃圾分类和资源化利用。加快包头大数据运营指挥中心建设，推进基础数据信息共享，加速向“城市运行一网统管”目标迈进，建设智慧城市。

不断优化城乡空间布局。高标准推进新都市区建设，实施道路、管廊、绿化等33个基础设施工程，加快建设新都市区第一小学、包医国际医院等公共服务项目和包头万科冰雪馆、富力凯悦酒店等生活服务项目及一批高品质住宅项目，进一步丰富业态、完善功能，推动构建新的城市中心。加快北梁腾空区建设，基本形成支撑发展的路网框架，实现包一中新校区、景开中学一期、公园路小学富力校区投入使用。支持外五旗县区因地制宜做强优势产业、发展新兴产业、打造特色小镇，壮大县域经济规模，加快形成区域间优势互补、协同发展的新格局。着力调整优化产业布局，加快推进中心城区重污染企业搬迁改造，山南地区不再新建高环境风险项目。

深入实施乡村振兴战略。全面抓好农牧业生产和重要副食品稳产保供，新建13个种植业标准化基地，新增28万亩高标准农田。新建20个肉牛、50个肉羊标准化养殖基地和一批规模化生猪养殖基地，力争生猪存栏达到50万头，严防非洲猪瘟等重大动物疫情风险。推动农畜产品仓储保鲜冷链物流设施建设，完善现代农牧业园区和食品加工园区服务功能，农畜产品加工转化率达到70%。加快国家农业科技园区建设，推广优质品种100个、实用技术50项。新增市级以上龙头企业20家，培育休闲农牧业示范基地10个，促进农牧业高质量发展。巩固农村牧区集体产权制度改革成果，积极鼓励各类人才返乡创业。健全完善农村牧区人居环境治理综合体系和长效管护机制，完成重点流域44个建制村综合整治任务，确保90%以上的嘎查村生活垃圾收运处置体系全覆盖，农村牧区卫生厕所普及率达到60%以上。

（五）全力改善生态环境，坚决守好高质量发展亮丽底色。坚持问题导向、目标导向、结果导向，下大力气推进生态文明建设，筑牢我国北方重要的生态安全屏障。

打造全域生态保护治理新格局。实施国家林业重点工程50万亩，推进重要节点绿化改造和大青山南坡绿色廊道建设，治理矿山15处，建成大青山南坡生态文明教育示范基地。加强对达茂旗草原保护修复，严格落实禁牧休牧条例和草畜平衡制度，全面完成草原环境问题整改。加强沿黄生态保护，推动实施昭君岛、南海湖、敕勒川湿地等保护与恢复，完成南海湿地修复保护项目，改良利用盐碱地10万亩，全力推进沿黄生态廊道建设。

实现污染防治攻坚战阶段性目标。坚决打赢蓝天保卫战，投资23.8亿元实施49项工业污染深度治理工程，全面完成燃煤机组超低排放改造，加快包钢超低排放改造进度。加强工业窑炉综合治理，完成516家“散乱污”企业整治和禁燃区内64个村6.8万户1117万平方米原煤散烧治理任务。加强扬尘污染治理和面源污染管控，加快推动“公转铁”运煤项目建设，禁燃禁放各类烟花爆竹，建成区道路机械化清扫率达到70%，完成自治区下达的PM2.5浓度控制目标，优良天数比例保持在80%以上。全力打好碧水保卫战，投资31.7亿元实施15项治理工程，强化入河排污口管理，完成二道沙河生态治理等工程。启动实施总投资17.7亿元的污水管网、再生水管网等新建改造工程，加强中水回用、园区企业污水循环利用和排水管网源头管控。完成所有加油站地下油罐防渗改造和“万人千吨”饮用水水源地等整治任务，确保地表水考核断面优良比例不低于50%，城市集中式饮用水水源水质达标率保持在100%。扎实推进净土保卫战，严控重金属污染物排放总量，推动一机、北重等大企业建设正规渣场。优化危废中心运营管理，保证危险废物全部安全处置。持续缩减化肥、农药使用量，推动地膜回收率达到80%以上，保障土壤环境质量总体稳定。扎实推动中央、自治区环保督察反馈问题整改，确保按时完成任务。

加快“无废城市”建设。实施总投资13亿元的15个固废处置及综合利用项目，积极引进环保产业，推进冶金渣、尾矿综合利用等示范基地建设，支持包钢集团建设“无废园区”。加强企业能源管理和节能技术改造，打造一批绿色园区、绿色工厂。大力推行绿色建筑和装配式建筑，推广使用新能源和清洁能源汽车，推动形成绿色生产生活方式。

（六）做细做实民生工作，持续提升高质量发展共享水平。注重加强普惠性、基础性、兜底性民生建设，织密扎牢民生保障网，进一步提升群众的获得感、幸福感、安全感。

坚决夺取脱贫攻坚战全面胜利。坚持把打赢脱贫攻坚战作为全面建成小康社会的重中之重，深入贯彻“六个精准”“五个一批”脱贫举措和“四个不摘”工作要求，确保剩余贫困人口和新识别贫困人口全部脱贫，决不让一个群众在小康路上掉队。设立扶贫救助资金，建立边缘人口监测预警机制，全面落实《克服疫情影响、促进贫困户增收防返贫十项措施》，及时做好返贫人口和新发生贫困人口帮扶，建立稳定脱贫长效机制。因地制宜做实产业扶贫项目，加强就业技能培训，创新“智志双扶”举措，不断增强脱贫致富内生动力。高度重视城市低收入家庭生活保障，全力推动城镇困难职工解困脱困，扎实做好脱贫攻坚全面摸底排查整改，确保脱贫攻坚成色更足。

大力促进就业和社会保障服务。坚持把稳就业摆在更加突出的位置，出台《积极应对新冠肺炎疫情稳定和扩大就业若干政策措施》，加大公益性岗位开发力度，确保零就业家庭动态清零、城镇新增就业4.2万人。深入落实职业技能提升三年行动计划，加强众创空间和企业孵化器建设，培训劳动者4万人，发放创业担保贷款3.5亿元以上。制定落实《关于加强新时代退役军人工作意见》的办法，健全完善退役军人服务保障机制。积极推进劳动保障领域诚信体系建设，认真做好治欠保支工作，维护农牧民工合法权益。启动民政福利园区二期工程，推动实施第五批国家居家社区养老服务试点项目，推行残疾人免费乘坐市内公交车政策。

切实办好公平而有质量的教育。坚持把教育事业作为推动高质量发展的重要基石，推广公建民营、民办公助办园模式，支持社会力量发展普惠性幼儿园，新建公办幼儿园8所，确保公办幼儿园在园幼儿数量比例达到50%以上。深化城乡结对共建和集团化、联盟制办学体制改革，更多地把义务教育资源向薄弱地区、薄弱学校倾斜。

促进普通高中多样化、特色化发展，实施办学条件改善计划，逐步更新普通高中实验设备。整合各类职业教育资源，进一步理顺职教园区运行机制。优先发展民族教育，办好特殊教育和继续教育。推进中小学教师“县管校聘”管理改革，完善校长教师评价激励机制，加强师德师风建设，落实教师待遇政策，提高教育教学质量。

着力提升人民健康水平。坚持把提升群众健康水平作为全面建成小康社会的基本保障，加快实施市儿童医院、第八医院项目，对疫情期间承担治疗任务的一附院、二附院、第三医院进行升级改造。深化医药卫生体制改革，强化“三医联动”，加快完善分级诊疗制度，扎实推进紧密型医疗集团、医共体建设，促进区域医疗资源共享和优质医疗资源下沉，落实癌症等重大疾病用药纳入医保政策，努力让优质医疗资源和医保政策更多惠及患者。健全完善公共卫生应急管理体系，强化疾控能力建设，全力做好鼠疫防控工作，坚守不发生人间感染的底线。深入开展全民健身活动，办好包头国际马拉松赛、全国竞走锦标赛等大型品牌赛事，逐步免费、低费开放公共体育场馆，努力让运动成为全市人民的一种健康生活方式。

不断丰富群众精神文化生活。坚持把丰富文化内涵作为提升城市品质的精神引领，深入挖掘城市文化资源，广泛宣传独特的包头文化，围绕各类要素打造一批文化品牌，让文化软实力成为新的竞争力。根据疫情形势变化，统筹安排好第三十五届鹿城文化艺术节、基层惠民演出和芭蕾舞剧《草原英雄小姐妹》等精品剧目巡演。加强乌兰牧骑标准化建设和人才培养。完成五当召、美岱召文物保护工程，争取将我市长城遗址列入长城国家文化公园建设规划。深入践行社会主义核心价值观，关心关爱奋战在抗疫一线的广大医护人员、公安干警、社区工作者和志愿者，大力弘扬抗疫英雄越是艰险越向前的大无畏精神，激励全市人民致敬英雄、争当英雄，汇聚共建美丽包头的强大正能量，争创全国文明城市“六连冠”。

全力维护社会和谐稳定。坚持把维护社会安全稳定作为重大政治责任，着力构建现代化社会治理格局。完善社区治理体系，抓好市域社会治理现代化试点城市创建工作。健全应急管理体系，提高防灾减灾救灾能力，强化安全生产责任落实，坚决遏制重特大事故发生。持续加大食药安全监管力度，让群众饮食用药安全放心。深入开展“解决信访问题年”专项行动，大力推进信访积案化解，积极回应群众合法诉求。保持对各类违法犯罪严打高压态势，全力打赢扫黑除恶专项斗争，全面提升社会公共安全水平。扎实做好“七五”普法验收，争创国家法治政府建设示范市和全国法治宣传教育先进城市“五连冠”。支持国防和军队现代化建设，争创全国双拥模范城“九连冠”和自治区双拥模范城“十连冠”。开展第七次全国人口普查，创建“全国民族团结进步示范市”。

三、切实加强政府自身建设

我们的政府是人民的政府。我们要牢固树立以人民为中心的发展思想，着力提升政府治理体系和治理能力现代化水平，努力建设人民满意的服务型政府。

一是坚持从严治政。全体政府人员要把党的政治建设摆在首位，深入学习贯彻习近平新时代中国特色社会主义思想和习近平总书记关于内蒙古工作的重要讲话重要指示精神，进一步增强“四个意识”、坚定“四个自信”、做到“两个维护”。严守政治纪律和政治规矩，坚决贯彻执行党中央决策部署和自治区、市委工作要求，反对形式主义和官僚主义，确保政令畅通、令行禁止，以实际行动践行初心使命，持续巩固发展主题教育成果。

二是坚持依法行政。全体政府人员要增强法治思维和制度意识，自觉遵守法律和制度规定，全力构建职责明确、依法行政的政府治理体系。健全完善决策程序，认真贯彻民主集中制，进一步提高政府决策科学化、民主化、法治化水平。主动接受人大法律监督、工作监督和政协民主监督，自觉接受监察机关的监督和审计监督，进一步加大人大监督意见建议落实力度，高质量完成人大代表建议和政协委员提案办理工作。着力推进政务公开，积极回应群众关切，主动接受社会监督。

三是坚持担当勤政。全体政府人员要以包头发展为己任，进一步解放思想、更新观念，开拓创新、真抓实干，不断提升推动高质量发展的实践能力。强化问题导向，增强发现问题的敏锐、正视问题的清醒、解决问题的能力，着力破解制约发展的瓶颈和群众反映的热点问题。强化责任担当，完善容错纠错机制，坚决整治慵懒散、不作为、乱作为等现象，激励干部能担当、敢担当，想干事、干成事。

四是坚持廉洁从政。全体政府人员要严守各项纪律，认真落实全面从严治党责任，抓严抓实党风廉政建设，深入排查廉政风险隐患，严格遵守廉洁自律准则，筑牢思想防线，不碰纪律红线，守住廉政底线。坚决贯彻中央八项规定及实施细则精神，驰而不息正风肃纪，持之以恒转变作风。牢固树立过紧日子的思想，今年市本级压减专项业务费10%、非重点专项资金20%，把更多的资源和财力用在推动发展和改善民生上。

各位代表！路虽远行则将至，事虽难做则必成。让我们更加紧密团结在以习近平同志为核心的党中央周围，在市委的坚强领导下，不忘初心、牢记使命，攻坚克难、锐意进取，在全面建成小康社会的大道上阔步前行，在全面建设社会主义现代化国家新征程中再铸辉煌！

关于包头市2019年国民经济和社会发展计划执行情况与2020年国民经济和社会发展计划草案的报告

——2020年4月14日在包头市第十五届人民代表大会第三次会议上

包头市发展和改革委员会

各位代表：

受市政府委托，现将全市2019年国民经济和社会发展计划执行情况与2020年国民经济和社会发展计划草案提请大会审议，并请市政协委员和列席人员提出意见。

一、2019年国民经济和社会发展计划执行情况

2019年，面对复杂严峻的国内外宏观经济形势和持续加大的经济下行压力，全市上下以习近平新时代中国特色社会主义思想为指导，坚持新发展理念，深入学习贯彻党的十九大和十九届二中、三中、四中全会精神，认真贯彻落实习近平总书记对内蒙古重要讲话重要指示精神和在黄河流域生态保护和高质量发展座谈会上的重要讲话精神，围绕“提档升级、争创一流”总目标，全面落实市委十二届八次、九次、十次全会决策部署和《政府工作报告》具体安排，扎实推进“六稳”工作，经济社会发展保持总体平稳，延续稳中有进态势。市十五届人大二次会议审议批准的国民经济和社会发展计划执行情况总体较好。

（一）经济运行保持总体平稳

一是主要经济指标运行在合理区间。地区生产总值增长6%，其中一二三产增加值分别增长1.1%、8.2%、4.8%，三次产业比重由上年的3.1:41.1:55.8调整为3.5:39.3:57.2。固定资产投资扭转大幅下滑趋势，增长2%，总量位居全区第二。社会消费品零售总额增长4.3%。一般公共预算收入151.8亿元，增长6.4%。城乡居民收入分别达到50427元和19174元，分别增长6.4%和10%。

二是重大项目建设扎实推进。在实行《包头市重大项目分阶段管理办法》基础上，建立了重大项目和招商引资统计通报分析制度。全市634个投资亿元以上项目开复工616个，开复工率97.2%，完成投资934.9亿元；投资38亿元的杉杉负极材料一体化基地、投资32亿元的通威2.5万吨高纯晶硅一期、投资10亿元的韵升钕铁硼毛坯、投资8亿元的威丰高磁感取向硅钢等204个重点项目竣工投产。列入自治区监控的58个重大项目全部开复工，完成投资258.6亿元，为年度计划的108.5%。

三是产业链和产业集群精准招商开局良好。在十二大产业链和七大产业集群基础上，建立了

由市领导和大中型企业主要负责人领衔的产业链“链长制”和产业集群“群长制”招商机制。重点举办了“包头·上海高新技术及高端应用产业合作交流会”“包头·宁波两地企业对接交流会”等6次大型招商活动。全年签约招商项目268项，引进国内（区外）资金到位234亿元。

四是就业物价保持稳定。城镇新增就业4.49万人，完成目标任务的112.3%，位居全区首位；城镇登记失业率3.86%，低于年初控制目标。居民消费价格指数上涨1.9%。

（二）沿黄产业高质量发展扎实推进

一是传统工业改造稳步实施。实施了总投资425亿元的101个传统产业改造升级项目。按照钢铁行业排放标准，投资55亿元实施大安、吉宇、亚新隆顺等企业装备改造升级，先进制造零部件用钢、高强度机械钢等高品质特殊钢产业渐成规模。隆华铝合金材料、震雄铜拉丝、南通新城中高压化成箔等项目有序推进，产业发展层次和竞争力进一步提升。一机大地工程机械履带式推土机、昊明耐寒稀土储能电源系统等11项被自治区认定为重大技术装备首台套，盛泰汽车基于铸旋技术的高强韧轻量化铝合金车轮等3项零部件被自治区认定为关键零部件首批次，北奔新能源汽车制造资质获自治区发改委批复，北重集团上榜国家制造业单项冠军示范企业，鹿王羊绒入选工信部重点跟踪培育纺织服装品牌名单，存量经济发展质量进一步提高。

二是战略性新兴产业加快发展。实施了总投资1179亿元的163个战略性新兴产业项目，工业战略性新兴产业增加值增长21.2%，高技术产业增加值增长1.2倍。磐迅总产能5万吨先进高分子新材料、美科硅能源6GW单晶拉棒、上机数控5GW单晶硅等一批项目投产运行。率先在全国实现运用5G技术驾驶无人矿用车。“北斗鑫”车联网、一机智能制造实验室虚拟现实仿真技术、北重数字化生产线等一批智能制造项目投入使用。

三是现代服务业优化发展。在《关于促进现代服务业高质量发展的实施意见》等政策引导带动下，服务业增加值占比达到57.2%，政策效应进一步显现。重点监控电商企业实现交易额2244亿元，增长94.4%，居自治区之首。包钢入选国家首批工业产品绿色设计示范企业名单，内蒙古丰川电子等6户企业获评年度自治区级服务型制造示范企业。成功举办牛羊肉产业大会、稀土产业论坛等大型展会活动66场，现场成交额13.9亿元。启动建设包头市生产服务型国家物流枢纽工程。达茂旗、土右旗、石拐区列入国家全域旅游示范区创建名录，全年接待国内旅游者2240万人次，实现旅游业综合收入620.2亿元。

四是现代农牧业有序发展。粮食总产量达到23.4亿斤。建成标准化养殖基地20个，奶牛、肉羊养殖规模化率分别达到92%和81%。5个现代农牧业园区、3个食品加工园区入驻企业206家，同比增加28家；农畜产品加工转化率达到68%，同比提高3个百分点；田丰农牧获批第六批农业产业化国家重点龙头企业。“戈壁短尾羊”新品种通过国家鉴审，填补了包头肉羊自主品牌空白。培育番茄、肉羊等科研团队6个，推广新品种100个、新技术50项。完善追溯体系建设，183家企业纳入追溯管理。

（三）创新驱动能力进一步提升

一是创新实力不断增强。科研与试验发展（R&D）经费投入强度达到1.6%，居自治区首位。新增高技能人才3051人，引进高层次和紧缺急需人才1211人。双相纳米复合磁性材料制备技术等20项关键核心技术项目取得重大进展；煤矿防爆智能探测机器人等16项新产品取得阶段性成果。自主研发的特种设备追溯体系信息化系统取得国家版权局认证并在全区推广使用，主导制定的4个标准均属全国之首，稀土术语标准成为首个国际标准。

二是创新平台取得新进展。国家级稀土功能材料创新中心完成注册，白云鄂博矿多金属资源综合利用联合研究院投入运行，中国智能制造评估评价平台内蒙古分平台建成，内蒙古网络协同制造云平台成为工信部“工业互联网平台实验测试体系建设项目”。院士工作站达到46家，建成各类研发机构266家，新认定高新技术企业68家、总数达到189家。

三是创新创业纵深推进。设立包头市科研仪器共享共用创新券项目资助专项，50余家企业1122台（套）设备进入共享平台。争取各类科技项目资金1.8亿元，促进重点领域科技创新；发放创业担保贷款5.7亿元，占自治区总量的一半。为创业就业人员审核拨付贴息资金4431万元，为1218户小微企业提供免费财税代理服务。率先在自治区开展高技能人才“聚匠工程”和国际认证引育工程，累计培育各类国际认证技能人才348名，高技能人才公共实训基地项目争取到德国促进贷款3700万欧元，项目主体结构基本完成。

（四）深化改革开放取得新突破

一是营商环境建设成效明显。深化“放管服”改革，行政许可环节、要件和时限较上年分别压缩24%、19%和25%。实施“证照分离”改革企业5289户，办理“多证合一”企业18406户；全程电子化办理各类登记业务4427件，办理电子营业执照2070户；办理企业简易注销2910户。建成一体化在线政务服务平台，网上可办率达到77%。公积金贷款在自治区率先实现“最多跑一次”目标。新增市场主体28478户，累计达到21.5万余户。

二是国资国企改革加快推进。着力推进企业整合重组和集中统一监管，出台《包头市市直国有企业整合重组深化改革实施方案》及7个改革配套文件，一机集团军工资产实现整体上市，包钢混合所有制资产占企业资产比重达到66%。建立了国企工资薪金与经济效益挂钩机制，取消和授权下放国资监管事项19项。包钢、一机、包铝、二O二等国有企业“三供一业”改造启动实施。

三是供给侧结构性改革深入推进。支持实体经济发展，全市行政事业性收费项目减少到23项，市级出台收费项目均实现清零；落实减税降费政策，全年为企业减负53.9亿元。为79户企业发放助保金贷款4亿元；通过稀土产业基金累计支持企业30亿元。协调争取192户企业加入自治区电力多边交易平台，降低用电成本23.4亿元以上。

四是军民、企地、校地融合取得新成果。成功举办重点国有企业与民营企业产销对接会暨企地融合工作推进会，达成军民融合、企地融合合作意向82个、签约金额311亿元。北方嘉瑞高强度聚乙烯等31个军民融合项目进展顺利，一机集团与广东海乔、徐工集团等军工混改项目落地实施，包头市被自治区评为首家军民融合创新示范区。制定出台了关于促进高校和地方深度融合发展的实施意见。

五是区域协同发展稳步推进。出台《呼包鄂榆城市群发展规划包头市行动计划（2019-2020年）》。包头市可再生能源综合应用示范区规划获国家批准。呼张高铁跨线运行至包头获铁总批准，包头－北京4对复兴号高铁列车开通运行；包银高铁建设工作启动，着手进行沿线征拆；包西高铁包头至鄂尔多斯段启动前期勘查设计工作得到国家铁路集团同意；包满铁路三期基本完工。包茂高速包头－东胜段（哈达门至关碾房段）正在开展征拆工作，同步建设跨河大桥；省道315

线托县至东河段公路完成路基、桥涵工程，国道210线完成总工程量的97%，国道335线基本完工。达茂通用机场通过验收，石拐通用机场即将竣工，固阳通用机场选址意见获民航华北局批复。编制完成《满都拉口岸铁路总体规划》，启动杭吉口岸矿运公路项目前期工作。进口肉类指定监管场地、包头保税物流中心（B型）通过验收，包头航空口岸对外开放获批。外贸进出口总额190.7亿元，增长13.6%，出口额连续四年保持自治区第一。

（五）沿黄区域生态环境持续改善

一是沿黄生态保护和治理成效明显。贯彻习近平生态文明思想，统筹山水林田湖草综合治理和“五大区域”保护，编制了《包头市沿黄生态保护与建设规划》，改良利用盐碱地47.6万亩，实施国家林业重点工程70.2万亩，实施退耕还草工程4.4万亩。大青山南坡保护和修复、黄河国家湿地公园“五片区”建设工程稳步推进。全力打好污染防治攻坚战，投资37亿元推动实施大气、水、土壤、固废污染等重点治理工程125项，率先在自治区启动钢铁行业超低排放改造，完成原煤散烧污染治理100万平米，清理取缔“散乱污”企业322家，全年优良天数达到300天，较去年增加32天。规范集中式饮用水水源保护区建设65.7平方公里，黄河三断面和9个城市集中式饮用水水源地水质持续100%达标。综合整治城区河道34.5公里，获批国家黑臭水体治理示范城市；建成工业固废物联网监管系统，入选全国“无废城市”建设试点。包钢800万吨冶炼渣处置利用等项目取得显著成效，中央、自治区环保督察反馈问题整改取得实效。

二是城市功能品质稳步提升。全面启动国土空间总体规划编制，“城市双修”试点任务全面完成。实施城建重点工程100项，编制完成快速路网规划，完成南门外大街、钢铁大街公交车道等道路改造，打通兵工路西延等“断头路”。推进中小型公园绿地和北梁绿道建设，完成海绵城市示范项目。新增物业管理达标住宅小区147个。

三是乡村振兴战略深入实施。大力推进美丽乡村建设，完成村庄建设规划462个，绿化、美化村庄478个，建成市级以上文明村镇245个，打造“千村示范、万村行动”示范村82个，实施“厕所革命”，新建改造户厕16699户、公厕2004座，推动110个贫困村实现宽带网络接入和无线信号全覆盖。行政村公路通村率达到100%，土地确权登记颁证全面完成，农膜回收利用率达到80%以上。在全区率先完成集体产权制度改革，85%的龙头企业与合作社及农户建立了利益联结。

（六）社会民生事业全面发展

一是精准脱贫基本完成。全年投入脱贫攻坚财政专项资金近1.7亿元，“六清零”“四达标”任务全部完成。印发《包头市贫困户产业发展指导员制度工作方案》，66家龙头企业（合作社）与1979户贫困户建立紧密利益联结。为327户建档立卡贫困户发放扶贫小额贷款1264万元，为13410名贫困人口建立健康档案，实现就业扶贫104人。易地扶贫搬迁三年计划任务全部完成，4191名贫困人口全部迁入新居。圆满完成自治区下达的1688名贫困人口减贫任务，固阳县退出区贫县序列。

二是社会保障体系日益完善。实施全民参保计划，参保人数同比增加6万人，超额完成全年目标任务。连续三年提高城乡低保、特困人员供养标准，提高一线环卫工人工资标准。为58名新疆、西藏义务兵办理退役移交安置工作，为176名退役士兵办理了社保接续手续。完成城市棚户区（城中村）改造1488户，基本建成保障性住房937套。解决房地产历史遗留问题项目160个、7.97万套。实施农村危房改造963户。

三是基本公共服务协调发展。坚持教育优先发展，财政性教育经费支出59.1亿元，同比增长7.6%；学前教育三年入园率达到95.8%，义务教育巩固率达到91.8%，高考本科率达到81%，一本率达到43%，基础教育继续保持自治区领先水平。市中心医院、包医二附院、包钢医院开展现代医院管理制度示范院建设；包医国际医院、市第八医院、儿童医院加快建设；建立了8个城市医疗集团、6个县域医共体、10个市级专科医疗联盟。新建日间照料中心等养老设施机构103个，建成各类养老服务机构和场所495个，每千名老人拥有床位32张，市民政福利园区一期工程基本建成。成功举办包头首届国际马拉松赛、全国青少年夏令营暨“娜荷芽杯”呼包鄂幼儿足球邀请赛、第一届全民健身体育节。歌剧《双翼神马》入选“内蒙古草原精品优秀剧目”，话剧《大国工匠》获自治区第十四届精神文明建设“五个一”工程奖。

总的来看，2019年全市经济社会发展主要目标任务较好完成，三大攻坚战取得关键进展，“十三五”规划主要指标和重点任务有序推进，全面建成小康社会迈出坚实步伐。这些成绩是在国内外形势错综复杂、经济持续下行的环境下取得的，是市委带领几大班子齐抓共管、正确领导的结果，是全市上下同心同德、戮力攻坚的结果。

在总结成绩的同时，我们也清醒认识到，当前经济社会发展中还存在一些短板和弱项。一是投资和消费总体下滑，经济下行压力不断加大，企业盈利空间收窄。二是全面建成小康社会和“十三五”规划部分指标如单位GDP能耗、水耗、非化石能源占比等还需采取有效管用措施完成。三是生产力布局、传统产业和战略性新兴产业及轻重工业结构有待进一步优化，推动经济高质量发展任重道远。四是营商环境仍需进一步改善。对这些问题，我们将在今后工作中认真研究解决。

二、2020年国民经济和社会发展目标与主要任务

2020年是全面建成小康社会和“十三五”规划收官之年。我们要以习近平新时代中国特色社会主义思想为指导，全面贯彻党的十九大和十九届二中、三中、四中全会精神，深入贯彻习近平总书记对内蒙古重要讲话重要指示精神，认真落实中央经济工作会议、自治区党委十届十一次全会和市委十二届十一次全会精神，围绕黄河流域生态保护和高质量发展重大国家战略，紧扣全面建成小康社会、“十三五”规划圆满收官和“提档升级、争创一流”三大目标，坚持稳中求进工作总基调，坚持新发展理念，坚持以供给侧结构性改革为主线，坚持以改革开放为动力，全面落实“八字方针”和“六稳”，统筹做好疫情防控和经济社会发展工作，加快建设现代化经济体系，坚决打赢三大攻坚战，统筹推进稳增长、促改革、调结构、惠民生、防风险、保稳定，保持经济运行在合理区间，坚定不移走出一条以生态优先、绿色发展为导向的高质量发展新路子。

综合考虑全国经济总体趋势，2020年经济工作要统筹抓好量的合理增长和质的稳步提升，坚持“稳”字当头，立足“两个扭转”，落实“三个不能”，加快建设创新引领，产业、金融、人力资源协同发展，城乡区域协同发展的现代化经济体系。**主要预期目标**：地区生产总值增长6%左右，其中一二三产业增加值分别增长3%左右、8%左右、5%左右；规模以上工业增加值增长9%左右；固定资产投资增长6%左右；社会消费品零售总额增长6%左右；一般公共预算收入增长6%左右；城镇常住居民人均可支配收入增长6.5%左右；农村牧区常住居民人均可支配收入增长7.5%左右。城镇登记失业率控制在3.9%以内。完成自治区下达的节能减排目标。

围绕“一个战略”和“三大目标”，具体落实六方面任务。

（一）坚决打赢三大攻坚战，实现“三个确保”目标

一是打赢精准脱贫攻坚战，确保实现脱贫攻坚目标任务。扎实推进打赢脱贫攻坚三年行动，落实后续产业扶持等措施，巩固脱贫成果，完成现行扶贫标准下新识别的6户13人贫困人口脱贫任务，消除绝对贫困。聚焦关键问题和重点环节，扎实开展全面摸底排查整改、中央脱贫攻坚专项巡视“回头看”和各级成效考核反馈意见整改落实，补短板、强弱项，提高脱贫质量。探索建立解决相对贫困长效机制，落实风险防控预警机制，防止贫困户和边缘户因病、因灾、意外等特殊情况返贫致贫，坚决打赢脱贫攻坚战。

二是打赢污染防治攻坚战，确保实现污染防治攻坚战阶段性目标。打赢蓝天保卫战。加大产业布局调整力度，山南地区不再新建高污染高耗能项目；加快推进中心城区重污染企业搬迁改造，新上项目严格执行大气污染物2倍削减替代要求。实施总投资23.8亿元的49项工业污染深度治理工程，加快钢铁、火电行业超低排放改造，推进工业窑炉、挥发性有机物及无组织排放综合治理，整治“散乱污”企业。推进北方冬季清洁采暖，实施禁燃区内64个村的散煤燃烧污染治理。集中开展施工工地、裸露渣土堆场、裸露地面、道路运输扬尘污染整治。严格面源污染防治，推进烟花爆竹禁燃禁放。全面加强油品监督管理，严控高污染机动车和非道路移动机械。**打好碧水保卫战。**实施总投资31.7亿元的15项治理工程，推进昆河、四道沙河、二道沙河等河道治理。启动实施总投资17.7亿元的污水管网、雨水管网和再生水管网等新建改造工程。强化入河排污口监督管理。加强集中式饮用水水源地保护。完成全部加油站地下油罐防渗改造。推进黑臭水体治理示范城市建设。**推进净土保卫战。**加快“无废城市”试点建设，推动固体废物源头减量和资源化利用，实施投资13亿元的15个治理工程，推进粉煤灰、冶金渣等工业固废规模化利用。推进“城市矿产”基地建设。加强各类用地土壤质量管控，强化重金属行业污染防治，确保全市土壤环境质量总体稳定。严格按时限要求整改落实中央、自治区环保督察反馈问题。

三是打赢防范化解重大风险攻坚战，确保不发生系统性金融风险。采取预算安排、盘活政府存量资产、整合平台公司债务转化等举措，完成政府隐性债务年度化解目标。进一步健全完善经济安全工作机制和部门协作监管机制，认真贯彻《政府投资条例》（国务院令712号）及《关于加快推进政府投资项目前期工作优化审批流程的通知》（包府发〔2020〕6号），加强国有企业资产负债约束，加大防范非法集资工作力度，坚决守住不发生系统性金融风险底线。

（二）持续扩大有效需求，夯实经济发展支撑

一是全面推进企业复工复产。落实常态化疫情防控举措，“外方输入、内防反弹”。贯彻落实中央关于统筹做好疫情防控与经济社会发展各项决策部署和《包头市关于突出重点分类指导精准施策统筹兼顾做好疫情防控和经济社会发展各项工作的意见》（包党明电〔2020〕3号）精神，实行一企一策，下沉干部帮扶，保障企业正常生产。

二是突出抓好重大项目建设。组织实施635个投资亿元以上重大项目建设，当年完成投资1000亿元以上。其中一产项目41个，总投资155.4亿元，重点实施投资58.3亿元的城市水生态提升综合利用、投资15亿元的大青山南坡生态修复工程、投资10亿元的现代农业产业园、投资

5.3亿元的中国农牧业冷链物流一体化等项目；二产项目261个，总投资1579.1亿元，重点实施投资171.5亿元神华煤制烯烃二期、投资89亿元的国能煤制乙二醇、投资40亿元的通威高纯晶硅二期、投资30亿元的华云三期轻合金、投资30亿元的上机数控5GW单晶等项目；三产项目333个，总投资2043.2亿元，重点实施投资50亿元的昆区新城·吾悦广场、投资37.8亿元的包银高铁（包头段）、投资26亿元的210国道道路基础设施、投资26亿元的国道110线包头北绕城公路、投资25亿元的包头铜锣湾商业广场、投资25亿元的万科印象城商业综合体等项目。

三是加大基础设施领域补短板力度。抓住国家发行专项债券支持地方政府投资和加快“新基建”机遇，加快落实已储备的528个专项债券项目。加快推进三条高铁建设，包西高铁重点落实勘察设计；包银高铁重点落实征拆和沿线建设协调工作，确保6月底全线开工；争取呼包高铁改造升级列入国家“十四五”规划。启动建设“四路一桥”工程，具体包括国道110线包头北绕城、国道210线固阳至白云段一级公路、国道335线白云鄂博至明安段公路，基本实现全市外环通高速、内环通一级；启动国道210线东河至固阳和古城湾黄河大桥前期工作。完成国道210线白云至满都拉口岸、国道335线黄家滩至百灵庙段、省道315线托县至东河段公路工程建设；力争包茂高速包头至东胜段改扩建工程（哈达门至关碾房段）开工建设。推动投资12亿元的可再生能源综合应用示范区新能源外送通道建设。加快5G和区块链技术应用推广，积极谋划5G基站布局，推动5G网络建设，打造一批“5G+工业互联网”样板工程。

四是促进消费优化升级。贯彻《国务院办公厅关于加快发展流通促进商业消费的意见》（国办发〔2019〕42号），出台包头市促进消费的实施意见。加快发展电子商务，推进“互联网+”模式在制造业、服务业等各领域的应用，力争重点监测电商企业交易额增长8%以上。进一步规划新都市区消费市场建设，培育形成新的经济增长点。居民消费价格涨幅控制在3%以内。

五是统筹抓好外贸外资工作。围绕与俄蒙基础设施互联互通，加快推动满都拉－蒙古国赛音山达跨境铁路、杭吉口岸－赛音山达境外公路建设，开辟跨境跨区域多式联运交通走廊。积极融入“一带一路”和“中蒙俄经济走廊”建设，推动中欧班列常态化运营，鼓励引导企业开展对外投资合作。落实外商投资负面清单制度，提高实际利用外资水平。积极争取国家、自治区外经贸发展专项资金，为企业减轻负担。加快满都拉铁路口岸申报审批，推动进口肉类指定场所和B型保税物流中心投入运营，构建口岸＋园区＋产业链新格局。

六是大力开展招商引资。围绕十二大产业链，全面落实招商引资“市长旗县区长工程”和产业链“链长制”“群长制”招商工作要求，研究出台招商引资奖励政策，发挥“园区十条”“人才十条”等五个十条政策及产业基金、科技创新基金等综合优势，围绕承接长三角、珠三角等发达地区产业转移和协作配套，创新招商引资方式方法，大力推进“基金＋项目”招商方式，力争引进国内（区外）资金增长6%以上。

（三）持续推动沿黄高质量发展，培育经济新的增长极

一是加快推动存量变革。围绕企业技术改造和精深加工，推动传统产业转型升级。促进原材料基地向新材料基地转型发展。围绕稀土、钢铁、铝、铜等原材料，依托中科院包头稀土特钢创新中心，加快稀土特钢研发，延伸铝深加工产业链，

打造稀土钢、稀土铝－轴承钢、齿轮钢、弹簧钢等新型冶金产业链。**加快钢铁产业优化升级。**按要求有计划实施钢铁行业超低排放改造，全面启动大安、吉宇、亚新隆顺、宝鑫、德顺等钢铁企业工艺装备升级改造，引进实施关联度高的特种钢、高品质钢等配套项目，推动明拓铬业80万吨铁素体不锈钢项目建设取得实质性进展。**延伸有色产业链条。**铝产业重点发展汽车轮毂等压铸件、型材、电子化成箔等系列产品，加快实施投资2.9亿元的盛泰汽车卡巴轮及高端合金等项目，推动投资1.8亿元的通标铝业等项目投产达效；铜产业重点发展高精度铜板带箔、覆铜板等产品，以华鼎铜业和震雄铜业形成的上下游加工产业链为基础，推动形成从铜冶炼到铜导体深加工20万吨产能，打造铜导体新材料深加工领域全国最大的生产基地。**提升智能制造发展水平。**依托一机、北重、北奔等龙头企业，加快互联网、大数据、人工智能与传统装备制造企业深度融合；推动内蒙古网络协同制造云平台升级为兵器集团级的区域工业互联网平台，再培育一批智能制造示范企业，打造自治区智能制造创新服务示范区。**进一步化解过剩产能。**淘汰关停环保、能耗、安全、质量、技术等方面不达标企业；严格限制有效容积以下炼钢用生铁高炉、公称容量以下炼钢转炉。

二是做大增量经济。按照高质量发展要求，聚焦培育新动能，加快发展战略性新兴产业，重点推动神华煤制烯烃二期、杉杉锂电池负极材料一体化、威海光威碳纤维产业化等总投资1424亿元的190个战略性新兴产业项目建设。**推进稀土产业创新发展。**加强稀土新材料产业园区20平方公里核心基础设施建设，推动永磁、储氢、抛光三大材料在全国占比由原来不足10%提升到20%，稀土储氢、抛光材料产量保持全国第一，磁材产量提升至全国第三，建成全国最大的稀土新材料生产基地。重点实施英思特3C系列产品磁应用组件生产基地、福世特电机年产30万台（一期10万台）高效永磁电机等项目；推动包头稀土交易所升级为国家级平台。**发展现代装备制造。**通过健全完善军民、企地、校地体制机制，实现人才、技术、资本、现代金融等要素集聚。借助北方重卡新能源制造资质，加快发展新能源汽车及零部件产业，围绕已有装备制造产业基础，在增材制造（3D打印）、数控机床、电子信息设备等领域开发一批尖端装备产品，扩大产能产量，占领更多市场。制定应急产业发展三年培育计划，加快国家应急产业基地建设，依托一机、北重等企业的军工优势，培育应急产业集群。加快发展节能环保产业。加大城市矿产基地建设力度，新增利用工业固废200万吨，当年处置利用总量达到1700万吨以上，节能环保产业规模达到100亿元。**做好现代能源经济文章。**围绕风电、光伏及相关配套产业，重点实施总投资113亿元的国家可再生能源综合应用示范区首期160万千瓦风电项目，启动华电集团300万千瓦风电基地建设与就地消纳项目。依托通威高纯晶硅项目二期、上机数控5GW单晶硅等一批项目，打造高纯晶硅－多晶硅、单晶硅－光伏电池－光伏组件产业链。加快氢能领域的研究、规划和实施，与国家同步发展氢能产业。

三是深入实施创新驱动战略。加快推进国家级创新平台建设，抓好“国家稀土技术创新中心”“中科院包头稀土功能材料研究所”创建工作。围绕稀土新材料、现代装备制造及人工智能、大数据等新兴产业发展需求，以突破关键共性技术为目标，实施20项以上科技项目。加速科技成果转化，重点支持中科院包头稀土中心、中科院上海交大材料研究院等研发机构和稀土院等科研院所科技产业园（中试基地）建设发展，实施成果中试和产业化项目20项。加强创新体系建设，培育认定国家、自治区级重点实验室，工程中心、企业技术中心等创新平台20家以上，培育认定国家高新技术企业50家以上，培育认定科技“小巨人”、民营科技引领型企业、军民融合科技创新示范企业、智能制造科技创新示范企业20家以上。加强包头国家农业科技园区建设，组织实施20项农牧业关键技术攻关和成果转化项目。加强应用科技创新技术研究，通过科技创新和人才、技术基础，提升老工业基地三次产业发展水平。

（四）落实全面深化改革举措，增强经济发展活力

一是深入推进“放管服”改革。进一步整合审批服务资源，推动政务服务事项全链条进驻市县大厅，全面完成“一窗式”改革任务。打破数据壁垒，推动各部门行业专网与一体化在线政务服务平台实现数据共享。通过系统延伸、事项下放、增加银行便民代办点和“鹿城之窗”自助终端等方式，打造“500米便民服务圈”，提升政务服务便民化水平。加快社会信用体系建设，持续优化营商环境。

二是深化重点领域改革。深化财税体制改革，全面实施绩效管理，推进市县财政事权和支出责任划分改革，增强旗县区财政保障能力。深化生态环境综合行政执法改革，推动市县两级建立生态环保委员会，健全苏木、乡镇、街道、园区生态环保机构。深化教育领域改革，不断提升义务教育和普通高中教育办学质量。深化医药卫生体制改革，启动实施自治区新修订的医疗服务项目规范和价格，加强和完善短缺药品监测预警和分级应对机制，推动区域医疗资源共享和优质医疗资源下沉。深化人事制度和职称改革，进一步完善人才分类评价机制；落实公务员职务职级并行工资政策、地区附加津贴制度和公务员奖金制度，试点开展公立医院薪酬制度改革。推动知识产权战略实施，年内增加2件地理标志商标、10家自治区级知识产权优势企业和1个自治区级知识产权试点县、1个传统知识产权保护试点县。

三是推进国资国企改革。加快市直属国企整合重组，构建“2+8+N”国资监管体系，激活企业活力。建设国资监管信息化系统二期工程，继续做好国企职工家属区“三供一业”维修改造及包钢房产教育医疗机构移交后的运营发展，抓好国有企业退休人员社会化管理工作。推进市直国有企业负责人薪酬制度改革，推动具备条件的国有企业完成公司制改革。

四是推动军民、企地、校地融合发展。加快建设自治区军民融合创新示范区，推动实施总投资128亿元的35个军民融合项目建设；制定出台包头市加快军民融合产业发展实施意见，积极推进中核北方公司核应用产业园、稀宝博为高端医疗设备产业园建设。用足用好军民融合科技专项资金，支持重点民参军企业和军工企业合作。深化企地融合发展，落实产业集群“群长制”，促进企业开展配套合作。建立完善校地融合工作机制，以产业融合发展为突破口，推动校地融合发展取得实质性进展。

（五）统筹城乡区域协调发展，优化经济发展格局

一是推进区域协同发展。落实《呼包鄂榆城市群包头市行动计划（2019-2020年）》和《呼包鄂协同发展规划》，推动基础设施互联互通，积极构建呼包鄂“一小时通勤圈”；聚焦稀土新材料、现代装备制造、现代服务业等重点领域，探索建立与呼鄂榆产业协同发展的有效途径，推动形成优势互补高质量发展的区域经济布局；推动成立基础教育联盟和职业教育联盟及高技能人才公共实训基地建设，加快临床检验结果互认和

居民电子健康卡推广普及，促进公共服务一体化。深入实施新一轮西部大开发，全面推进落实《关于新时代强化举措推进西部大开发形成新格局的实施意见》。推动黄河流域生态保护和高质量发展，落实《包头市沿黄生态保护与建设规划》《包头市推动沿黄高质量发展规划》，扎实推进沿黄生态廊道建设，推动流域产业绿色发展。

二是提升城市功能和品位。坚持规划引领，高标准开展市县两级国土空间规划编制。抓好城市基础设施建设，实施总投资203亿元的111个项目工程。完成省道211、工业路、沼园路等道路建设工程，实施繁荣道、科学路等道路改造工程，启动快速路建设工程，提升道路通行能力；实施滨河绿道、公园特色提升等工程，加快实现主城区“300米见绿、500米见园”全覆盖。推进老旧管网改造、雨污合流改造和积水点治理工程，完成加通污水处理厂提质改造、青昆垃圾场封场修复工程；完成老旧小区试点加装电梯40部。推进住宅小区物业服务达标工作，完成提档升级项目150个，物业管理综合覆盖率达到90%。加快绿色建筑、装配式建筑向规模化、集成化方向发展，力争2020年装配式建筑占新建建筑面积比例达到10%，绿色建筑占新建建筑比例达到50%。

三是推进乡村振兴战略。加快落实《包头市乡村振兴战略规划（2018−2022）》，促进城乡协调发展。加快农牧业生产废弃物资源化利用，促进农牧业“接二连三”，创建农村牧区一二三产融合发展示范园区，农畜产品加工转化率达到70%。推进“万企帮万村”行动，培育市级以上龙头企业、示范合作社各20家。全年粮食总产量达到110万吨，生猪存栏达到50万头。完成高标准农田建设28万亩，改造盐碱地2万亩，打造60万亩规模化种植、1万亩设施农业基地。积极创建特色小镇，重点打造九原区黄河文化特色小镇、土右旗金杏特色小镇、达茂旗套马沟特色小镇。推动全市农村宅基地使用权及房屋所有权登记发证率达到90%，完成自治区确定的目标任务，实现城乡不动产权籍数据全覆盖。

（六）增进民生福祉，满足人民群众美好生活新期待

一是深入推进生态文明建设。深入学习贯彻习近平总书记关于生态文明建设“四个一”的规律把握，统筹推进山水林田湖草综合治理。重点实施大青山南坡生态建设和保护、生态环城、林业生态建设、天然林资源保护、森林质量提升“五大工程”。年内完成各类国家林业重点工程建设50万亩。坚持共抓大保护、不搞大开发，实施小白河、南海湖等湿地保护与恢复工程，推进湿地公园“五片区”建设，提升沿黄湿地生态功能。加强达茂旗草原保护和修复，逐步提高草原植被盖度。加强矿产资源开发管理和矿山地质环境治理，逐步清理“僵尸矿山”，完成大青山南坡生态环境治理任务和绿色矿山建设任务。加快绿色发展，加强能耗“双控”，强化源头管控和存量削减，协同推进重点领域节能降耗。

二是扎实做好就业创业工作。千方百计稳就业、促增收，出台《积极应对新冠肺炎疫情稳定和扩大就业若干政策措施》，全年新增城镇就业4.2万人，城镇登记失业率控制在3.9%以内。深入推进“创业包头”行动，健全促进创业带动就业、多渠道灵活就业机制，发放创业担保贷款3.5亿元以上。统筹推进高校毕业生、农村转移劳动力、退役军人、城镇困难人员、受疫情影响导致城乡居民家庭困难人员等群体就业，实现农牧民转移就业22万人以上、高校毕业生就业2.2万人。

三是进一步完善社会保障体系。以进城务工农牧民、个体工商户和灵活就业人员、新业态从业人员为重点，不断加大社会保险覆盖面，大

力推进商业保险补充工伤保险试点工作，实现应保尽保。积极推进集体协商、劳动保障领域诚信体系建设、非公企业和谐劳动关系认定等工作。加强治欠保支工作，强化“两金三制”制度落实，全力化解历年结留积存案件。推进养老服务体系建设，着力补齐居家、社区养老服务短板。推进社会服务兜底工程，提升农村留守儿童、困境儿童、老年人、残疾人等困难群体服务保障水平。启动民政福利园二期工程，完成市救助管理站搬迁并投入使用，实施城市棚户区（城中村）改造539套。

四是全面提升公共服务水平。实施普惠性幼儿园扩容提升工程，新建公办幼儿园8所，公办幼儿园幼儿占全市幼儿总数比例达到50%以上，适时启动实施国家义务教育优质均衡发展旗（县区）创建工作，全面开展义务教育学校达标创建工作，对标新高考，加快普通高中教育设施改造和内涵发展，积极推动中高职院校贯通发展，中等职业学校融合发展，理顺职教园区运行体制。积极创建国家健康城市示范市，加快市儿童医院、第八医院、包医国际医院建设；推进重大疾病预防控制工作，结合疫情防控，对包医一附院、包医二附院、第三医院进行升级改造。推进基层医联体建设，提升基层医疗卫生服务机构能力和水平。争创全国文明城市“六连冠”、全国双拥模范城“九连冠”和自治区双拥模范城“十连冠”。做好全国第五次文化馆评估定级工作，组织开展基层惠民演出，加强乌兰牧骑标准化建设和人才培养。推动小白河、春坤山、花舞人间、九峰山、希拉穆仁等景区提档升级，支持达茂旗、土右旗、石拐区创建国家全域旅游示范区，固阳县创建自治区全域旅游示范区。策划举办全民健身体育节系列活动，培育包头特色足球文化。积极推动更多公共体育场馆设施面向社会免费或低收费开放，有计划向公园、广场、社区投放全民健身路径和体育器材。严格落实安全生产责任制，做好价格收费监管，确保社会安定有序、人民安居乐业。

在做好以上工作的同时，我们还要更进一步做好支持民族宗教、外事侨务、人事、气象、审计、档案、公安、信访等方面工作，实现平衡的充分的协调发展。

今年还有一项重要任务，就是在广泛征求意见、集聚民智的基础上，编制好“十四五”规划。

各位代表，做好2020年工作任务艰巨，意义重大。我们要以习近平新时代中国特色社会主义思想为指导，按照市委、政府决策部署，自觉接受市人大监督，虚心听取市政协意见建议，凝心聚力，真抓实干，攻坚克难，统筹抓好疫情防控和经济社会发展，确保全面建成小康社会和“十三五”规划圆满收官，积极探索走出以生态优先、绿色发展为导向的高质量发展新路子。

包头市2019年预算执行情况与2020年预算草案的报告

——2020年4月14日在包头市第十五届人民代表大会第三次会议上

包头市财政局

各位代表：

受市人民政府委托，向大会提交2019年预算执行情况与2020年预算草案的报告，请予审议，并请市政协委员和列席人员提出意见。

一、2019年预算执行情况

2019年，全市上下认真贯彻落实党的十九大、十九届二中、三中、四中全会和习近平总书记考察内蒙古重要讲话精神，坚持高质量发展和稳中求进工作总基调，实施更加积极的财政政策，克服财政各种收支困难，顺利完成了市第十五届人民代表大会第二次会议决定的各项目标任务，预算执行情况总体良好。

（一）预算执行情况

1. 一般公共预算执行情况

全市一般公共预算收入完成151.8亿元，完成年度预算的100.3%，同比增加9.1亿元，增长6.4%；一般公共预算支出完成364.5亿元，与上年持平。

市本级一般公共预算收入完成26.7亿元。年初市人代会批准的市本级一般公共预算支出75亿元，预算执行中市人大常委会批准自治区代发新增债券支出21.9亿元，加自治区下达各类补助资金及上年结转等83.8亿元后，支出预算调整为180.7亿元。市本级一般公共预算支出158.6亿元，完成支出调整预算数的87.8%，比上年增加2.5亿元，增长1.6%。

2. 政府性基金预算执行情况

全市政府性基金收入95.2亿元，同比增加11亿元，增长13.1%；政府性基金支出99.1亿元，同比增加13.3亿元，增长15.5%。

市本级政府性基金收入68.8亿元，完成预算的140.7%，比上年同期减少3.7亿元，降低0.5%；政府性基金支出65.8亿元，完成预算的134.5%，比上年同期减少3.3亿元，降低4.8%。

3. 社会保险基金预算执行情况

全市社会保险基金收入202.4亿元，完成预算的101%，社会保险基金支出198.9亿元，完成预算的98%，收支结余3.5亿元，累计结余72.95亿元。

市本级社会保险基金收入179.25亿元，完成预算的101%，社会保险基金支出177.6亿元，完成预算的99%，收支结余1.65亿元，累计结余68.36亿元，结余部分主要是城镇职工医疗保险22亿元、失业保险18.36亿元、城乡居民医疗保险8.74亿元、城乡居民养老保险6.19亿元、工伤保险5.26

亿元、企业养老保险0.47亿元、生育保险3.57亿元、市本级机关事业单位养老保险3.77亿元。

4. 国有资本经营预算执行情况

市本级国有资本经营收入2,343万元，国有资本经营预算支出1,356万元（主要用于支持中小企业发展及解决亚麻厂、搪瓷厂国企改革遗留问题）。

上述各类数据待决算后，还会有一些变化，届时依法向市人大常委会报告。

（二）地方政府债券使用情况

2019年，自治区代发我市地方政府债券114.2亿元，其中置换债券67.7亿元，已全部完成存量债务置换工作；新增债券46.5亿元，较2018年增加3.2亿元。我市地方政府债券中市本级留用39亿元，转贷旗县区75.2亿元。

市本级留用地方政府债券中，再融资债券10.5亿元，全部为一般债券，用于置换存量债务；新增债券28.5亿元，其中一般债券21.9亿元、专项债券6.6亿元，重点支持了土地储备、城市基础设施建设、污染防治、产业扶贫、乡村振兴、化解拖欠民营企业及中小企业账款等方面。

（三）2019年财政主要工作

过去一年，各级财政部门迎难而上，主动作为，千方百计抓增收，精准聚力攻坚战，多措并举防风险，精打细算保运行，财政运行总体平稳，财政工作取得了新成绩。

1．多方开源抓收入，增强保障能力。一是预算收入平稳增长。充分应对减税降费、新增税源不足等困难，强化综合治税工作机制，确保一般公共预算收入按预期平稳增长，均衡入库，且税收占比达81%，收入质量进一步提高。加大政府性基金征管力度，市本级实现土地出让收入64.1亿元，实现收益21亿元，增强了财政统筹能力。二是争取资金成效显著。全年争取上级资金182亿元，同比增加15亿元，增长9%，其中仅均衡性转移支付新增6.4亿元，为历年来最多，有力解决了财力困难旗县区“三保”支出问题；争取到黑臭水体治理、金融服务改革两个国家试点项目，获得资金4.5亿元。三是用好国家“开前门”政策。争取新增债券资金46.5亿元，同比增加3.2亿元，其中一般债券31.2亿元，专项债券15.3亿元。通过多方面努力将土右旗列入国家建制县化债试点，获得置换债券资金31亿元，有效缓解了地区化债压力。四是加强财政资金统筹使用。市本级积极盘活财政存量资金6.6亿元，支持清偿民营企业中小企业欠款等重点领域。五是党政机关事业单位带头过紧日子。出台保“三保”压减一般性支出十项举措，全市一般性支出24.9亿元，同比下降23.5%，其中“三公”支出0.81亿元，同比下降27.1%。

2. 多措并举保重点，助推高质量发展。一是“三大攻坚战”保障有力。投入脱贫攻坚财政专项资金1.84亿元，配套建立扶贫资金规范化筹集管理、精准性投入使用、全过程动态监控三大机制及产业项目库、公告公示等制度，护航打赢脱贫攻坚战。落实生态优先、绿色发展理念，全市节能环保、农牧林水支出28亿元，有力支持了环境污染治理、环保督导问题整改、草原生态奖补、退耕还林等生态项目建设。二是多渠道增加有效投资。积极引入自治区产业投资基金，设立了我市初期规模2亿元的人才创新创业投资基金和15亿元的重点产业发展投资基金，支持我市“非公十条”、“科技十条”、“人才十条”等政策落地，为新旧动能转换、产业转型升级增添动力。新增债券资金重点用于脱贫攻坚、生态环境治理、乡村振兴、包钢“三供一业”、稀土产业园区、包银高铁、公立医院以及城市基础设施建设等领域，促进稳投资、稳增长。三是落实扶持企业发展政策。

认真贯彻落实习近平总书记在民营经济座谈会上的重要讲话精神。投入专项资金5.3亿元，落实稀土材料补贴、航线补贴等政策，支持工业园区及战略新兴产业、大数据、工业互联网等项目建设；争取服务业专项1.4亿元，对产粮（油）大县、口岸建设、服务业企业给予补助；拨付科技专项1.1亿元，支持产学研合作、企业应用研发等，助推科技创新发展。大力减轻企业负担，全年为企业减税降费43.2亿元。全市行政事业性收费项目减少到22项，市本级出台收费项目实现清零。

3. 聚力增效惠民生，增强群众获得感。一是优先支持稳就业。全年就业支出3.2亿元，落实职业技能培训、公岗补助、大学生集聚计划补贴等就业政策，进一步完善创业担保贷款贴息政策，拨付贴息资金4430万元，发放小微企业及个人就业创业贷款5.7亿元，扶持创业带动就业11159人。二是突出做好“三保”工作。市政府印发《贯彻落实全区做好“三保”工作特别是保工资工作专题会议精神的意见》，市财政加强对上对下的资金调度，建立工资专户，实行工资封闭运行，保证旗县区工资发放和正常运转。优先足额落实城乡低保等对个人补贴性民生政策，提高了一线环卫工人工资标准，建立了公益一类事业单位经费保障机制。全年超调自治区养老基金70亿元，保证了全市34万企业养老人员待遇正常发放。三是积极支持社会事业发展。教育支出53.2亿元，落实了“两个只增不减”要求，支持教育三年行动计划，促进教育均衡发展，推动建设教育强市。落实城乡医保补助调标政策，全面规范医保基金管理，推动公立医院建设。支持公共文化、体育和旅游事业，重点在文化民生工程，文化惠民服务、文艺精品创作、体育场馆建设和文物保护等方面加大支持力度，全年文体旅游支出5.4亿元，促进基本公共文化服务标准化、均等化。积极发挥职能作用，保障党的建设、扫黑除恶等重点工作及国庆70周年庆祝活动等顺利开展。

4. 增强底线思维，防范化解债务风险。一是落实化债责任。细化量化预算安排、出让土地、债权转移、企业经营收入及经营性国有资产权益等各途径化债任务，保证化债工作责任清、目标实。二是摸清资产底数。组织动员市本级510家债务单位全面开展清产核资，首次向市人大报告行政事业单位资产管理情况，出台了国有企业重组方案，为今后强化资产管理，推动化债工作奠定了基础。三是拓宽化债渠道。主动与金融机构达成展期、调整还款期限协议33亿元、少付利息0.4亿元，争取自治区化债奖补资金8亿元，并多方筹资10亿元应对部分平台刚性兑付，确保没有发生金融风险。四是完善工作机制。化债工作纳入党政领导干部实绩考核，并加强日常调度、督查及信息反馈，建立了风险预警及应急处置机制，成立了专门管理机构，提升了全市债务管理水平。通过有力举措，全年化解隐性债务175亿元，完成目标的159%，其中“十个全覆盖”十项工程以外的款项共13亿元全部化解；清理拖欠民营企业中小企业账款61.4亿元，超额完成中央、自治区要求的进度目标。

5. 强化职能促改革，提高理财绩效。把2019年作为“财政改革年”，实施财政十项改革，取得了积极成效。制定了《包头市全面实施预算绩效管理的意见》，推进建立分行业、分领域、分层次的预算绩效指标和评价标准体系。对资金投入17.4亿元的产业扶贫、草原生态保护补贴等11个政策项目开展绩效评价，选择2个重点部门开展整体支出绩效评价，不断增强绩效管理意识。出台《包头市推进市以下财政事权与支出责任划分改革实施方案》，对上积极争取我市既得利益，提高财力基数；对下完善市与旗县区体制，增强旗县区财政保障能力。在代理记账、环卫管理等方面继续扩大政府购买服务。将物业费、临聘人员工资等纳入预决算公开范围。全面推行公务卡结算制度，减少公务支出现金使用，促进公务支出规范透明。全面实现全流程国库电子支付，预算单位可“足不出户”在本单位办理财政国库支付转账等业务，有效提高支付效率，降低了行政运行成本。全面规范工程审价、资产评估、绩效评价等中介机构委托管理，防范廉政风险。规范清理 PPP 项目库，严守支出责任红线，实施好入库项目。建立了以项目储备、项目评审、预算管理、资金监管和绩效评价为一体的政府投资项目库管理平台，累计入库项目 2238 个，投资总额 1200 多亿元。印发《关于进一步深化政府采购制度改革推进依法采购防控风险的通知》，严厉打击围标串标，优化营商环境。

总的看，2019 年在市委、市政府的坚强领导下，在市人大、市政协的监督支持下，通过全市各地区、各部门的共同努力，我们有效应对经济下行和较大规模减税降费政策影响，克服财政增长放缓、刚性支出增加双重困难，顶住了化解政府隐性债务和集中兑付“十个全覆盖”工程款、民营企业欠款等工作压力，圆满完成了年度预算，保持了财政平稳运行，为推动全市高质量发展发挥了重要作用。

在总结成绩的同时，我们也更深刻地感受到，受历史积累因素和当前经济下行压力加大的影响，我市财政运行中的困难也比较突出。主要体现在：有效投资增长乏力，工业城市转型升级任务艰巨，新产业新动能新增长极尚未形成，加之减税降费政策实施，使财政增长趋缓，而刚性支出不减，财政收支矛盾突出。特别是年初以来爆发的新冠疫情较大冲击和影响经济，企业复工复产不足，税收贡献大幅下降，财政大幅减收。而与此同时，疫情防控、扶持企业复工复产以及后续公共卫生领域补短板等刚性支出大幅增加，进一步加剧了收支平衡矛盾；我市财力水平在全区相对偏低，部分旗县区财政运行困难，“三保”有难度。存量债务规模较大，尤其是集中清偿拖欠民营企业中小企业账款难度大，防范化解风险任务艰巨；全面实施预算绩效管理改革尚在起步阶段，部门绩效管理主体责任意识不强，落实不到位，绩效管理制度体系、指标体系还需加快建立和完善。等等。对这些困难和问题，我们一方面要高度重视，深刻分析，切实树牢底线思维。另一方面更要看到我们发展面临的机遇，一是要充分看到党中央对经济形势稳中向好、长期向好的基本趋势判断，特别是深刻领悟习近平总书记考察内蒙古重要讲话精神以及对内蒙古发展的关心支持，抓住中央推动沿黄高质量发展、支持军民融合及稀土产业发展、支持向北开放等大好机遇，保持战略定力走出一条生态优先、绿色发展的新路子。二是国家继续实施积极的财政政策并加力提效，为我们争取资金扩大有效投资，加快补短板、强弱项，增强平衡稳增长与防风险的能力带来新机遇。三是积极落实较大规模减税降费政策，清偿“十个全覆盖”工程款和民营企业中小企业欠款，进一步减轻了企业负担，增强了企业发展信心，优化了营商环境，激发了市场活力。四是财政蛋糕做实做大，收入质量提高，特别是争取规模较大的均衡性转移支付列入基数，一批国家示范项目落地实施，财政保障能力进一步增强。因此，只要我们用好用足国家政策，坚定信心，保持定力，必然能够向高质量发展迈出稳健前进的步伐。

二、2020 年预算草案

2020 年，按照中央经济工作会议精神，预算编制的指导思想是：坚持以习近平新时代中国特色社会主义思想为指导，认真贯彻落实党的十九大和十九届二中、三中、四中全会精神，贯彻落实习近平总书记考察内蒙古重要讲话精神，坚持稳中求进工作总基调，贯彻新发展理念，落实高质量发展要求，强化“零基”预算管理，调整优化财政支出结构，牢固树立“过紧日子”思想，坚决支持打赢疫情防控阻击战，打赢“三大攻坚战”，扎实做好“六稳”工作，统筹推进疫情防控和经济社会发展；深化财政体制改革，全面实施预算绩效管理，不断提升财政资金配置效率和使用效益，确保全面建成小康社会和“十三五”规划圆满收官。

基于以上指导思想，2020年预算编制遵循以下原则：**一是积极稳妥、量力而行。**科学研判经济走势及财政收支形势，合理安排部门年度支出总量，确保预算安排与部门履行行政职能相协调，与市委、市政府决策部署相统一，与财政可承受能力相适应，清理规范过高承诺、过度保障的支出政策，做到量入为出，量力而行。**二是优化结构、改善民生。**进一步调整优化支出结构，年初预算打足打实人员工资、基本运转、基本民生及政策性支出，着力支持教育、就业、社保、医疗、住房等民生事业，切实保障和改善民生。**三是厉行节约、有保有压。**继续压减各部门一般性支出，确保各部门一般性支出预算总量同比2019年预算只减不增，“三公”经费、会议费、培训费预算总量严格实行零增长，统筹各项资金主要用于三大攻坚战、高质量发展、乡村振兴、城市建设等重点领域和关键环节。**四是统筹整合、硬化约束。**完善预算编制与存量资金挂钩机制，加大结转资金与年初预算的统筹力度，对预算执行进度慢、结转资金规模大的项目，不再安排或减少预算安排，调整用于其他亟需资金支持领域。**五是落实责任、强化绩效。**各部门要切实履行预算编制、预算公开和预算执行主体责任，对预算编制的真实性、准确性、完整性以及预算公开和预算执行结果负责。全面实施预算绩效管理，强化绩效目标评审、完善绩效评价机制、加强评价结果应用、推行绩效目标公开，不断完善绩效导向的预算管理制度。

（一）一般公共预算和政府性基金预算

1. 收入预算

全市一般公共预算收入安排160.3亿元，较2019年完成数增加8.5亿元，增长5.6%。其中：税收拟安排130.3亿元（不含教育费附加收入），增加7.6亿元，增长6.2%，占比81.3%；非税拟安排30亿元，与上年持平，占比18.7%。

综合考虑包钢集团经营稳步向好（包钢集团新体系建设进项税抵扣已全部完成）以及减税降费政策对税收影响等因素，并结合预算平衡和刚性支出需求实际，市本级一般公共预算收入拟安排28.3亿元，较2019年完成数增加1.6亿元，增长6%。

综合考虑2020年房地产政策和土地出让市场形势以及污水处理费、城市基础设施配套费、车辆通行费等收入情况，市本级政府性基金预算收入拟安排54.2亿元（全部为以收定支项目）。

2. 市本级可用财力

市本级公共预算可用财力78亿元，较上年增加3亿元。测算考虑的主要因素：一是经济长期向好的趋势没有改变，市本级公共预算收入较2019年收入目标能够继续保持增长。二是2018—2020年三年内取消市四区增量财力上解，减少市本级可用财力。三是考虑国家房地产政策连续性及今年下半年以来土地出让收入平稳的因素，预计2020年土地出让收入与2019年持平。四是国家实施较大规模减税降费政策后，通过积极争取可能增加部分均衡性转移支付财力。五是包钢新体系实现税收（公共预算收入60%上解市本级），可增加部分市本级财力。

市本级基金预算可用财力9亿元。具体构成：土地出让收入形成政府性基金预算实际可用财力10亿元，其中安排调入公共预算5亿元，实际政府性基金预算可用财力5亿元，加污水处理费、城市基础设施配套费、车辆通行费预计形成财力4亿元，共计9亿元。

这样，2019年一般公共预算、政府性基金预算两项合计可用财力为87亿元，较2019年预算84亿元增加3亿元。

3. 支出预算

总的安排原则：2020年预算安排总的原则是优先保障"三保"及民生支出，积极稳妥化解地方政府债务，有效发挥新增债券作用，全力保障"三大攻坚战"及市委、市政府确定的重点项目。具体遵循为：

一是认真贯彻落实厉行节约有关规定，继续从严控制和压减一般性支出，切实降低行政运行成本。足额保障财政供养人员工资、基本民生和基本运转方面支出；**二是**足额安排存量债务还本付息；**三是**进一步强化零基预算管理，加大专项资金清理、精简、整合力度，改变既有项目延续安排的固化格局，积极落实国家、自治区、包头市确定的重大项目及必保的教育、物资储备等据实结算支出；除此之外，原则上不再安排拖欠民营企业账款单位非政策性项目支出预算，挤出财力优先安排清偿民营企业账款项目预算，重点支持"三大攻坚战"和乡村振兴战略，集中财力化解地方政府债务，确保民生特别是困难群众基本生活得到有效保障和改善。对于符合债券需求的公益性资本支出原则上通过积极争取新增债券安排。**四是**进一步加强财政存量资金的盘活清理力度，对结转结余较大的部门，要按一定比例压减当年预算总额，统筹用于市委、市政府重大决策部署落实及市本级债务化解。**五是**强化综合预算管理，通盘考虑一般公共预算可用财力、政府性基金可统筹收益、国有资本经营收益、盘活存量资金及争取上级支持等财政资源，统筹编制综合预算。**六是**要突出预算绩效导向，全方位、全过程、全覆盖实施预算绩效管理，推动预算编制、预算执行、预算监督、绩效管理一体化。

按照收支平衡的原则，与可用财力相适应，2020年市本级一般公共预算支出拟安排78亿元、政府性基金预算支出拟安排9亿元（不含五项提留），总支出规模87亿元，较上年增加3亿元。

（1）保工资保基本运转支出。公共预算安排51亿元，同比增加1亿元，占市本级总支出87亿元的58.6%，增加部分主要是落实国家调整机关事业单位在职及离退休人员工资及税务部门下划地方、旗县生态环境局上划市级政策。

（2）基本民生支出。公共预算安排11.6亿元，占2020年市本级总支出87亿元的13.4%。其中：

——直接增加个人收入方面。拟安排9.4亿元，主要包括：困难群众救助资金，城乡居民基本养老保险补助，企业基本养老保险补助，行政事业单位养老保险补贴，居民医疗保险补助，职教幼教教师政府补助，重点优抚对象补助，80周岁以上老年人高龄津贴，环卫一线临时工工资等。

——减轻个人负担及支持社会事业发展方面。拟安排1.2亿元，主要包括："两免"地方配套资金，国家助学金，离休干部医疗费，校车补贴，高龄贫困农牧民免费体检，农村牧区义务教育阶段住宿生免费午餐，农牧民工工资应急周转金，残疾人乘车补贴，基层公共卫生服务补贴等。

——维护稳定支出。拟安排1亿元，主要包括：扫黑除恶，看守所羁押，强制隔离戒毒，平安包头建设，驻包部队（单位）保障，退役士兵安置等。

（3）"三大攻坚战"支出。公共预算安排5.2

亿元、政府性基金预算安排5亿元，占2020年市本级总支出87亿元的11.7%。再加上拟争取新增债券2亿元、统筹计划结余及其他资金10亿元，共计拟安排22.2亿元。

——化解和偿还债务本息。拟安排20亿元（其中：公共预算安排5亿元，政府性基金安排5亿元，拟整合统筹部门计划结余5亿元，“五项”基金提留拟安排5亿元）。

——脱贫攻坚支出1亿元（其中：公共预算安排1,500万元，拟争取债券8,500万元）。

——污染防治支出1.2亿元（其中：公共预算安排610万元，拟争取新增债券11,800万元）。

（4）教育改革支出。公共预算安排8,700万元，占2020年市本级总支出87亿元的1%。再加上通过争取上级补助和债券资金解决2,200万元，共计安排1亿元。主要是贯彻落实全国教育大会精神、支持教育事业发展（教育三项改革、学前教育扶持资金等）。

（5）科教文卫农林水以及支持第三产业发展等支出。公共预算安排3.4亿元、政府性基金安排3亿元，占2020年市本级总支出87亿元的7.4%。再加上拟争取新增债券8.6亿元、争取上级资金1.1亿元、统筹计划结余0.2亿元，共计安排16.2亿元。包括：乡村振兴战略实施5亿元，公交运营定额补贴1.6亿元，车辆通行费返还（交投集团还债）1亿元，污水处理费返还1亿元（弥补排水公司和鹿城水务公司成本性支出），公立医院能力建设9,000万元，大青山水源地保底水费8,000万元，税务金融部门经费6,500万元，替代工程5,000万元，应用研发资金（含科技十条）5,000万元，科技创新基金引导资金5,000万元，高技能人才实训基地3,000万元，高校生源地贷款贴息、党报覆盖工程、职教园区运行补贴、农村牧区饮水安全巩固提升工程、大学生集聚计划补贴等其他各项社会事业发展支出3.5亿元。

（6）推动经济高质量发展支出。拟争取新增债券安排7.6亿元。主要用于政府公益项目历年工程款（清欠民营企业账款）3.1亿元，工业园区建设及城乡经济社会发展项目3亿元，支持民营经济发展5,000万元，稀土新材料园区基础设施建设及发展5,000万元，包头市企地产业深度融合发展（产品升级技术改造）项目3,000万元，包头市工业转型升级项目2,000万元。

（7）推进综合交通体系建设支出。政府性基金安排0.9亿元，占2020年市本级总支出87亿元的1%。再加上拟争取新增债券安排5.1亿元，争取上级资金1亿元，共计安排7亿元。主要包括：城市交通发展及农村“四好”公路等经济社会发展项目3.4亿元，民航事业发展（航线补贴）1.5亿元，支持国道、省道交通重点项目建设1.5亿元，G65包茂高速包头至东胜段改扩建工程征拆费3,000万元，京包高铁运营补贴2,300万元。

（8）城市建设维护及城市管理支出。公共预算安排582万元、政府性基金安排1,500万元，占2020年市本级总支出87亿元的0.2%。再加上拟争取新增债券6.4亿元、争取上级资金2.5亿元，共计安排9.1亿元。主要包括：城市建设及城市管理（城市生活垃圾处理）7亿元，公园广场及绿地建设维护6,000万元，市政设施建设维护3,000万元，城区道路维护及公厕免费开放补贴782万元，公共建筑能效提升5,000万元，生活垃圾处理补贴3,000万元，南郊污水处理厂（鹿城水务）BOT项目补贴3,000万元。

（9）保障部门运转支出。公共预算安排3.5亿元，占2020年市本级总支出87亿元的4.1%。再加上拟争取新增债券0.7亿元、争取上级资金0.5亿元，统筹计划结余0.1亿元，共计安排4.8亿元。主要包括：监管场所整合及公安勤务保障，纪检监察及廉政教育体系建设，统一战线及宣传事务专项经费（含全国文明城市迎检），人才及党建工作专项经费，人大监督及政协履职专项经费（含智慧建设），全市信息化建设，市委、市政府及其他部门履职专项经费（含重大项目前期费、十四五规划及城市规划编制等重点工作经费）。

（10）市长预备费及中央、自治区配套支出。拟安排2.3亿元，占2020年市本级总支出87亿元的2.6%。其中：市长预备费2亿元，主要用于自然灾害及疫情防控等突发事件处理的支出。

综上，2020年综合预算支出总规模133亿元，其中：一般公共预算和政府性基金预算安排87亿元、拟通过争取新增债券安排30.4亿元（其中未能足额列入年初预算的必保项目16.6亿元，市委市政府确定的重点项目13.8亿元，预算执行中拟根据自治区债券限额下达情况予以拨付），争取上级及统筹资金安排经济社会发展和重点领域项目15.6亿元（执行中视争取资金到位情况依程序确定项目实施计划）。

此外，按照《中华人民共和国预算法》规定，2020年度开始后，市本级预算草案在本级人代会批准前，安排了下列支出：上一年度结转的支出；参照上一年同期的预算支出数额安排必须支付的本年度部门基本支出、项目支出，以及对下级政府的转移性支出；法律规定必须履行支付义务的支出，以及用于自热灾害等突发事件处理的支出。

（二）国有资本经营预算安排情况

市本级国有资本经营预算收入拟安排1,200万元，同比增长7.9%，其中：股息利息收入755万元，利润收入445万元。按照以收定支的原则，对应安排国有资本经营预算支出1,200万元，重点用于解决历史遗留问题及改革成本支出。

（三）社会保险基金预算安排情况

2020年市本级社会保险基金预算收入安排62.3亿元，同比上年增长4%。其中：机关事业单位基本养老保险基金收入14.5亿元、城镇职工基本医疗保险基金收入29.6亿元、城乡居民基本医疗保险基金收入10.1亿元、城乡居民基本养老保险基金收入4.6亿元、工伤保险基金收入0.8亿元、失业保险基金收入2.7亿元。

市本级社会保险基金预算支出安排支出64.3亿元，同比上年增长6%。其中：机关事业单位基本养老保险基金支出17.3亿元、城镇职工基本医疗保险基金支出29.5亿元、城乡居民基本医疗保险基金支出10.1亿元、城乡居民基本养老保险基金支出4.2亿元、工伤保险基金支出1.1亿元、失业保险基金支出2.1亿元。当年收支缺口用上年结余资金弥补。

三、2020年工作安排

2020年是决胜全面建成小康社会和“十三五”规划的收官之年，做好财政工作意义重大。我们要以习近平新时代中国特色社会主义思想为指导，增强“四个意识”、坚定“四个自信”、做到“两个维护”，深入贯彻落实中央、自治区和包头市经济工作会议精神，按照市委、市政府决策部署，戮力同心，抢抓机遇，全力做好以下工作。

（一）抓重点、补短板、强弱项，全面建成小康社会。抓住国家增加有效投资机遇，对标对表全面建成小康社会各项指标，争取新增债券规模，支持高铁、重点公路、工业园区、口岸等基础设施建设，全力补短板、强弱项。设立产业基金，规范PPP推广运用，引导民间资本投入。落实加力提效的积极财政政策，助力全面建成小康社会如期实现。认真落实对防控疫情重点保障企业和受疫情影响生产经营困难中小企业健康发展的帮扶政策，推动企业复工复产。继续实施减税降费举措，落实支持民营经济发展政策，进一步优化营商环境，激发市场活力。保持科技创新投入力度，支持应用研发、成果转化，发挥人才双创基金和重点产业投资基金作用，推动军民融合、企地融合、校地融合等重点战略实施，加快新旧动能转换，形成新的增长极。加强国有资产管理，完成包商银行股权重组，加快市属国有企业优化重组，履行国有金融资本出资人监管职责，最大化发挥国有资产效益。党政机关事业单位继续树牢过紧日子思想，大力压减一般性支出，把节省的财政资金用在全面建成小康社会的刀刃上。

（二）坚决打好三大攻坚战，全力推动高质量发展。坚定不移贯彻创新、协调、绿色、开放、共享的新发展理念，把注意力集中到解决各种不平衡不充分的问题上。积极落实《呼包鄂榆城市群包头市行动计划（2018-2020年）》《包头市沿黄生态保护与建设规划》，加大对沿黄经济、飞地经济、总部经济、园区经济以及现代服务业、信息物流产业、大数据等方面的支持力度，厚植经济高质量发展基础。深入贯彻落实习近平总书记关于脱贫攻坚“四个不摘”要求，保持扶贫资金投入力度，统筹与美丽乡村建设、人居环境改善、现代农牧业、村集体经济发展相结合，在责任、政策、帮扶和监管上发力，巩固脱贫攻坚成果。保持污染防治攻坚战投入力度，重点围绕打好蓝天、碧水、净土保卫战优化支出结构，保证重点项目顺利实施。要打赢防范和化解重大风险攻坚战，综合采取预算安排、盘活存量资产、整合平台公司债务转化、金融合作等措施，完成2020年政府隐性债务化解目标，优先完成清偿拖欠民营企业欠款任务。积极争取化债奖补资金，开展金融展期，消化存量暂付款，应对好存量债券利息等刚性兑付，切实防范和化解重大风险。

（三）树牢以人民为中心的发展思想，持续增强人民群众获得感幸福感。优先做好“三保”工作，落实城乡低保、医保、养老等补助及提标政策，保证各项民生补贴资金按时足额发放。实施就业优先政策，支持“创业包头”行动，落实“人才十条”、职业技能培训、“三支一扶”、创业担保贷款贴息、高校毕业生创业补贴等就业创业扶持政策，支持做好去产能职工、高校毕业生、农村转移劳动力、退役军人、成长困难人员等重点群体就业工作。坚持教育优先发展，落实教育投入增长机制，支持教育质量提升三年行动计划，促进教育均衡发展，推动教育强市建设。支持医疗卫生事业，全力打赢新冠肺炎疫情防控阻击战，补齐公共卫生服务和重大疾病预防短板。完善公立医院投入机制，支持分级诊疗、疾病防控、公共卫生防疫、中蒙医药发展、基层医疗机构建设等项目，推动创建国家健康示范城市。支持养老服务体系建设，推进医养结合，解决好“一老一小”问题。支持乌兰牧骑、文物保护、文化精品创作、文化场馆免费开放、文化惠民及群众性体育健身活动开展、重点旅游项目建设等，积极推动文体旅游事业发展，丰富人民群众精神文化生活需求，让人民群众有更多的获得感和幸福感。

（四）多方开源增收，提升财政保障能力。依法加强财税征管，继续完善综合治税机制，建立税收激励奖罚机制和考评办法，深入开展运输、物流等重点税源调查，培育总部经济、飞地经济新税源，加强包钢新体系运营、包铝进项税抵扣到期、包商银行股权重组等税源建设，保持财政收入平稳增长，提高财政收入质量。继续抓好政府性基金收支管理，控制成本性支出，提高政府可统筹财力。巩固扩大向上争取资金成效，继续向自治区反映我市及部分旗县区人均财力在全区偏低、减税降费大的实际困难，争取自治区取消分税制改革以来对我市的收大于支地区定额上解政策，增加对我市及相关旗县区的一般性转移支付支持。同时，密切关注中央、自治区预算内专项资金投向，发挥示范项目建设优势，完善基础项目库建设，结合地区实际有针对性地做好争取工作。

（五）持续深化财政改革创新，提升财政治理效能。严格执行预算。深化零基预算理念，坚持“以收定支”、“先有预算，后有支出”原则，原则上执行中不新增项目，确需调整的，必须按程序报市政府常务会、市人大常委会审批。深入贯彻落实《优化营商环境条例》，重点在行政事业性收费、政府采购、中介委托、政府购买服务等方面完善管理，促进公平公正公开。全面推开预算绩效管理，加快制定完善绩效管理的各项配套制度和实施细则，构建比较完善的共性和分行业、分领域、分层次的绩效指标和标准体系，落实主管部门和资金使用单位的主体责任，加强对重点支出项目的绩效评价，建立评价结果与预算安排、改进管理、政策调整的挂钩机制。推进市与旗县区事权和支出责任划分改革，支持旗县区增强财政保障能力。加快预算执行进度，规范预算调整和资金分配审批流程。细化预决算公开项目，全力打造阳光财政。全面清理各项支出优惠政策，削减和废止低效无效支出。加强“智慧”财政建设，做好财政业务系统一体化试点工作，进一步提升财政管理信息化水平。加大会计执法检查力度，加强财政法规政策、财务制度培训，提高财政财务从业人员业务能力和素质。

各位代表，阔步新征程，奋斗创伟业。让我们在中共包头市委的坚强领导下，在市人大、市政协的监督支持下，不忘初心、牢记使命，攻坚克难，砥砺奋进，胜利完成全面建成小康社会和“十三五”规划目标任务，开创全市经济社会各项事业发展新局面。

包头市2019年国民经济和社会发展统计公报

包头市统计局

（2020年4月17日）

2019年，在以习近平同志为核心的党中央坚强领导下，全市上下认真贯彻落实中央及自治区决策部署，坚持稳中求进工作总基调，践行新发展理念，以供给侧结构性改革为主线，全面落实高质量发展要求，统筹做好稳增长、促改革、调结构、惠民生、防风险、保稳定各项工作，全市经济运行总体平稳，社会事业不断进步，为全面建成小康社会奠定了坚实基础。

一、综合

初步核算，全年地区生产总值2714.5亿元，按第四次全国经济普查修订数据后的同口径可比价格计算，比上年增长6.0%。其中，第一产业增加值96.4亿元，增长1.1%；第二产业增加值1066.5亿元，增长8.2%；第三产业增加值1551.6亿元，增长4.8%。三次产业占地区生产总值的比重分别为3.5%、39.3%和57.2%；三次产业对生产总值增长的贡献率分别为0.8%、53.4%和45.8%。按常住人口计算，全市人均生产总值93835元，比上年增长5.6%。

年末全市常住总人口289.7万人，比上年末增加0.8万人，其中城镇人口243.1万人，乡村人口46.6万人，常住人口城镇化率为83.9%，比上年提高0.3个百分点。

全年城镇新增就业4.5万人，其中高校毕业生就业2.5万人，城镇失业人员实现再就业1.7万人，就业困难人员实现就业0.7万人。年末城镇登记失业率为3.86%。

全年居民消费价格比上年上涨1.9%。分类别看，八大类商品及服务价格呈现“七升一降”的态势。其中，食品烟酒价格上涨4.3%，衣着类上涨0.7%，居住类上涨0.4%；交通和通信类价格下降0.6%。

供给侧结构性改革深入推进。年末商品房待售面积比上年下降19.5%。年末规模以上工业企业资产负债率为61.1%，比上年末下降2.2个百分点。工业技改投资增长4.2倍，占全部工业投资的比重为24.4%，比上年提高19.8个百分点。全年生态保护和环境治理业投资增长71.2%，交通运输、仓储和邮政业投资增长60.5%。

新动能不断发展壮大。全年规模以上工业中，战略性新兴产业增加值比上年增长21.2%，高技术产业增加值增长1.2倍；制造业增加值增长15.3%，占规模以上工业的比重为69.0%，比上年提高1.1个百分点；全年石墨及碳素制品产量增长14.3%，单一稀土金属增长15.5%，稀土化合物增长10.9%。规模以上新能源发电量增长11.4%，占规模以上工业发电量的比重为13.9%，比上年提高0.2个百分点。

二、农牧业

全年农作物播种面积29.5万公顷，比上年增长8.0%，其中粮食作物播种面积19.4万公顷，增长1.3%。在粮食作物中，小麦种植面积3.3万公顷，下降5.5%；玉米种植面积11.9万公顷，增长1.9%；马铃薯种植面积1.6万公顷，下降25.0%；其它谷物种植面积2.5万公顷，增长39.6%。

全年粮食总产量109.5万吨，比上年增长1.0%。其中，小麦产量7.0万吨，下降37.1%；玉米产量92.3万吨，增长9.5%；稻谷产量0.5万吨，增长1.2倍；马铃薯产量5.4万吨，下降43.9%。全年油料产量10.2万吨，增长43.0%；蔬菜产量85.0万吨，增长0.7%。

全年肉类总产量17.3万吨，比上年下降3.1%。其中，猪肉产量4.2万吨，下降16.5%；牛肉产量4.0万吨，下降1.1%；羊肉产量8.2万吨，增长3.1%；禽肉产量0.7万吨，增长8.1%。禽蛋产量3.8万吨，下降8.2%；牛奶产量63.8万吨，增长1.4%；水产品产量0.8万吨，下降10.8%。年末全市牲畜存栏269.7万头（只），比上年下降4.4%。其中，牛存栏12.3万头，下降18.3%；羊存栏237.8万只，下降3.3%；猪存栏16.0万头，下降10.8%。

年末全市拥有各类农民专业合作社2038家；拥有市级以上农牧业产业化重点龙头企业181家，其中国家级5家、自治区级35家、市级141家。全市农畜产品行业拥有中国驰名商标11个。

三、工业和建筑业

全年全部工业增加值比上年增长10.4%，其中规模以上工业增加值增长11.2%。在规模以上工业中，分经济类型看，国有控股企业增加值增长6.7%；股份制企业增长13.2%，外商及港澳台商投资企业增长8.2%；私营企业增长21.0%。分门类看，采矿业下降3.7%，制造业增长15.3%，电力、热力、燃气及水生产和供应业增长7.9%。分轻、重工业看，轻工业增加值增长46.8%，重工业增长10.0%。钢铁、铝业、装备制造、稀土、电力五大产业增加值增长11.3%，拉动规模以上工业增长5.4个百分点。

从主要工业产品产量看，全年生铁产量2025.3万吨，比上年增长6.1%；粗钢产量1995.7万吨，增长4.0%；钢材产量1842.2万吨，增长6.6%；铁合金27.4万吨，下降7.3%；铝产量218.0万吨，增长11.9%；铝材产量135.2万吨，增长27.4%；精甲醇产量189.6万吨，增长2.8%；液体乳产量31.6万吨，增长30.6%；水泥产量371.6万吨，增长12.2%。

全年规模以上工业企业营业收入比上年增长20.4%，利润下降26.8%；规模以上工业企业每百元营业收入中的成本为88.8元，比上年增加3.3元，营业收入利润率为3.2%。全年规模以上工业企业产品销售率为97.5%。

全年建筑业增加值比上年增长1.4%。在本市注册的具有资质等级的建筑施工企业122户。施工企业房屋建筑施工面积1899.5万平方米，增长25.6%；房屋竣工面积196.8万平方米，下降26.6%。

四、固定资产投资

全年500万元以上项目固定资产投资比上年增长2.0%。其中，民间投资下降2.2%，占全市投资的比重为60.2%；基础设施建设投资增长7.5%。从三次产业看，第一产业投资下降46.6%，第二产业投资下降2.0%，第三产业投资增长7.8%。按项目隶属关系分，地方项目投资增长3.4%，中央项目投资下降36.2%。

全年房地产开发投资224.8亿元，比上年增长21.9%。其中，住宅投资181.4亿元，增长32.0%；办公楼开发投资0.4亿元，下降88.0%；商业营业用房投资27.6亿元，增长7.8%。

五、国内贸易和对外经济

全年社会消费品零售总额比上年增长4.3%。按经营单位所在地分，城镇消费品零售额增长4.2%；乡村消费品零售额增长10.1%。按消费类型统计，商品零售额增长3.9%；餐饮收入额增长6.5%。

在限额以上企业商品零售额中，粮油、食品类商品零售额比上年增长6.2%，烟酒类增长14.7%，服装、鞋帽、针纺织品类下降9.4%，家用电器和音像器材类增长28.9%，中西药品类增长16.7%，石油及制品类下降11.5%，汽车类下降3.3%。

全年海关进出口总额190.7亿元（人民币，下同），比上年增长13.6%。其中，出口总额97.9亿元，下降1.2%；进口总额92.8亿元，增长35.1%。从主要贸易方式看，一般贸易进出口额181.2亿元，增长12.3%，占进出口总额的95.0%；加工贸易进出口额2.6亿元，增长133.4%，占进出口总额的1.4%；边境小额贸易进出口额1.9亿元，增长37.8%。

六、交通、邮电和旅游业

全年公路货运量38210.9万吨，比上年增长4.5%；公路货运周转量711.9亿吨公里，增长3.1%。公路客运量548.7万人，增长10.2%；公路客运周转量8.7亿人公里，增长12.5%。民航客运吞吐量226.6万人次，比上年增长11.5%；民航货邮总量7837.4吨，增长9.7%。

年末全市机动车保有量76.9万辆，比上年末增长5.2%；其中汽车保有量72.6万辆，增长5.8%。个人汽车保有量65.5万辆，增长6.2%，其中载客汽车保有量61.1万辆，增长6.1%。

全年邮政行业业务收入（不包括邮政储蓄银行直接营业收入）5.9亿元，比上年增长2.9%；业务总量5.4亿元，增长16.6%。全市快递服务企业业务收入3.5亿元，比上年增长7.1%；业务量1574.1万件，增长0.9%。年末固定电话用户21.4万户，下降4.3%；移动电话用户366.6万户，下降9.2%。

全年接待国内旅游人数2239.5万人次，旅游综合收入620.2亿元。其中，国内过夜旅游人数1719.6万人次，旅游收入603.6亿元；国内一日游旅游人数519.9万人次，旅游收入16.6亿元。

七、财政、金融和保险业

全年一般公共预算收入151.8亿元，比上年增长6.4%。其中，税收收入122.7亿元，增长10.1%；非税收入29.1亿元，下降7.1%。全年一般公共预算支出364.5亿元，比上年略有增长；其中，社会保障和就业支出85.3亿元，增长15.4%。

年末全市金融机构人民币各项存款余额3292.3亿元，比上年末下降12.8%。其中，住户存款1844.6亿元，增长13.7%。年末金融机构人民币各项贷款余额2971.5亿元，比上年末下降0.9%。其中，住户贷款1130.9亿元，增长5.8%；非金融企业及机关团体贷款1840.0亿元，下降4.5%。

年末全市拥有保险公司40家，其中人身险公司16家，财产险公司24家。全年原保险保费收入86.2亿元，比上年增长2.2%。其中，财产险收入20.7亿元，下降5.0%；人身险收入65.6亿元，增长4.6%。全年保险赔付支出22.4亿元，比上年增长6.9%。其中，财产险赔付11.3亿元，增长8.2%；人身险赔付11.1亿元，增长5.6%。

八、人民生活和社会保障

全年全体居民人均可支配收入44748元，比上年增长7.2%。按常住地分，城镇居民人均可支配收入50427元，增长6.4%；农村牧区居民人均可支配收入19174元，增长10.0%。

全年全体居民人均消费支出28221元，比上年增长 4.6%。按常住地分，城镇居民人均消费支出 31066 元，增长 3.1%；农村牧区居民人均消费支出 12966 元，增长 9.4%。全体居民恩格尔系数为 29.0%，比上年下降 0.3 个百分点；其中城镇居民家庭恩格尔系数为 27.1%，农村牧区居民家庭恩格尔系数为 30.3%。

年末全市养老保险参保人数 149.5 万人，比上年末增长 2.8%。其中，城镇职工养老保险参保人数 106.1 万人，增长 3.5%；城乡居民养老保险参保人数 43.4 万人，增长 1.0%。在城镇职工养老保险参保人数中，企业职工参保 58.8 万人，机关事业单位职工参保 7.9 万人，纳入统筹的离退休人员 39.4 万人。年末全市医疗保险参保人数 207.0 万人，增长 3.3%。其中，参加城镇职工基本医疗保险人数 89.2 万人，增长 12.1%；参加城乡居民医疗保险人数 117.8 万人，下降 2.5%。年末参加失业保险人数 43.4 万人，增长 2.6%。参加工伤保险人数 50.6 万人，增长 2.8%。参加生育保险人数 50.8 万人，增长 3.6%。

九、科学技术和教育

全年专利申请量3815件，专利授权量2007件；签订各类技术合同 79 个，合同成交额达到 1.45 亿元。年末全市拥有国家级重点实验室 2 家、国家级工程技术研究中心 1 家，有效高新技术企业达到 189 家；拥有自治区级工程技术研究中心 42 家、企业技术中心 36 家、企业研究开发中心 90 家。

年末全市有普通高等学校（包括高职院校）5 所，全年招收学生 2.3 万人，在校学生 7.6 万人，毕业生 2.1 万人。中等职业教育学校（含民办）共 19 所，在校学生 1.9 万人。普通高中 39 所，在校学生 4.0 万人。普通初中 58 所，在校学生 6.8 万人。普通小学 138 所，在校学生 14.7 万人。全市有幼儿园 350 所，在园幼儿 5.9 万人。全市有少数民族中小学 14 所，少数民族在校生 2.5 万人。小学专任教师学历合格率为 100%，普通初中专任教师学历合格率为 100%，普通高中专任教师学历合格率为 98.7%。小学适龄儿童入学率为 100%。

十、文化、卫生和体育

年末全市共有专业艺术表演团体 6 个，群艺馆、文化馆 12 个，公共图书馆 10 个，国有博物馆 4 个，美术馆 1 个。广播综合人口覆盖率达 99.58%，电视综合人口覆盖率达 99.56%。

年末全市共有医疗卫生机构 1966 个，其中医院 103 个，基层医疗卫生机构 1812 个，专业公共卫生机构 37 个，其他卫生机构 14 个。年末全市医疗卫生机构实有床位 20051 张，拥有卫生技术人员 24585 人。

年内成功举办 2019 包头首届国际马拉松赛；全市青少年运动员在自治区级以上比赛中共获得 66 枚金牌、70 枚银牌、91 枚铜牌。

十一、城市建设

全年共实施城建重点项目 99 项，新增道路面积 140.5 万平方米，新增供热设施及城市供热干网 4.6 公里；城市燃气普及率 96.9%，生活污水处理率为 96%。积极组织实施绿化工程，建成区绿化覆盖率达 44.6%。

截至年底，全市公路总里程 9344 公里，其中高速公路里程 140 公里，公路网密度为 33.7 公里 / 百平方公里。

十二、资源和环境

全年水资源取用水总量 10.21 亿立方米，其中地表水源供水量 6.05 亿立方米，地下水源供水量 3.52 亿立方米，再生水 0.64 亿立方米。全年各行业用水总量 10.21 亿立方米，其中农业用水 5.97 亿立方米，工业用水 2.88 亿立方米，城镇综合生活用水量 1.36 亿立方米。

全年国土绿化造林面积 4.8 万公顷，比上年增长 43.7%，其中人工造林 2.2 万公顷，封山育林面积 2.6 万公顷。林业重点工程完成造林面积 4.7 万公顷，其中天然林保护工程 0.6 万公顷，退耕还林工程 1.7 万公顷，京津风沙源工程 2.3 万公顷。

全市年平均气温为 7.7℃，年平均风速 2.8 米 / 秒，年降水总量 290.1 毫米，年日照时数 3067.3 小时，年平均相对湿度 57.0%。

全年规模以上工业综合能源消费量比上年增长 6.9%，其中六大高耗能行业综合能源消费量增长 6.4%。

注释：

[1] 本公报中数据均为初步统计数；部分数据因四舍五入的原因，存在分项相加与合计项不等的情况。

[2] 地区生产总值、三次产业及相关行业增加值、人均地区生产总值绝对额按现价计算，增长速度按不变价格计算。根据第四次全国经济普查结果，对地区生产总值、三次产业及相关行业增加值的历史数据进行了修订。

[3] 居住类价格包括租赁房房租、住房保养维修及管理、水电燃料等价格。

[4] 工业战略性新兴产业包括新一代信息技术产业，高端装备制造产业，新材料产业，生物产业，新能源汽车产业，新能源产业和节能环保产业等七大产业中的工业相关行业。2019 年工业战略性新兴产业增加值增速按可比口径计算。

[5] 高技术制造业包括医药制造业，航空、航天器及设备制造业，电子及通信设备制造业，计算机及办公设备制造业，医疗仪器设备及仪器仪表制造业，信息化学品制造业。

[6] 装备制造业包括金属制品业，通用设备制造业，专用设备制造业，汽车制造业，铁路、船舶、航空航天和其他运输设备制造业，电气机械和器材制造业，计算机、通信和其他电子设备制造业，仪器仪表制造业。

[7] 工业技术改造投资是指工业企业利用新技术、新工艺、新设备、新材料对现有设施、工艺条件及生产服务等进行改造提升，实现内涵式发展的投资活动。

[8] 民间固定资产投资是指具有集体、私营、个人性质的内资企事业单位以及由其控股（包括绝对控股和相对控股）的企业单位建造或购置固定资产的投资。

[9] 基础设施投资包括交通运输、邮政业，电信、广播电视和卫星传输服务业，互联网和相关服务业，水利、环境和公共设施管理业投资。

[10] 房地产业投资除房地产开发投资外，还包括建设单位自建房屋以及物业管理、中介服务和其他房地产投资。

[11] 原保险保费收入是指保险企业确认的原保险合同保费收入。

资料来源：本公报中城镇新增就业、登记失业率、社会保障数据来自人力资源和社会保障局；居民消费价格及城乡收支情况数据来自国家统计局包头调查队；农民专业合作社、市级以上农牧业产业化重点龙头企业等数据来自农牧局；进出口数据来自包头海关；公路运输数据来自交通运输局；民航数据来自内蒙古自治区民航机场集团有限责任公司包头分公司；汽车保有量数据来自公安局交通管理支队车辆管理所；邮电业务数据来自包头市邮政管理局和电信部门；旅游数据、艺术表演团体、广播电视等数据来自文化旅游广电局；财政数据来自财政局；金融数据来自中国人民银行包头市中心支行；保险业数据来自中国银行保险监督管理委员会包头监管分局；专利申请量等数据来自市场监督管理局；技术交易额、科技资金等科技数据来自科技局；教育数据来自

教育局；卫生数据来自卫生健康委员会；体育数据来自体育局；城市建设数据来自住房和城乡建设局；水资源数据来自水务局；造林面积等数据来自林业和草原局；气候数据来自气象局；其他数据均来自包头市统计局。

第二部分 统计资料

PART TWO STATISTICS

1 行政区划和自然资源

Divisions of Administrative Areasand Natural Resources

资料整理：杨烨坤

1-1　行 政 区 划（2019年）

单位：个

项　目	乡（苏木）	镇	街道办事处	居民委员会	村民委员会
全　市	**10**	**29**	**46**	**277**	**526**
稀土高新区		1	2	16	9
东河区		2	12	66	49
昆都仑区		2	13	78	24
青山区		2	8	54	21
石拐区	1	1	5	4	17
白云矿区			2	4	
九原区	1	3	4	27	56
土默特右旗	3	5		11	201
固阳县		6		10	72
达尔罕茂明安联合旗	5	7		7	77

1-2　土地面积和人口密度（2019年）

项　目	土地面积（平方公里）	年末常住人口（万人）	密度（人/平方公里）
全　市	**27768**	**289.69**	**104**
稀土高新区	116	15.37	1325
东河区	470	55.42	1179
昆都仑区	301	79.86	2653
青山区	280	52.35	1870
石拐区	761	3.83	50
白云矿区	329	2.80	85
九原区	734	23.51	320
土默特右旗	2368	29.99	127
固阳县	5025	16.91	34
达尔罕茂明安联合旗	17384	9.65	6

1-3　自 然 资 源（2019年）

项　　目	单　　位	2019
地理位置		
东　经		109°51′
北　纬		40°40′
海　拔	米	1067.2
土地资源		
土地总面积	平方公里	27768
#年末实有耕地面积	千 公 顷	423.6
森林资源		
森林面积	千公顷	500.9
森林覆盖率	%	18.03
活立木蓄积量	万立方米	368.7
草原资源		
草场面积	千公顷	2024.2
水资源利用		
水资源取用水总量	亿立方米	10.2
地表水源供水量	亿立方米	6.1
地下水源供水量	亿立方米	3.5
再生水	亿立方米	0.6
矿产资源		
煤炭保有量	亿吨	61.75
铁矿保有量	亿吨	16.12
铜矿保有量	万吨	2.71
锌矿保有量	万吨	0.38
石墨保有量（晶质）	万吨	1427.89
水泥用灰岩保有量（矿石）	万吨	34729.52

注：耕地面积、矿产资源为2018年度数据。

1-4　气象情况

项　目	单　位	2018	2019
年平均气温	℃	8.0	7.7
年最高气温	℃	35.2	33.9
年最低气温	℃	-25.5	-25.7
年降水总量	毫米	364.6	290.1
年最大风速	米/秒	12.6	15.1
平均风速	米/秒	3.0	2.8
年日照时数	小时	2723.7	3067.3
年平均相对湿度	%	55	57
全年沙尘天气	次	6	21

1-5　分月气象情况（2019年）

月　份	月平均气温（℃）	月平均相对湿度（%）	月降水量（毫米）	月日照时数（小时）	月平均风速（米/秒）
一　月	-10.5	52	0.0	222.8	2.4
二　月	-7.7	54	2.1	202.1	2.6
三　月	2.3	47	2.1	272.4	2.9
四　月	12.0	46	18.5	260.7	3.0
五　月	16.4	38	11.7	302.1	3.7
六　月	22.2	53	50.4	251.8	3.1
七　月	22.8	64	24.5	270.0	2.9
八　月	20.7	63	91.5	277.5	2.7
九　月	17.1	66	61.9	247.8	2.6
十　月	8.5	58	5.6	285.0	2.7
十一月	-0.1	65	17.4	230.3	2.8
十二月	-11.2	76	4.4	244.8	2.2

主要统计指标解释

行政区划 指国家对行政区域的划分。根据宪法规定，我国的行政区域划分如下：（1）全国分为省、自治区、直辖市；（2）省、自治区分为自治州(盟)、县(旗)、自治县(旗)、市；（3）自治州分为县、自治县、市；（4）旗、县、自治县(旗)分为乡、民族乡、镇；（5）直辖市和较大的市分为区、县(旗)；（6）国家在必要时设立的特别行政区。

自然资源 指人类可以直接从自然界获得，并用于生产和生活的物质资源。自然资源一般可以分成可再生资源和非再生资源两大类。可再生资源指在较短时间内可以再生、可以循环利用的资源，包括土地资源、水资源、气候资源、生物资源和海洋资源等。非再生资源指在使用后不能再生的资源，包括矿产资源和地热能源。

土地资源 土地指陆地的表层部分，它主要由岩石、岩石的风化物和土壤构成。

土地资源按利用类型可以分为农用地、建筑用地和未利用地。农用地包括耕地、园地、林地、牧草地和水面。建筑用地包括居民点及工矿用地、交通用地和水利设施用地。未利用地指农用地和建筑用地以外的土地，包括滩涂、荒漠、戈壁、冰川和石山等。

耕地面积 指经过开垦用以种植农作物并经常进行耕耘的土地面积。包括种有作物的土地面积、休闲地、新开荒地和抛荒未满三年的土地面积。

草地面积 指牧区和农区用于放牧牲畜或割草，植被盖度在5%以上的草原、草坡、草山等面积。包括天然的和人工种植或改良的草地面积。

水资源 水在自然界中以固体、液体和气态三种聚集状态存在，分布于海洋、陆地（包括土壤）以及大气之中，通过水循环形成水资源。水资源包括经人类控制并直接可供灌溉、发电、给水、航运、养殖等用途的地表水和地下水，以及江河、湖泊、井、泉、潮汐、港湾和养殖水域等。水资源是发展国民经济不可缺少的重要自然资源。

地表水和地下水 陆地上的水因空间分布不同，可以分为地表水和地下水。地表水指分别存在于河流、湖泊、沼泽、冰川和冰盖等水体中水分的总称，又称陆地水。地下水指储存在地面以下饱和岩土孔隙、裂隙及溶洞中的水。

矿产资源 矿产指由地质作用形成，富集于地壳中或出露于地表达到工农业利用要求的有用矿物。矿产是一种重要的自然资源，是社会发展的重要物质基础。

气候 指地球与大气之间长期能量交换与质量交换所形成的一种自然环境状态，它是多种因素综合作用的结果。气候既是人类生活和生产的环境要素之一，又是供给人类生活和生产的重要资源。气温、降水、湿度等气象要素的多年平均值是用来描述一个地区气候状况的主要参数，而各种气象要素某年、某月的平均值（或总量）则可以反映出该时期天气气候状况的重要特征。

气温 指空气的温度，我国一般以摄氏度（° C）为单位表示。气象观测的温度表是[CM(7]放在离地面约[CM)]1.5米处通风良好的百叶箱里测量的。因此，通常说的气温指的是离地面1.5米处百叶箱中的温度。其统计计算方法为：

月平均气温是将全月各日的平均气温相加，除以该月的天数而得。

年平均气温是将12个月的月平均气温累加后除以12而得。

相对湿度 指空气中实际所含水蒸汽密度和同温度下饱和水蒸汽密度的百分比值。其统计方法与气温相同。

降水量 指从天空降落到地面的液态或固态（经融化后）水，未经蒸发、渗透、流失而在地面上积聚的深度。其统计计算方法为：

月降水量是将全月各日的降水量累加而得。

年降水量是将12个月的月降水量累加而得。

日照时数 指太阳实际照射地面的时间。其统计方法与降水量相同。

2 综　合

General Surver

资料整理：郭玮

2-1 平均每天主要社会经济活动

指　标	2000	2005	2010	2015	2019
全市每天创造的财富					
生产总值(万元)	7320	19199	36471	53638	74369
第一产业	467	945	1805	2613	2641
第二产业	4086	9069	14986	20924	29219
#工业	3713	7721	11694	15237	22342
第三产业	2767	9185	19681	30101	42509
一般公共预算收入（万元）	428	1601	3813	6912	4159
一般公共预算支出（万元）	593	2133	5615	10774	9987
主要工农业产品产量					
粮食（吨）	1515	2323	2684	2984	2999
油料（吨）	203	84	88	172	279
原煤（吨）	10286	8933	61233	52620	61430
发电量（万千瓦时）	1359	2760	7180	12646	19553
粗钢（吨）	10950	20293	30484	40539	54676
钢材（吨）	9738	19178	30668	38548	50471
每天其他经济活动					
社会消费品零售额（万元）	2759	6400	14629	23250	28390
进出口总额（万美元）	86	256	535	425	748
#出口总额	47	143	330	243	384
金融机构存款余额（万元）	6380	18601	46729	74238	90200
#住户存款余额	4183	10671	20568	35835	50536
金融机构贷款余额（万元）	4843	9226	28419	60069	81412
每天人口变动					
出生人口（人）	66	51	56	44	57
死亡人口（人）	26	25	22	19	16
人口自然增长（人）	40	26	34	25	41

注：1.2015年金融机构存贷款余额分项内容均发生变化，2015年之前为城乡居民年末储蓄余额，2015年及以后为住户存款余额；

2.出生、死亡、人口自然增长数据来源于卫计委。

2-2 国民经济和社会发

指 标	总量指标					
	1978	1990	2000	2010	2015	2019
人口						
年末总人口（万人）	160.68	185.57	229.43	265.61	282.93	289.69
城镇人口	108.02	135.03	157.65	211.13	233.85	243.11
乡村人口	52.66	50.54	71.78	54.48	49.08	46.58
就业						
年末从业人员数（万人）	69.78	102.39	110.50	141.68	157.96	161.48
#城镇在岗职工人数	42.64	62.99	40.39	31.85	37.75	32.00
国民经济核算						
生产总值（亿元）	9.52	45.05	277.05	1331.20	1957.79	2714.47
第一产业	1.02	4.93	17.04	65.87	95.37	96.40
第二产业	6.38	26.44	149.14	546.99	763.73	1066.48
第三产业	2.12	13.68	110.87	718.34	1098.69	1551.59
人均生产总值（元）	594	2447	12203	50549	69567	93835
财政收支						
一般公共预算收入（亿元）	1.61	7.59	15.62	139.18	252.30	151.82
一般公共预算支出（亿元）	1.03	6.22	21.65	204.96	393.27	364.53
农林牧渔业						
耕地面积（万公顷）	37.74	29.24	44.74	42.69	42.51	42.36
总产值（亿元）	1.23	6.86	28.71	118.14	180.16	170.80
主要农畜产品产量						
粮食（万吨）	17.20	35.60	55.30	97.98	108.91	109.47
油料（万吨）	0.60	4.90	7.41	3.21	6.28	10.19
工业						
主要产品产量						
原煤（万吨）	303.71	476.77	375.45	2235.00	1920.63	2242.18
发电量（亿千瓦小时）	20.45	44.19	49.60	262.06	461.59	713.69
粗钢（万吨）	89.23	261.90	399.67	1112.67	1479.68	1995.67
成品钢材（万吨）	55.53	146.64	355.42	1119.40	1406.99	1842.16
水泥（万吨）	2.49	14.98	46.93	476.18	544.20	371.61
电解铝（万吨）	1.93	5.91	11.84	87.13	131.94	217.99
焦炭（万吨）	125.66	180.09	195.28	569.96	576.43	604.39

注：2000年以后年末总人口为常住人口（均按第六次人口普查数据进行调整）。

展总量与速度指标

速度指标（%）									
指数（2019年比以下各年）						平均增长速度			
1978	1990	2000	2010	2015	2018	1979-2019	1991-2000	2001-2010	2011-2019
180.3	156.1	126.3	109.1	102.4	100.3	1.4	2.1	1.5	0.9
225.1	180.0	154.2	115.1	104.0	100.7	2.0	1.6	3.0	1.5
88.5	92.2	64.9	85.5	94.9	98.1	-0.3	3.6	-2.7	-1.5
231.4	157.7	146.1	114.0	102.2	100.1	2.1	0.8	2.5	1.4
75.0	50.8	79.2	100.5	84.8	99.0	-0.7	-4.3	-2.3	0.2
9306.5	3454.0	977.0	202.2	127.9	106.0	11.7	13.5	17.1	8.1
987.5	420.7	231.4	130.4	108.3	101.1	5.7	6.2	5.9	3.0
10635.8	4428.2	1209.3	217.7	129.7	108.2	12.1	13.9	18.7	9.0
12792.4	3441.5	884.1	197.3	128.1	104.8	12.6	14.6	16.2	7.8
5704.3	2439.2	699.1	183.8	124.3	105.6	10.4	12.3	15.3	7.0
9435.1	1999.6	972.1	109.1	60.2	106.4	11.6	7.5	24.5	0.3
35281.6	5865.2	1683.4	177.9	92.7	100.0	15.4	13.3	25.2	6.6
112.2	144.9	94.7	99.2	99.6	100.0	0.3	4.3	-0.5	-0.1
1967.1	886.8	481.1	139.1	111.9	100.8	7.5	6.3	13.2	3.7
636.5	307.5	198.0	111.7	100.5	101.0	4.6	4.5	5.9	1.1
1698.3	208.0	137.5	317.4	162.3	142.9	6.2	4.2	-8.0	9.3
738.3	470.3	597.2	100.3	116.7	131.3	4.3	-2.4	19.5	-2.9
3489.9	1615.0	1438.9	272.3	154.6	113.0	8.7	1.2	18.1	10.3
2236.5	762.0	499.3	179.4	134.9	107.0	7.7	4.3	10.8	5.9
3317.5	1256.3	518.3	164.6	130.9	107.1	8.7	9.3	12.2	4.9
14924.1	2480.7	791.8	78.0	68.3	112.2	12.7	12.1	26.1	-4.0
11294.8	3688.5	1841.1	250.2	165.2	111.9	11.9	7.2	22.1	9.4
481.0	335.6	309.5	106.0	104.9	104.1	3.8	0.8	11.3	0.2

2-2 续

指　标	总量指标					
	1978	1990	2000	2010	2015	2019
运输、邮电						
公路客运量（万人）	123	306	950	1406	581	549
公路货运量（万吨）	634	2271	6800	16928	27255	38211
公路旅客周转量（亿人公里）	0.59	2.20	7.10	16.93	13.90	8.66
公路货物周转量（亿吨公里）	0.92	7.01	25.10	454.37	517.13	711.92
全市固定电话用户（万户）	1.52	4.20	35.43	38.86	36.63	21.39
国内贸易						
社会消费品零售总额（亿元）	3.78	17.85	100.71	533.97	848.64	1036.22
对外经济贸易						
进出口总额（万美元）		982	31527	195303	155300	273170
#出口总额（万美元）		792	17189	120403	88800	140238
金融						
金融机构各项存款余额（亿元）	3.10	29.01	232.88	1705.62	2709.70	3292.30
#城乡居民储蓄存款余额（亿元）	0.61	18.50	152.68	750.75	1307.99	1844.55
金融机构各项贷款余额（亿元）	6.72	33.77	176.78	1037.29	2192.52	2971.54
教育						
专任教师数（人）						
普通高校	342	1022	1331	2655	4373	4563
中等专业学校	583	883	727	1209	1104	1261
普通中学	7020	8270	8219	9038	9845	11623
小学	7615	9306	9754	8810	8736	8657
在校学生数（万人）						
普通高校	0.19	0.47	1.22	5.64	7.23	7.64
中等专业学校	0.36	0.63	1.47	2.60	2.39	1.86
普通中学	17.58	10.48	13.23	13.49	11.79	10.75
小学	23.58	15.67	16.47	14.29	13.34	14.68
卫生						
卫生医疗机构数（个）	382	498	854	2017	1723	1966
医疗机构床位数（张）	6571	8319	9462	12791	16008	20051
卫生技术人员数（人）	8830	13505	14639	17023	20941	24585
人民生活						
城镇居民人均可支配收入（元）		1305	5436	25862	38098	50427
农牧民人均纯收入（元）		640	2548	8766	13667	19174
物价指数（上年=100）						
居民消费价格总指数（%）	100.2	102.8	102.6	102.8	100.9	101.9

注：1.从2009年开始，交通部门公路运输数据统计口径调整，从2011年开始邮电业务总量计算方法调整；
2.2014年起城乡居民收入数据为城乡一体化住户调查数据，之前年度为旧口径数据，农村牧区居民人均可支配收入为农牧民人均纯收入。

表

速度指标（%）									
指数（2019年比以下各年）						平均增长速度			
1978	1990	2000	2010	2015	2018	1979-2019	1991-2000	2001-2010	2011-2019
446.3	179.4	57.8	39.0	94.5	110.2	3.5	12.0	4.0	–10.9
6027.0	1682.6	561.9	225.7	140.2	104.5	10.4	11.6	9.5	8.9
1459.1	393.0	122.0	51.1	62.3	112.5	6.5	12.4	9.1	-8.4
77256.6	10162.9	2836.2	156.7	137.7	103.1	17.5	13.6	33.6	4.8
1409.7	509.4	60.4	55.0	58.4	95.9	6.8	23.8	0.9	-6.0
27383.5	5805.6	1028.9	194.1	122.1	104.2	14.6	18.9	18.2	7.2
	27817.7	866.5	139.9	175.9	109.7		41.5	20.0	2.7
	17706.8	815.9	116.5	157.9	96.4		36.0	21.5	2.1
106357.5	11349.6	1413.8	193.0	121.5	86.7	18.9	23.2	22.0	9.3
302138.1	9973.1	1208.1	245.7	141.0	113.0	21.2	23.5	17.3	9.0
44202.8	8799.5	1680.9	286.5	135.5	98.9	16.0	18.0	19.4	12.5
1334.2	446.5	342.8	171.9	104.3	100.0	6.5	2.7	7.1	6.2
216.3	142.8	173.5	104.3	114.2	110.2	1.7	-1.9	5.2	-0.6
165.6	140.5	141.4	128.6	118.1	106.4	1.1	-0.1	1.0	2.1
113.7	93.0	88.8	98.3	99.1	100.1	0.3	0.5	-1.0	-0.2
4042.3	1642.0	628.4	135.6	105.6	100.0	9.4	10.1	16.6	3.4
514.8	296.0	126.2	71.5	77.7	90.7	4.3	8.9	5.9	-2.6
61.1	102.5	81.2	79.7	91.2	102.5	-1.3	2.4	0.2	-2.8
62.3	93.7	89.1	102.7	110.1	102.4	-1.2	0.5	-1.4	0.0
514.7	394.8	230.2	97.5	114.1	102.9	4.0	5.5	9.0	-0.6
305.1	241.0	211.9	156.8	125.3	97.3	2.8	1.3	3.1	5.4
278.4	182.0	167.9	144.4	117.4	101.9	2.5	0.8	1.5	4.0
	4325.0	1038.3	218.2	132.4	106.4		15.3	16.9	9.1
	3324.3	834.5	242.6	140.4	110.0		14.8	13.2	10.3
637.0	303.5	144.7	120.8	105.5	101.9	4.6	8.6	1.8	2.1

2-3　社会经济主要指标人均水平

指　标	2000	2005	2010	2015	2019
全市生产总值（元）	**12200**	**28766**	**50549**	**69567**	**93835**
第一产业	750	1416	2501	3389	3332
第二产业	6567	13588	20770	27138	36867
#工业	5968	11568	16207	19762	28190
第三产业	4882	13762	27277	39040	53636
一般公共预算收入（元）	688	2398	5285	8965	5248
一般公共预算支出（元）	954	3196	7783	13974	12601
农牧业生产					
耕地面积（公顷）	0.20	0.17	0.16	0.15	0.15
粮食产量（千克）	244	348	372	387	378
油料产量（千克）	32.6	12.6	12.2	22.3	35.2
主要工业产品产量					
原煤（吨）	1.65	1.34	8.49	6.82	7.75
发电量（千瓦小时）	2184	4135	9951	16402	24671
粗钢（吨）	1.76	3.04	4.23	5.26	6.90
钢材（吨）	1.57	2.87	4.25	5.00	6.37
社会消费品零售额（元）	**4435**	**9589**	**20276**	**30155**	**35821**
进出口总额（美元）	**139**	**383**	**742**	**552**	**944**
#出口	76	214	457	316	485
千人拥有电话部数（部）	**234**	**625**	**1097**	**1232**	**1473**
千人拥有卫生技术人员（人）	**6.4**	**5.7**	**6.5**	**7.4**	**8.5**
千人拥有病床数（张）	**4.2**	**4.0**	**4.9**	**5.7**	**6.9**
人民生活					
在岗职工平均工资（元）	7517	19805	41403	59573	81889
城镇居民人均可支配收入（元）	5436	13218	25862	38098	50427
城镇居民人均消费性支出（元）	4257	10056	20994	27269	31066
农村牧区居民人均可支配收入（元）	2548	4667	8766	13667	19174
农村牧区居民人均生活消费性支出（元）	1626	2952	6132	10099	12944
住户存款余额（元）	6723	15987	28508	46478	63764

注：2000年及以后各年人均指标按常住人口计算，之前年份按户籍人口计算。

2-4　国民经济主要比例关系

指　标	2000	2005	2010	2015	2019
从业人员中三次产业的比例					
第一产业	23.2	24.9	14.1	13.5	12.7
第二产业	31.3	29.1	29.9	26.3	25.8
第三产业	45.5	46.0	56.0	60.2	61.5
生产总值中三次产业的比例					
第一产业	6.1	4.9	4.9	4.9	3.5
第二产业	53.8	47.2	41.1	39.0	39.3
第三产业	40.1	47.9	54.0	56.1	57.2
工业总产值中轻重工业比例					
轻工业	23.4	18.0	18.2	6.4	4.2
重工业	76.6	82.0	81.8	93.6	95.8
农业总产值中农林牧渔业的比例					
农　业	64.6	41.4	35.6	34.3	37.4
林　业	2.4	0.9	0.9	0.5	0.6
牧　业	31.8	54.0	60.1	63.3	59.8
渔　业	1.2	1.0	0.8	0.7	0.7
农林牧渔服务业		2.7	2.6	1.2	1.6
固定资产投资中三次产业比例					
第一产业	2.5	1.3	2.4	2.4	2.0
第二产业	52.9	60.1	51.0	47.7	37.2
第三产业	44.6	38.6	46.6	49.9	60.8
公共财政预算收入占生产总值比例	**6.2**	**8.3**	**10.5**	**12.9**	**5.6**
进出口总额占生产总值比例	**10.2**	**8.7**	**9.9**	**5.1**	**7.0**

注：从2015年起，工业总产值轻重比例为规模以上工业总产值轻重比例。

2-5　国民经济和社会发展主要指标占自治区比重（2019年）

指　标	自治区	包头市	包头市占自治区比重（%）
年末总人口（万人）	**2539.60**	**289.69**	**11.4**
年末在岗职工人数（万人）	**280.90**	**34.09**	**12.1**
生产总值（亿元）	**17212.53**	**2714.47**	**15.8**
第一产业	1863.19	96.10	5.2
第二产业	6818.88	1066.48	15.6
#工业	5514.34	815.48	14.8
第三产业	8530.46	1551.59	18.2
一般公共预算收入（亿元）	**2059.69**	**151.82**	**7.4**
一般公共预算支出（亿元）	**5100.91**	**364.53**	**7.1**
主要工业产品产量			
原煤（万吨）	109068.12	2242.18	2.1
发电量（亿千瓦时）	5495.13	713.69	13.0
粗钢（万吨）	2653.69	1995.67	75.2
主要农畜产品产量和年末牲畜存栏数			
粮食（万吨）	3652.56	109.47	3.0
油料（万吨）	228.68	10.19	4.5
猪牛羊肉（万吨）	264.56	4.18	1.6
牛奶（万吨）	577.20	63.86	11.1
大牲畜存栏（万头）	786.90	15.92	2.0
羊存栏（万只）	5975.90	237.77	4.0
猪存栏（万只）	429.60	16.04	3.7

2-5 续 表

指 标	自治区	包头市	包头市占自治区比重(%)
公路货物周转量(亿吨公里)	**4633.98**	**711.92**	**15.4**
公路旅客周转量（亿人公里）	**312.84**	**8.66**	**2.8**
金融机构各项存款余额（亿元）	**23645.13**	**3292.30**	**13.9**
金融机构各项贷款余额（亿元）	**23085.12**	**2971.54**	**12.9**
社会消费品零售额（亿元）	**5051.11**	**1036.22**	**20.5**
进出口总额（亿美元）	**159.44**	**27.61**	**17.3**
#出口总额	54.69	14.24	26.0
教育			
普通高校在校学生数（万人）	47.20	7.85	16.6
普通中专在校学生数（万人）	7.99	1.64	20.5
普通中学在校学生数（万人）	106.95	10.75	10.1
小学在校学生数（万人）	136.31	14.68	10.8
卫生			
医疗卫生机构床位数（万张）	16.11	2.01	12.5
卫生技术人员（万人）	24.93	2.94	11.8
人民生活			
城镇居民人均可支配收入（元）	40782	50427	
农村牧区居民人均可支配收入（元）	15283	19174	
在岗职工工资总额（亿元）	2198.59	261.63	11.9
在岗职工平均工资（元）	83277	81889	
住户存款（亿元）	13587.32	1844.55	13.6

主要统计指标解释

可比价格　指计算各种总量指标所采用的扣除了价格变动因素的价格，可进行不同时期总量指标的对比。按可比价格计算总量指标有两种方法：一种是直接用产品产量乘某一年的不变价格计算；另一种是用价格指数进行缩减。

不变价格　指以同类产品某年的平均价格作为固定价格，用于计算各年的产品价值。按不变价格计算的产品价值消除了价格变动因素，不同时期对比可以反映生产的发展速度。新中国成立后，随着工农业产品价格水平的变化，国家统计局先后五次制定了全国统一的工业产品不变价格和农业产品不变价格。从1952年到1957年使用1952年工(农)业产品不变价格，从1957年到1970年使用1957年不变价格，从1971年到1980年使用1970年不变价格，从1981年到1990年使用1980年不变价格，从1991年开始使用1990年不变价格。从2001年开始，每五年开始更换一次不变价格，如从2001年到2005年使用2000年不变价格，2006年到2010年使用2005年不变价格，2011年到2015年使用2010年不变价格，依此类推。

平均增长速度　我国计算平均增长速度有两种方法：一种是习惯上经常使用的“水平法”，又称几何平均法，是以间隔期最后一年的水平同基期水平对比来计算平均每年增长(或下降)速度；另一种是“累计法”，又称代数平均法或方程法，是以间隔期内各年水平的总和同基期水平对比来计算平均每年增长(或下降)速度。在一般正常情况下，两种方法计算的平均每年增长速度比较接近，但在经济发展不平衡、出现大起大落时，两种方法计算的结果差别较大。

本《年鉴》内所列的平均增长速度，除固定资产投资用“累计法”计算外，其余均用“水平法”计算。从某年到某年平均增长速度的年份，均不包括基期年在内。如建国四十三年的平均增长速度是以1949年为基期计算的，则写为1950–1992年平均增长速度，其余类推。

3 国民经济核算

National Accounts

资料整理：张福霞

3-1 生产总值

单位：万元

年 份	生产总值	第一产业	第二产业	工 业	建筑业	第三产业	人均生产总值（元）
1952	7544	5387	1003			1154	190
1953	7463	4434	1719			1310	181
1954	12595	6724	3862			2009	286
1955	13765	6081	5352			2332	273
1956	24471	7719	12956			3796	387
1957	22965	5594	14290			3081	321
1958	31957	6363	23042			2552	413
1959	59498	9003	45571			4924	619
1960	72473	8419	53493			10561	572
1961	37253	6412	21346			9495	278
1962	31295	6445	16854			7996	255
1963	37564	7394	21269			8901	350
1964	47236	8352	28577			10307	438
1965	61234	7603	41314			12317	551
1966	69173	7602	46567			15004	604
1967	49564	8407	30119			11038	419
1968	52089	6945	33842			11302	427
1969	58005	8212	37113			12680	472
1970	83705	9860	59320			14525	659
1971	88231	8690	60587			18954	675
1972	80437	8643	55367			16427	588
1973	76303	9567	53996			12740	542
1974	67861	9738	48248			9875	472
1975	81031	9434	57690			13907	555
1976	74329	8667	53076			12586	504
1977	84235	9819	59628			14788	565
1978	95167	10228	63827	59328	4499	21112	594
1979	107645	11622	70099	65046	5053	25924	668
1980	110281	10944	75328	70812	4516	24009	681
1981	121695	12751	81151	74740	6411	27793	749
1982	144014	14894	97502	90085	7417	31618	877
1983	167979	16339	113317	103241	10076	38323	1013
1984	190838	19316	123489	114998	8491	48033	1140
1985	217685	21009	135694	123095	12599	60982	1277
1986	235671	18446	146663	126349	20314	70562	1356
1987	250864	18420	156417	141398	15019	76027	1425
1988	316467	36210	182968	164276	18692	97289	1773
1989	378511	33364	235704	215918	19786	109443	2088

3-1 续 表

单位：万元

年份	生产总值	第一产业	第二产业			第三产业	人均生产总值（元）
				工业	建筑业		
1990	450519	49334	264355	243945	20410	136830	2447
1991	529533	47042	322266	296821	25445	160225	2848
1992	661022	61859	398968	359859	39109	200195	3535
1993	1007052	72597	650388	574983	75405	284067	5337
1994	1247996	95069	777230	684872	92358	375697	6530
1995	1492352	123602	889463	797530	91933	479287	7732
1996	1806477	148958	1081969	980052	101917	575550	9264
1997	2053697	157077	1204496	1097144	107352	692124	10371
1998	2195773	156547	1238550	1134197	104353	800676	10956
1999	2331931	161056	1280134	1184726	95408	890741	11512
2000	2770486	170361	1491389	1355223	136166	1108736	12203
2001	3061498	165005	1616811	1477988	138823	1279682	13216
2002	3537719	177781	1820529	1633801	186728	1539409	15029
2003	4684998	197539	2159982	1880596	279386	2327477	19666
2004	5931875	285015	2733653	2370522	363131	2913207	24620
2005	7007714	344897	3310137	2818185	491952	3352680	28766
2006	7782221	375775	3679753	3130638	549115	3726693	31555
2007	9371085	457664	4087654	3458237	629417	4825767	37415
2008	11290660	521199	4906377	4004217	902160	5863084	44348
2009	12364057	549175	5203416	4111593	1091823	6611466	47763
2010	13311974	658669	5469868	4268158	1201710	7183437	50549
2011	15588406	782245	6447353	4740913	1706440	8358808	58285
2012	16861887	857681	7037482	5180544	1856938	8966724	62169
2013	17896477	926147	7408506	5474542	1933964	9561824	65104
2014	18715245	937186	7589158	5550904	2038254	10188901	67256
2015	19577900	953702	7637296	5561559	2075737	10986902	69567
2016	20924438	863290	8092858	5879907	2212951	11968290	73589
2017	22870240	840743	8728710	6439835	2288875	13300787	79754
2018	25110900	911900	9674600	7234600	2440000	14524400	87094
2019	27144692	964003	10664800	8154800	2510000	15515889	93835

注：1.本表按当年价格计算。
2.根据全国第四次经济普查结果对2000-2018年数据进行了修订（后同）。
3.从2013年开始，三次产业分类依据国家统计局2012年制定的《三次产业划分规定》执行，其中，工业中开采辅助活动、金属制品及机械和设备修理业归入第三产业。

3-2　生产总值构成

单位：%

年 份	生产总值	第一产业	第二产业			第三产业
				工 业	建筑业	
1952	100	71.4	13.3			15.3
1953	100	59.4	23.0			17.6
1954	100	53.3	30.7			16.0
1955	100	44.2	38.9			16.9
1956	100	31.5	53.0			15.5
1957	100	24.4	62.2			13.4
1958	100	19.9	72.1			8.0
1959	100	15.1	76.6			8.3
1960	100	11.6	73.8			14.6
1961	100	17.2	57.3			25.5
1962	100	20.6	53.9			25.5
1963	100	19.7	56.6			23.7
1964	100	17.7	60.5			21.8
1965	100	12.4	67.5			20.1
1966	100	11.0	67.3			21.7
1967	100	17.0	60.7			22.3
1968	100	13.3	65.0			21.7
1969	100	14.1	64.0			21.9
1970	100	11.8	70.9			17.3
1971	100	9.8	68.7			21.5
1972	100	10.8	68.8			20.4
1973	100	12.5	70.8			16.7
1974	100	14.3	71.1			14.6
1975	100	11.6	71.2			17.2
1976	100	11.7	71.4			16.9
1977	100	11.7	70.8			17.5
1978	100	10.7	67.1	62.4	4.7	22.2
1979	100	10.8	65.1	60.4	4.7	24.1
1980	100	9.9	68.3	64.2	4.1	21.8
1981	100	10.5	66.7	61.4	5.3	22.8
1982	100	10.3	67.8	62.6	5.2	21.9
1983	100	9.7	67.5	61.5	6.0	22.8
1984	100	10.1	64.7	60.3	4.4	25.2
1985	100	9.7	62.3	56.5	5.8	28.0
1986	100	7.8	62.2	53.6	8.6	30.0
1987	100	7.3	62.4	56.4	6.0	30.3
1988	100	11.5	57.8	51.9	5.9	30.7
1989	100	8.8	62.2	57.0	5.2	29.0

3-2 续 表

单位：%

年 份	生产总值	第一产业	第二产业	工 业	建筑业	第三产业
1990	100	10.9	58.7	54.2	4.5	30.4
1991	100	8.9	60.9	56.1	4.8	30.2
1992	100	9.4	60.3	54.4	5.9	30.3
1993	100	7.2	64.6	57.1	7.5	28.2
1994	100	7.6	62.3	54.9	7.4	30.1
1995	100	8.3	59.6	53.4	6.2	32.1
1996	100	8.2	59.9	54.3	5.6	31.9
1997	100	7.6	58.7	53.5	5.2	33.7
1998	100	7.1	56.4	51.6	4.8	36.5
1999	100	6.9	54.9	50.8	4.1	38.2
2000	100	6.2	53.8	48.9	4.9	40.0
2001	100	5.4	52.8	48.3	4.5	41.8
2002	100	5.0	51.5	46.2	5.3	43.5
2003	100	4.2	46.1	40.1	6.0	49.7
2004	100	4.8	46.1	40.0	6.1	49.1
2005	100	4.9	47.2	40.2	7.0	47.9
2006	100	4.8	47.3	40.2	7.1	47.9
2007	100	4.9	43.6	36.9	6.7	51.5
2008	100	4.6	43.5	35.5	8.0	51.9
2009	100	4.4	42.1	33.3	8.8	53.5
2010	100	4.9	41.1	32.1	9.0	54.0
2011	100	5.0	41.4	30.5	10.9	53.6
2012	100	5.1	41.7	30.7	11.0	53.2
2013	100	5.2	41.4	30.6	10.8	53.4
2014	100	5.0	40.6	29.7	10.9	54.4
2015	100	4.9	39.0	28.4	10.6	56.1
2016	100	4.1	38.7	28.1	10.6	57.2
2017	100	3.7	38.2	28.2	10.0	58.1
2018	100	3.6	38.5	28.8	9.7	57.9
2019	100	3.5	39.3	30.1	9.2	57.2

注：本表按当年价格计算。

3-3 生产总值指数（上年=100）

单位：%

年 份	生产总值	第一产业	第二产业	工 业	建筑业	第三产业	人均生产总值
1952							
1953	97.2	91.8	184.0			107.9	93.4
1954	162.2	145.2	231.3			148.2	151.3
1955	112.6	98.9	152.4			113.9	98.2
1956	178.7	128.7	245.2			165.4	142.9
1957	87.8	68.2	103.4			78.2	77.6
1958	147.4	107.8	181.2			84.3	136.4
1959	166.8	142.5	169.5			192.0	134.1
1960	130.0	99.1	126.5			196.7	98.6
1961	52.3	77.5	40.9			84.6	43.5
1962	82.8	99.5	77.0			84.3	90.4
1963	118.7	111.8	126.0			109.8	135.4
1964	121.2	113.1	124.6			119.8	120.6
1965	124.4	84.9	138.1			121.8	120.6
1966	125.5	99.6	131.6			122.6	121.6
1967	69.3	118.0	60.9			72.8	67.2
1968	102.9	84.1	108.5			102.3	99.7
1969	106.1	109.5	102.9			112.2	105.3
1970	154.8	115.7	181.3			115.3	149.9
1971	111.8	103.5	111.8			116.3	108.5
1972	90.8	99.2	90.8			86.8	86.9
1973	95.1	110.2	95.1			86.9	92.4
1974	89.5	104.6	88.5			77.3	86.8
1975	119.8	97.5	119.8			140.9	117.8
1976	90.1	92.9	91.4			90.5	90.5
1977	113.7	107.5	113.7			117.9	112.7
1978	117.8	93.3	124.6			107.5	116.7
1979	110.7	121.1	106.8	106.6	109.2	118.3	110.1
1980	93.3	85.5	95.1	96.4	79.1	91.9	92.8
1981	102.7	113.0	96.7	94.7	127.4	115.0	102.3
1982	118.2	113.7	120.6	121.0	116.1	114.9	117.0
1983	113.1	106.8	113.3	111.7	132.4	115.2	111.8
1984	107.5	115.1	103.0	105.3	79.7	115.0	106.5
1985	111.1	114.8	107.8	105.0	145.6	117.2	109.1
1986	106.7	81.4	109.5	104.0	163.4	111.7	104.6
1987	103.1	84.4	105.8	111.1	73.4	103.6	101.8
1988	112.9	150.2	107.4	106.7	114.3	112.7	111.3
1989	113.1	95.9	120.8	123.3	99.3	105.3	111.3

3-3 续 表

单位：%

年 份	生产总值	第一产业	第二产业	工 业	建筑业	第三产业	人均生产总值
1990	113.3	126.3	107.2	107.2	108.0	121.4	111.6
1991	107.1	92.7	108.4	108.0	112.8	109.8	106.0
1992	117.0	134.2	115.2	112.2	150.1	115.2	116.4
1993	121.1	105.0	123.0	119.3	155.1	123.0	120.0
1994	115.2	103.7	118.6	119.0	115.9	112.1	113.7
1995	112.0	105.1	113.3	115.8	96.3	111.3	110.9
1996	114.5	111.0	116.5	117.9	105.3	111.2	113.3
1997	115.0	103.9	115.7	116.6	107.6	116.3	113.2
1998	112.4	101.3	111.3	113.0	95.2	117.4	111.1
1999	109.7	105.3	107.9	109.4	91.0	114.3	108.5
2000	111.2	103.8	109.6	109.9	105.1	115.6	110.3
2001	111.9	98.3	107.3	107.9	101.5	120.1	109.6
2002	116.6	115.0	115.9	113.2	144.4	117.7	114.8
2003	119.2	107.4	120.4	116.0	157.3	119.1	117.8
2004	121.3	111.9	127.6	128.5	121.6	114.9	119.9
2005	121.3	102.6	129.9	131.1	123.0	111.7	120.0
2006	118.1	103.6	121.0	123.1	109.2	116.8	116.7
2007	118.1	103.5	120.0	121.2	112.6	117.5	116.3
2008	116.9	105.9	118.2	118.9	113.2	116.5	115.0
2009	114.5	104.2	115.6	114.7	122.2	114.0	112.6
2010	113.1	107.6	112.8	112.8	112.5	113.8	111.2
2011	114.6	105.7	116.6	117.0	115.3	113.9	112.8
2012	109.4	106.0	111.2	112.3	107.0	108.3	107.9
2013	108.2	103.7	109.4	110.7	104.6	107.5	106.7
2014	108.1	101.3	109.5	110.4	105.8	107.5	106.8
2015	107.8	102.3	108.1	108.4	106.8	108.0	106.6
2016	107.4	100.2	107.0	106.9	107.1	108.4	106.3
2017	105.3	103.1	104.0	105.8	99.3	106.2	104.4
2018	106.7	103.7	107.7	110.2	100.7	106.2	106.1
2019	106.0	101.1	108.2	110.4	101.4	104.8	105.6

注：本表按可比价格计算。

主要统计指标解释

国内生产总值 指按市场价格计算的一个国家（或地区）所有常住单位在一定时期内生产活动的最终成果。国内生产总值有三种表现形式，即价值形态、收入形态和产品形态。从价值形态看，它是所有常住单位在一定时期内生产的全部货物和服务价值与同期投入的全部非固定资产货物和服务价值的差额，即所有常住单位的增加值之和；从收入形态看，它是所有常住单位在一定时期内创造并分配给常住单位和非常住单位的初次收入之和；从产品形态看，它是所有常住单位在一定时期内最终使用的货物和服务价值与货物和服务净出口价值之和。在实际核算中，国内生产总值有三种核算方法，即生产法、收入法和支出法。

对于一个地区来说，称为地区生产总值或地区GDP。

三次产业 三次产业的划分是世界上较为常用的产业结构分类，但各国的划分不尽一致。根据《国民经济行业分类》（GB/T 4754—2017），三次产业的范围如下：

第一产业是指农、林、牧、渔业（不含农、林、牧、渔专业及辅助性活动）。

第二产业是指采矿业（不含开采专业及辅助性活动），制造业（不含金属制品、机械和设备修理业），电力、热力、燃气及水生产和供应业，建筑业。

第三产业即服务业，是指除第一产业、第二产业以外的其他行业。第三产业包括：批发和零售业，交通运输、仓储和邮政业，住宿和餐饮业，信息传输、软件和信息技术服务业，金融业，房地产业，租赁和商务服务业，科学研究和技术服务业，水利、环境和公共设施管理业，居民服务、修理和其他服务业，教育，卫生和社会工作，文化、体育和娱乐业，公共管理、社会保障和社会组织，国际组织，以及农、林、牧、渔业中的农、林、牧、渔专业及辅助性活动，采矿业中的开采专业及辅助性活动，制造业中的金属制品、机械和设备修理业。

4 人 口

Population

资料整理：王婷

4-1　年末户籍总人口及其构成

单位：万人

年 份	年 末 总人口	年平均 人 口	按性别分		按农业、非农业分		按城乡分	
			男	女	农业人口	非农业人口	市镇人口	乡村人口
1949	35.79	35.47	20.44	15.35	24.37	11.42	16.79	19.00
1952	43.00	42.47	24.60	18.40	31.02	11.98	18.53	24.47
1957	80.16	75.49	46.43	33.73	36.63	43.53	51.62	28.55
1962	113.08	129.46	63.49	49.59	47.83	65.25	76.35	36.73
1966	123.02	121.58	68.12	54.90	53.26	69.76	84.29	38.73
1967	127.53	125.27	70.28	57.25	53.25	74.28	88.50	39.03
1968	131.09	129.31	72.10	58.99	54.91	76.18	90.83	40.26
1969	133.89	132.49	73.96	59.93	56.76	77.13	92.25	41.64
1970	136.20	134.70	75.75	60.45	58.57	77.63	93.15	43.05
1971	141.76	138.73	77.65	64.11	60.24	81.52	97.62	44.14
1972	147.86	145.00	80.03	67.83	61.97	85.89	102.52	45.34
1973	150.85	149.33	81.70	69.15	64.01	86.84	104.12	46.73
1974	154.42	152.63	83.14	71.28	66.68	87.74	106.47	47.95
1975	156.20	155.32	83.75	72.45	68.00	88.20	106.05	50.15
1976	157.86	157.03	84.65	73.21	69.60	88.26	106.93	50.93
1977	159.90	158.88	85.42	74.48	71.18	88.72	107.90	52.00
1978	160.68	160.31	85.68	75.00	71.96	88.72	108.02	52.66
1979	161.64	161.13	85.72	75.92	70.82	90.82	109.69	51.95
1980	162.10	161.86	86.07	76.03	71.02	91.08	110.07	52.03
1981	162.91	162.51	85.96	76.95	70.60	92.31	110.61	52.30
1982	165.33	164.13	87.16	78.17	72.20	93.13	112.23	53.10
1983	166.47	165.88	87.82	78.65	72.61	93.86	113.34	53.13
1984	168.40	167.44	88.73	79.67	73.81	94.59	114.39	54.01
1985	172.43	170.63	90.61	81.82	73.61	98.82	118.37	54.06
1986	175.05	173.73	92.00	83.05	75.22	99.83	124.19	50.86
1987	176.99	176.04	92.61	84.38	74.53	102.46	125.94	51.05
1988	180.03	178.49	94.18	85.85	75.00	105.03	129.22	50.81
1989	182.61	181.36	95.58	87.03	76.06	106.55	131.45	51.16
1990	185.57	184.12	96.93	88.64	77.11	108.46	135.03	50.54

4-1 续 表

单位：万人

年 份	年 末 总人口	年平均 人 口	按性别分		按农业、非农业分		按城乡分	
			男	女	农业人口	非农业人口	市镇人口	乡村人口
1991	186.27	185.92	97.28	88.99	76.74	109.53	135.42	50.85
1992	187.75	187.01	98.00	89.75	77.50	110.25	136.59	51.16
1993	189.75	188.75	98.94	90.81	77.42	112.33	138.92	50.83
1994	192.49	191.12	100.28	92.21	77.88	114.61	141.60	50.89
1995	194.01	193.23	100.99	93.02	78.17	115.84	143.19	50.82
1996	196.23	195.12	101.97	94.26	78.53	117.70	145.63	50.60
1997	198.92	197.57	103.20	95.72	79.39	119.53	148.07	50.85
1998	201.12	200.02	104.31	96.81	79.95	121.17	150.93	50.19
1999	203.01	202.06	105.13	97.88	79.84	123.17	152.98	50.03
2000	204.31	203.66	105.52	98.79	78.89	125.42	154.81	49.50
2001	206.16	205.24	106.33	99.83	78.85	127.31	160.85	45.31
2002	208.02	207.09	107.17	100.85	78.48	129.54	162.78	45.24
2003	209.33	208.68	107.67	101.66	78.03	131.30		
2004	210.24	209.79	107.81	102.43	77.73	132.51		
2005	209.32	209.78	107.23	102.09	76.35	132.97		
2006	212.41	210.87	108.66	103.75	78.62	133.79		
2007	214.60	213.51	109.55	105.05	80.12	134.48		
2008	217.76	216.18	111.13	106.63	82.18	135.58		
2009	219.59	218.68	111.69	107.90	83.28	136.31		
2010	219.80	219.70	111.55	108.25	83.32	136.48		
2011	221.75	220.78	112.46	109.29	84.26	137.49		
2012	223.45	222.60	113.04	110.41	85.14	138.31		
2013	225.02	224.24	113.68	111.34	85.79	139.23		
2014	223.71	224.36	112.84	110.87	85.01	138.70		
2015	223.86	223.79	112.75	111.11	67.08	156.78		
2016	223.70	223.78	112.56	111.14	74.32	149.38		
2017	223.61	223.66	112.17	111.44	74.64	148.97		
2018	223.68	223.64	111.98	111.70	74.39	149.29		
2019	224.56	224.12	112.29	112.27	74.43	150.13		

注：2015年公安部门户籍人口取消了非农业和农业人口分组，更改为城镇和乡村人口分组。

4-2 人口出生率、死亡率、自然增长率

年 份	出生		死亡		自然增长		人口机械增长率（‰）
	出生人数（万人）	出生率（‰）	死亡人数（万人）	死亡率（‰）	人 数（万人）	增长率（‰）	
1949	1.15	32.42	0.44	12.40	0.71	20.02	
1952	1.51	35.55	0.48	11.30	1.03	24.25	
1957	3.49	46.23	0.58	7.68	2.91	38.55	
1962	5.37	41.48	1.03	7.96	4.34	33.52	
1966	3.38	27.80	0.80	6.58	2.58	21.22	
1967	3.53	28.18	0.69	5.51	2.84	22.67	
1968	4.35	33.64	0.69	5.34	3.66	28.30	
1969	4.17	31.47	0.71	5.36	3.46	26.12	
1970	3.91	29.03	0.72	5.35	3.19	23.68	
1971	3.76	27.10	0.71	5.12	3.05	21.99	
1972	3.91	26.97	0.72	4.97	3.19	22.00	
1973	3.73	24.98	0.67	4.49	3.06	20.49	
1974	3.08	20.18	0.74	4.85	2.34	15.33	
1975	3.00	19.31	0.77	4.96	2.23	14.36	
1976	2.70	17.19	0.69	4.39	2.01	12.80	
1977	2.45	15.42	0.72	4.53	1.73	10.89	
1978	2.28	14.22	0.70	4.37	1.58	9.86	
1979	1.98	12.29	0.71	4.41	1.27	7.88	
1980	1.84	11.37	0.73	4.51	1.11	6.86	
1981	2.13	13.11	0.77	4.74	1.36	8.37	
1982	2.63	16.02	0.80	4.87	1.83	11.15	
1983	2.05	12.36	0.75	4.52	1.30	7.84	
1984	2.98	17.80	0.71	4.24	2.27	13.56	
1985	2.24	13.14	0.75	4.40	1.49	8.74	
1986	2.67	15.37	0.75	4.32	1.92	11.05	
1987	2.90	16.47	0.68	3.86	2.22	12.61	8.68
1988	2.98	16.70	0.74	4.15	2.24	12.55	7.25
1989	2.99	16.49	0.72	3.97	2.27	12.52	2.42
1990	3.39	18.41	0.95	5.16	2.44	13.25	6.19

注：本表数据为公安户籍统计数。

4-2 续 表

年份	出生		死亡		自然增长		人口机械增长率（‰）
	出生人数（万人）	出生率（‰）	死亡人数（万人）	死亡率（‰）	人数（万人）	增长率（‰）	
1991	2.99	16.08	0.80	4.30	2.19	11.78	-1.56
1992	3.44	18.39	0.83	4.44	2.61	13.96	
1993	3.04	16.11	0.92	4.87	2.12	11.23	0.30
1994	3.02	15.80	0.89	4.66	2.13	11.14	3.87
1995	2.84	14.70	0.97	5.02	1.87	9.68	1.35
1996	2.91	14.90	0.95	4.88	1.96	10.02	3.10
1997	2.91	14.72	0.95	4.82	1.96	9.90	3.96
1998	2.72	13.59	1.02	5.11	1.70	8.48	2.72
1999	2.75	13.63	0.83	4.09	1.93	9.54	6.54
2000	3.33	16.37	1.17	5.73	2.16	10.64	3.82
2001	2.41	11.74	0.68	3.32	1.73	8.42	2.82
2002	2.39	11.53	0.72	3.50	1.66	8.03	5.45
2003	1.51	7.25	0.67	3.23	0.84	4.02	2.34
2004	1.79	8.52	1.49	7.12	0.30	1.40	2.05
2005	1.63	7.75	1.66	7.94	-0.03	-0.19	0.64
2006	1.57	7.45	0.74	3.51	0.83	3.94	9.44
2007	2.07	9.70	0.76	3.56	1.31	6.14	3.87
2008	2.02	7.97	0.83	3.29	1.18	4.68	8.28
2009	2.19	8.00	1.31	3.00	0.88	5.00	2.29
2010	2.32	10.56	2.41	10.97	-0.09	-0.41	1.69
2011	1.99	8.98	0.69	3.10	1.30	5.88	2.94
2012	2.12	9.52	0.89	4.00	1.23	5.52	2.10
2013	2.05	9.11	1.03	4.56	1.02	4.55	2.45
2014	2.45	10.98	1.19	5.32	1.26	5.66	0.38
2015	1.72	7.69	1.00	4.47	0.72	3.22	0.45
2016	2.18	9.74	1.45	6.48	0.73	3.26	-1.07
2017	2.03	9.08	2.35	10.51	-0.32	-1.43	2.26
2018	1.76	7.87	1.59	7.11	0.17	0.76	-0.45
2019	1.86	8.30	0.94	4.19	0.92	4.11	-0.09

4-3 年末户籍总人口及人口变动

项　目	2018	2019	2019年比2018年增长（%、±千分点）
年末总户数（万户）	**90.38**	**90.07**	**-0.34**
年末总人口（万人）	**223.68**	**224.56**	**0.39**
#蒙古族	9.40	9.53	1.38
其他少数民族	6.98	7.02	0.57
按性别分			
男	111.98	112.29	0.28
女	111.70	112.27	0.51
按城乡分			
城镇人口	149.29	150.13	0.56
乡村人口	74.39	74.43	0.05
人口自然变动			
出生人口（万人）	1.76	1.86	5.68
男	0.91	0.95	4.40
女	0.85	0.90	5.88
死亡人口（万人）	1.59	0.94	-40.88
出生率（‰）	7.87	8.30	0.43
死亡率（‰）	7.11	4.19	-2.92
自然增长率（‰）	0.76	4.11	3.35
人口迁移变动			
省内迁入（万人）	5.14	1.60	-68.87
省外迁入（万人）	0.51	0.43	-15.69
迁往省内（万人）	4.91	1.31	-73.32
迁往省外（万人）	0.84	0.74	-11.90
迁入率（‰）	25.26	9.05	-16.21
迁出率（‰）	25.71	9.14	-16.57
机械增长率（‰）	-0.45	-0.09	0.36

4-4 民族人口及构成

单位：人

项　目	2018	2019	构成（%）	
			2018	2019
汉　族	2072959	2080052	92.68	92.62
少数民族	163806	165632	7.32	7.38
蒙古族	94005	95389	4.20	4.25
回族	37344	37327	1.67	1.66
满族	27680	28051	1.24	1.25
朝鲜族	857	867	0.04	0.04
达斡尔族	986	1010	0.04	0.04
鄂温克族	139	142	0.01	0.01
鄂伦春族	33	35		
壮族	315	316	0.01	0.01
藏族	164	170	0.01	0.01
锡伯族	336	340	0.02	0.02
苗族	323	335	0.01	0.01
土家族	350	353	0.02	0.02
彝族	212	217	0.01	0.01
维吾尔族	21	23		
其他少数民族	1041	1057	0.05	0.05

注：本表数据为公安户籍统计数。

4-5　年末民族人口数

年 份	在人口总数中							
	汉族（万人）	蒙古族（万人）	回族（万人）	满族（万人）	朝鲜族（人）	达斡尔族（人）	鄂温克族（人）	鄂伦春族（人）
1949	32.68	0.73	0.59	0.06				
1952	38.76	0.90	0.63	0.09				
1957	74.09	1.31	0.98	0.09	503	77		
1962	103.74	1.75	1.94	0.13	333	150	3	
1966	112.49	2.10	1.70	0.25	401	252	15	
1967	116.75	2.19	1.81	0.28	443	258	12	
1968	119.96	2.22	1.82	0.26	356	220	8	
1969	122.53	2.27	1.84	0.25	359	220	8	
1970	124.54	2.34	1.91	0.25	359	213	8	
1971	136.72	2.41	2.21	0.33	373	251	9	
1972	142.61	2.50	2.26	0.40	387	274	13	
1973	145.46	2.55	2.35	0.41	388	305	14	12
1974	148.83	2.65	2.43	0.40	462	287	9	1
1975	150.39	2.79	2.49	0.43	435	338	14	10
1976	152.10	2.78	2.46	0.43	414	257	17	6
1977	154.06	2.83	2.47	0.44	388	294	12	9
1978	154.85	2.82	2.45	0.45	356	333	6	11
1979	155.38	3.02	2.53	0.59	422	341	8	11
1980	155.58	3.10	2.55	0.75	413	361	10	10
1981	156.11	3.27	2.59	0.80	407	392	6	13
1982	157.79	3.60	2.78	1.01	448	415	11	14
1983	158.72	3.72	2.82	1.07	440	412	17	10
1984	160.69	3.77	2.76	1.05	437	401	14	20
1985	164.51	3.86	2.79	1.12	530	431	33	13
1986	166.82	4.00	2.80	1.26	434	459	41	15
1987	168.08	4.28	3.01	1.42	530	485	41	17
1988	171.11	4.33	2.96	1.46	509	486	31	14
1989	173.48	4.47	2.90	1.57	518	526	30	27
1990	176.07	4.65	3.02	1.63	532	514	34	14

注：本表数据为公安户籍统计数。

4-5 续 表

年 份	在人口总数中							
	汉族（万人）	蒙古族（万人）	回族（万人）	满族（万人）	朝鲜族（人）	达斡尔族（人）	鄂温克族（人）	鄂伦春族（人）
1991	176.46	4.82	3.07	1.71	529	532	39	14
1992	177.64	4.92	3.17	1.81	553	593	42	14
1993	179.24	5.17	3.24	1.85	566	525	54	14
1994	181.67	5.37	3.27	1.94	640	639	57	16
1995	182.94	5.48	3.31	2.01	640	651	59	16
1996	184.88	5.69	3.35	2.05	655	661	52	18
1997	187.35	5.82	3.38	2.10	663	664	60	13
1998	189.21	6.03	3.45	2.15	686	656	59	18
1999	190.81	6.26	3.44	2.19	689	685	60	24
2000	191.86	6.42	3.49	2.22	712	718	70	21
2001	193.39	6.69	3.49	2.26	725	760	80	25
2002	195.11	6.80	3.50	2.27	726	770	87	23
2003	196.25	6.93	3.52	2.29	736	780	78	25
2004	196.97	7.09	3.53	2.30	744	781	91	23
2005	195.98	7.17	3.51	2.30	743	769	83	22
2006	198.95	7.26	3.50	2.31	751	783	74	23
2007	200.91	7.43	3.53	2.34	771	785	78	25
2008	203.79	7.63	3.57	2.37	787	779	86	28
2009	205.17	7.96	3.62	2.44	787	800	92	31
2010	205.15	8.13	3.64	2.46	792	802	102	29
2011	206.86	8.31	3.67	2.50	797	825	106	30
2012	208.25	8.53	3.69	2.55	816	858	111	29
2013	209.53	8.73	3.72	2.60	827	879	119	33
2014	208.05	8.85	3.72	2.64	840	913	124	33
2015	208.06	8.96	3.72	2.67	851	916	131	31
2016	207.70	9.11	3.72	2.72	850	950	132	32
2017	207.40	9.26	3.77	2.71	856	974	137	32
2018	207.30	9.40	3.73	2.77	857	986	139	33
2019	208.00	9.53	3.73	2.80	867	1010	142	35

4-6 年末常住人口

项　目	2000	2001	2002	2003	2004	2005
年末总户数（万户）	**77.78**	**79.27**	**80.59**	**81.75**	**83.01**	**84.91**
年末总人口（万人）	**229.43**	**233.86**	**236.93**	**239.52**	**242.35**	**244.88**
按性别分						
男	119.08	121.33	120.74	121.76	125.10	126.14
女	110.35	112.53	116.19	117.76	117.25	118.74
按城乡分						
城镇人口	157.65	161.41	164.24	166.67	172.82	176.31
乡村人口	71.78	72.45	72.69	72.85	69.53	68.57
城镇化率（%）	68.71	69.02	69.32	69.59	71.31	72.00
按旗县区分						
稀土高新区	12.57	13.16	13.60	6.12	6.44	6.50
东河区	43.71	44.43	44.87	44.62	45.30	45.40
昆都仑区	43.93	44.82	45.64	55.20	56.07	56.47
青山区	33.92	34.59	35.03	38.70	39.65	40.28
石拐区	5.12	5.08	4.90	4.92	4.94	4.87
白云矿区	2.57	2.59	2.52	2.44	2.44	2.44
九原区	28.25	29.07	29.68	27.38	27.65	27.73
土默特右旗	31.97	32.43	32.70	31.99	31.93	31.53
固阳县	17.37	17.60	17.74	17.61	17.67	17.68
达尔罕茂明安联合旗	10.02	10.17	10.26	10.23	10.26	10.10

注：2010年及之前数据根据第六次人口普查数据进行调整，2011年及以后数据为人口抽样调查推算数据。

4-6 续

项　目	2006	2007	2008	2009	2010	2011
年末总户数（万户）	**86.84**	**88.31**	**90.05**	**95.38**	**100.23**	**101.88**
年末总人口（万人）	**248.37**	**252.56**	**256.63**	**261.09**	**265.61**	**269.29**
按性别分						
男	128.03	130.03	131.50	133.91	137.16	138.94
女	120.34	122.53	125.13	127.18	128.45	130.35
按城乡分						
城镇人口	181.48	188.66	194.78	203.39	211.13	216.86
乡村人口	66.89	63.90	61.85	57.70	54.48	52.43
城镇化率（%）	73.07	74.70	75.90	77.90	79.49	80.50
按旗县区分						
稀土高新区	6.56	10.07	12.20	12.52	11.98	12.55
东河区	45.90	46.02	49.72	50.66	51.30	52.27
昆都仑区	57.20	57.88	63.22	64.36	72.88	73.89
青山区	41.13	41.82	45.70	46.69	48.22	48.99
石拐区	4.84	4.23	4.69	16.15	3.58	3.52
白云矿区	2.43	2.43	2.46	4.26	2.61	2.66
九原区	28.19	28.50	15.18	2.55	19.68	20.18
土默特右旗	31.64	31.06	30.69	30.82	27.65	27.68
固阳县	17.74	17.44	17.32	17.24	17.56	17.43
达尔罕茂明安联合旗	10.13	10.16	12.20	11.96	10.15	10.12

注：2010年及之前数据根据第六次人口普查数据进行调整，2011年及以后数据为人口抽样调查推算数据。

表

2012	2013	2014	2015	2016	2017	2018	2019
103.64	**104.97**	**106.25**	**107.41**	**108.48**	**109.26**	**109.69**	**110.00**
273.16	**276.62**	**279.92**	**282.93**	**285.75**	**287.77**	**288.87**	**289.69**
140.88	142.67	144.37	145.82	147.20	148.24	148.77	149.12
132.28	133.95	135.55	137.11	138.55	139.53	140.10	140.57
222.24	226.86	230.48	233.85	237.09	239.65	241.41	243.11
50.92	49.76	49.44	49.08	48.66	48.12	47.46	46.58
81.36	82.01	82.34	82.65	82.97	83.28	83.57	83.92
13.19	13.86	14.39	14.68	14.97	15.19	15.31	15.37
53.10	53.83	54.13	54.51	54.83	55.19	55.32	55.42
75.08	75.98	76.79	77.66	78.61	79.32	79.61	79.86
49.79	50.42	50.98	51.35	51.71	51.98	52.17	52.35
3.25	3.36	3.81	3.86	3.79	3.78	3.81	3.83
2.68	2.70	2.73	2.76	2.77	2.78	2.79	2.80
20.82	21.28	21.61	22.08	22.53	22.93	23.29	23.51
27.85	28.01	28.65	29.30	29.85	29.97	29.98	29.99
17.39	17.29	17.05	17.01	16.99	16.95	16.93	16.91
10.01	9.89	9.78	9.72	9.70	9.68	9.66	9.65

主要统计指标解释

人口数　指一定时点、一定地区范围内的有生命的个人的总和。

年度统计的年末人口数指每年12月31日24时的人口数。

户籍人口　指公民依《中华人民共和国户口登记条例》已在其经常居住地的公安户籍管理机关登记了常住户口的人，这类人口不管其是否外出，也不管外出时间长短，只要在某地注册有常住户口，则为该地区的户籍人口。

常住人口　指实际经常居住在某地区半年以上的人口。按人口普查和抽样调查规定，还包括户口在外地，但在本地居住半年以上者，或离开户口地半年以上而调查时在本地居住的人口；调查时居住在本地，但在任何地方都没有登记常住户口，如手持户口迁移证、出生证、退伍证、劳改劳教释放证等尚未办理常住户口的人。

城镇人口和乡村人口的划分　城镇人口是指居住在城镇范围内的全部人口；乡村人口是除上述人口以外的全部人口。

历年城乡人口数据是按照当时国家《关于统计上划分城乡的规定》计算的。

出生率(又称粗出生率)　指在一定时期内(通常为一年)平均每千人所出生的人数的比率，一般用千分率表示。本资料中的出生率指年出生率，其计算公式为：

出生率=年出生人数/年平均人数×1000‰

式中：出生人数指活产婴儿，即胎儿脱离母体时(不管怀孕月数)，有过呼吸或其他生命现象。年平均人数指年初、年底人口数的平均数，也可用年中人口数代替。

死亡率(又称粗死亡率)　指在一定时期内(通常为一年)一定地区的死亡人数与同期平均人数(或期中人数)之比，一般用千分率表示。本资料中的死亡率指年死亡率，其计算公式为：

死亡率=年死亡人数/年平均人数×1000‰

人口自然增长率　指在一定时期内(通常为一年)人口自然增加数(出生人数减死亡人数)与该时期内平均人数(或期中人数)之比，一般用千分率表示。计算公式为：

人口自然增长率=(本年出生人数－本年死亡人数)/年平均人数×1000‰=人口出生率－人口死亡率

5 就业与工资

Employment and Wages

资料整理：丁慧芬

5-1　就业基本情况

项　目	2015	2016	2017	2018	2019
就业人员合计（万人）	**157.96**	**159.53**	**160.73**	**161.26**	**161.48**
第一产业	21.25	21.46	21.20	21.00	20.52
第二产业	41.56	41.95	42.03	41.69	41.65
第三产业	95.15	96.12	97.50	98.57	99.31
就业人员构成（%）					
第一产业	13.46	13.45	13.19	13.02	12.71
第二产业	26.31	26.30	26.15	25.85	25.79
第三产业	60.23	60.25	60.66	61.12	61.50
按城乡分组					
城镇就业人员（万人）	129.83	130.57	132.14	133.13	133.87
#国有单位	12.35	12.44	12.77	13.87	12.32
城镇集体单位	0.10	0.10	0.10	0.10	0.10
股份合作单位	0.15	0.04	0.04	0.01	0.03
联营单位	0.01	0.01	0.01	0.01	0.07
有限责任公司	18.47	17.74	14.97	14.42	14.33
股份有限公司	7.08	6.50	6.95	5.40	5.61
私营	41.63	42.32	47.03	47.06	52.57
港澳台商投资单位	0.35	0.34	0.32	0.15	0.28
外商投资单位	0.50	0.51	0.25	0.26	0.34
个体	49.00	50.48	49.62	51.28	47.11
乡村就业人员（万人）	28.13	28.96	28.59	28.13	27.61
#私营企业	4.96	5.52	4.95	4.73	4.38
个体	2.87	3.22	3.29	3.34	3.01
城镇非私营就业人员（万人）	**40.15**	**38.86**	**35.97**	**34.69**	34.09
国有单位	12.71	12.51	12.77	13.88	12.32
城镇集体单位	1.15	1.12	0.59	0.50	0.27
其他单位	26.29	25.23	22.61	20.31	21.50
城镇登记失业人数（万人）	**5.13**	**5.38**	**5.52**	**5.46**	**5.41**
城镇登记失业率（%）	**3.88**	**3.89**	**3.87**	**3.86**	**3.86**

注：1998年及以后城镇单位从业人员、职工人数统计口径有调整，详见本篇指标解释。

5-2 按三次产业划分的年末就业人员

年 份	就业人员（万人）				构成（%）		
		第一产业	第二产业	第三产业	第一产业	第二产业	第三产业
1957	28.24	16.68	9.06	2.49	59.06	32.08	8.86
1965	44.06	22.26	18.30	3.51	50.52	41.53	7.95
1970	50.84	24.15	22.55	4.14	47.50	44.35	8.15
1975	65.19	27.20	27.88	10.11	41.72	42.77	15.51
1978	69.78	25.57	30.68	13.53	36.64	43.97	19.39
1980	77.99	26.08	35.27	16.64	33.44	45.22	21.34
1985	92.41	30.13	43.13	19.14	32.60	46.67	20.73
1986	95.38	30.00	44.78	20.60	31.45	46.95	21.60
1987	96.28	30.55	44.41	21.31	31.73	46.13	22.14
1988	99.01	30.47	46.09	22.45	30.77	46.55	22.68
1989	101.09	31.24	46.29	23.58	30.90	45.79	23.31
1990	102.39	31.82	46.70	23.87	31.08	45.61	23.31
1991	106.92	33.46	48.42	25.02	31.29	45.29	23.42
1992	109.34	32.82	50.43	26.09	30.02	46.12	23.86
1993	108.20	31.51	49.71	26.99	29.12	45.94	24.94
1994	113.63	31.40	52.23	29.99	27.63	45.96	26.41
1995	112.77	32.64	50.95	29.18	28.94	45.18	25.88
1996	111.41	32.57	49.05	29.79	29.23	44.03	26.74
1997	113.34	31.98	46.58	37.78	28.22	41.10	30.68
1998	105.66	32.57	39.17	33.92	30.82	37.07	32.11
1999	101.84	32.40	37.66	31.78	31.82	36.98	31.20

5-2 续 表

年 份	就业人员（万人）				构成（%）		
		第一产业	第二产业	第三产业	第一产业	第二产业	第三产业
2000	110.50	25.59	34.66	50.25	23.16	31.37	45.47
2001	109.99	31.58	33.81	44.60	28.71	30.74	40.55
2002	111.07	32.60	32.90	45.57	29.35	29.62	41.03
2003	112.53	30.83	33.35	48.35	27.40	29.64	42.96
2004	114.24	30.62	32.55	51.07	26.80	28.49	44.71
2005	118.38	29.55	34.40	54.43	24.96	29.06	45.98
2006	121.68	27.17	39.18	55.33	22.33	32.20	45.47
2007	127.76	25.16	39.96	62.64	19.69	31.28	49.03
2008	133.18	22.40	40.22	70.55	16.82	30.20	52.98
2009	137.67	21.27	42.13	74.27	15.45	30.60	53.95
2010	141.68	20.01	42.34	79.33	14.12	29.89	55.99
2011	146.75	20.21	43.22	83.32	13.77	29.45	56.78
2012	150.62	21.20	43.26	86.16	14.08	28.72	57.20
2013	153.43	21.06	42.92	89.45	13.73	27.97	58.30
2014	155.78	22.04	41.21	92.53	14.15	26.45	59.40
2015	157.96	21.25	41.56	95.15	13.46	26.31	60.23
2016	159.53	21.46	41.95	96.12	13.45	26.30	60.25
2017	160.73	21.20	42.03	97.50	13.19	26.15	60.66
2018	161.26	21.00	41.69	98.57	13.02	25.85	61.12
2019	161.48	20.52	41.65	99.31	12.71	25.79	61.50

注：2003年以后就业人员中不包括社会自由就业人员（后同）。

5-3 按登记注册类型和城乡

年 份	合计	城					
		小计	#国有单位	#集体单位	#股份合作单位	#联营单位	#有限责任公司
1965	44.06	21.80	19.33	2.27			
1970	50.84	26.69	23.27	3.37			
1975	65.19	37.19	28.38	8.80			
1978	69.78	42.69	30.84	11.80			
1980	77.99	50.39	33.70	16.44			
1985	92.41	61.09	39.71	19.92			
1986	95.38	61.68	40.66	19.61			
1987	96.28	61.78	40.67	19.78			
1988	99.01	64.41	41.65	20.45			
1989	101.09	65.89	42.90	20.63			0.09
1990	102.39	67.84	44.81	20.28			0.10
1991	106.92	71.14	46.55	20.65			0.38
1992	109.34	73.01	47.55	21.12			0.65
1993	108.20	71.28	48.58	16.99			0.47
1994	113.63	76.61	47.52	20.40			1.53
1995	112.77	74.16	45.31	18.73			2.49
1996	111.41	70.86	43.56	16.66		0.06	1.98
1997	113.34	73.33	40.88	15.08		0.01	
1998	105.66	65.40	23.04	10.12	0.78	0.03	11.97
1999	101.84	60.69	18.91	8.32	1.04		14.25

划分的年末就业人员

单位：万人

镇					乡村		
#股份有限公司	#私营企业	#澳台商投资单位	#外商投资单位	#个体	小计	#私营企业	#个体
				0.20	22.26		
				0.05	24.15		
				0.01	28.00		
				0.05	27.09		
				0.24	27.60		
				1.44	31.32		
				1.41	28.87		
				1.91	29.55		
				2.31	29.52		
				2.27	30.05		
				2.60	34.55		
	0.67			2.88	35.78		
	0.42			3.27	36.33		
	0.83	0.59	0.43	3.41	36.92		
	1.07	0.83	0.52	4.74	37.02	0.43	
	1.95	0.77	0.82	4.09	38.61	0.68	4.10
	2.71	0.46	0.75	4.68	40.55	1.02	5.18
2.65	4.77	0.46	0.93	8.55	40.01	1.20	3.16
1.78	6.22	0.56	0.53	10.36	40.26	1.67	3.29
2.01	5.57	0.49	0.58	9.48	41.15	2.76	5.18

5-3 续

年 份	合计	城					
		小计	#国有单位	#集体单位	#股份合作单位	#联营单位	#有限责任公司
2000	110.50	66.85	16.95	7.18	0.79	0.02	14.21
2001	109.99	68.10	15.78	6.34	0.62	0.03	14.13
2002	111.07	67.54	15.60	4.36	0.43	0.03	13.74
2003	112.53	68.70	15.12	4.21	0.40		13.46
2004	114.24	69.45	15.10	4.05	0.40		14.18
2005	118.38	72.35	14.94	3.86	0.40		13.46
2006	121.68	76.36	13.56	3.61	0.30		13.30
2007	127.76	87.97	14.41	3.82	0.30		12.67
2008	133.18	98.60	14.45	3.70	0.29	0.01	11.07
2009	137.67	106.87	14.47	1.16	0.28	0.01	11.00
2010	141.68	114.29	14.49	0.83	0.25	0.01	10.62
2011	146.75	118.97	14.52	0.39	0.26	0.02	11.40
2012	150.62	123.01	15.12	0.33	0.38	0.01	16.24
2013	153.43	126.78	13.05	0.10	0.25	0.01	18.98
2014	155.78	128.06	12.13	0.10	0.17	0.01	19.37
2015	157.96	129.83	12.35	0.10	0.15	0.01	18.47
2016	159.53	130.57	12.44	0.10	0.04	0.01	17.74
2017	160.73	132.14	12.77	0.10	0.04	0.01	14.97
2018	161.26	133.13	13.87	0.10	0.01	0.01	14.42
2019	161.48	133.87	12.32	0.10	0.03	0.07	14.33

表

单位：万人

镇					乡村		
#股份有限公司	#私营企业	#澳台商投资单位	#外商投资单位	#个体	小计	#私营企业	#个体
2.06	6.72	0.49	0.52	17.91	43.65	2.94	5.36
3.13	7.59	0.43	0.35	19.70	41.89	4.45	5.90
2.72	9.20	0.69	0.36	20.41	43.53	4.74	7.76
2.84	10.67	0.50	0.38	21.12	43.83	5.22	8.28
2.61	10.88	0.18	0.29	21.66	44.79	5.40	9.02
2.97	12.10	0.11	0.26	24.13	46.03	5.46	10.34
2.83	13.58	0.14	0.29	28.63	45.32	3.44	9.92
4.55	16.79	0.16	0.29	34.79	39.79	2.39	5.79
5.49	20.61	0.36	0.53	41.33	34.58	2.77	6.08
5.63	24.43	0.35	0.50	48.87	30.81	2.86	4.97
5.55	28.30	0.31	0.48	53.28	27.39	2.09	3.41
6.10	31.08	0.24	0.67	54.06	27.78	2.53	3.99
6.11	30.99	0.32	0.60	52.65	27.61	2.52	3.89
7.70	31.33	0.28	0.80	54.07	26.65	2.65	3.59
6.94	37.05	0.24	0.61	51.28	27.72	4.25	2.97
7.08	41.63	0.35	0.50	49.00	28.13	4.96	2.87
6.50	42.32	0.34	0.51	50.48	28.96	5.52	3.22
6.95	47.03	0.32	0.25	49.62	28.59	4.95	3.24
5.40	47.06	0.15	0.26	51.28	28.13	4.73	3.34
5.61	52.57	0.28	0.34	47.11	27.61	4.38	3.01

5-4 按行业分年末就业

年 份	合计	农林牧渔业	采矿业	制造业	电力、燃气及水的生产和供应业	建筑业	交通运输仓储和邮政业	信息传输、计算机服务和软件业	批发和零售业
1985	92.41	30.13	35.00			8.13	4.05		7.19
1986	95.38	30.00	35.64			9.14	4.68		7.27
1987	96.28	30.55	35.39			9.02	4.67		7.65
1988	99.01	30.47	37.09			9.00	4.77		8.12
1989	101.09	31.24	37.88			8.41	5.10		8.37
1990	102.39	31.82	38.36			8.34	5.09		8.64
1991	106.92	33.46	39.71			8.71	5.18		9.30
1992	109.34	32.82	40.87			9.56	5.26		9.54
1993	108.20	31.51	2.73	35.47	1.15	10.76	5.20		11.09
1994	113.63	31.40	2.73	38.59	0.96	9.89	5.83		11.87
1995	112.77	32.64	2.27	37.46	0.97	10.25	5.67		11.94
1996	111.41	32.57	2.40	36.06	1.07	9.52	5.53		12.38
1997	113.34	31.98	2.25	34.53	1.09	8.72	5.94		14.85
1998	105.66	32.57	1.81	29.14	1.16	7.01	5.42		13.91
1999	101.84	32.39	1.40	27.57	1.19	7.50	4.77		12.31
2000	110.50	25.59	1.34	26.61	1.25	5.46	4.51		21.41
2001	109.99	31.58	1.38	26.19	1.36	4.88	4.73		23.10
2002	111.07	32.60	1.49	25.45	1.23	4.73	4.51		24.87
2003	112.53	31.09	1.47	25.67	1.19	5.02	4.53	0.85	6.27
2004	114.24	30.89	1.58	24.48	1.23	5.27	5.68	0.98	8.21
2005	118.38	29.55	1.70	25.50	1.35	5.85	8.01	0.96	11.56
2006	121.68	27.17	3.61	27.96	1.33	6.27	8.39	0.97	11.64
2007	127.76	25.16	3.79	28.23	1.37	6.57	10.11	1.23	12.89
2008	133.18	22.40	3.66	27.81	1.29	7.46	11.75	1.68	14.40
2009	137.67	21.27	3.59	28.05	1.35	9.14	12.54	1.78	15.81
2010	141.68	20.01	3.60	28.08	1.49	9.17	12.79	1.78	19.02

注：本表中行业按《国民经济行业标准》（GB/T4754-2002）进行分类，1993-2002年使用《国民经济行业分类标准》（GB/T4754-1994）行业分类数据；1993年前采矿业数据为全部工业数据（包含采矿业、制造业、电力煤气及水的生产供应业）（后同）。

人员（1985–2010年）

单位：万人

住宿和餐饮业	金融业	房地产业	租赁和商务服务业	科学研究、技术服务和地质勘查业	水利、环境和公共设施管理业	居民服务和其他服务业	教育	卫生、社会保障和社会福利业	文化、体育和娱乐业	公共管理和社会组织
	0.34	1.68		0.34	0.24		2.77	0.92		1.61
	0.41	1.82		0.35	0.25		2.38	0.91		2.53
	0.44	2.01		0.36	0.19		2.52	0.93		2.54
	0.50	2.18		0.36	0.20		2.45	0.96		2.91
	0.53	2.20		0.38	0.29		2.99	1.06		2.66
	0.57	2.24		0.39	0.36		2.70	0.98		2.90
	0.61	2.35		0.44	0.35		2.74	0.99		3.06
	0.64	2.44		0.32	0.34		2.76	1.00		3.49
	0.71	0.10		0.35	0.64	1.34	2.52	0.90		4.14
	0.76	0.19		0.51	0.44	2.37	2.73	0.89		4.40
	0.80	0.17		0.48	0.42	2.36	2.71	0.81		4.33
	0.87	0.12		0.46	0.43	2.43	2.74	0.94		4.33
	0.88	0.30		0.45	0.43	3.03	2.77	0.95		5.18
	0.92	0.30		0.49	0.34	3.42	2.75	0.94		5.43
	0.88	0.27		0.48	0.32	3.92	2.70	0.97		5.17
	0.93	0.28		0.44	0.32	8.99	2.70	0.99		2.51
	1.01	0.27		0.43	0.32	8.29	2.71	0.98		2.76
	0.89	0.19		0.40	0.31	8.17	2.68	1.08		2.47
20.94	0.86	0.17	0.78	0.59	0.62	6.31	2.34	1.00	0.53	2.30
20.08	0.83	0.18	0.76	0.58	0.65	6.59	2.41	1.01	0.58	2.25
17.73	0.85	0.20	0.77	0.55	0.66	6.40	2.66	1.10	0.61	2.37
17.86	0.91	0.22	0.79	0.56	0.71	6.44	2.77	1.14	0.61	2.33
19.17	1.08	0.82	1.04	0.58	0.72	7.15	3.08	1.61	0.78	2.38
18.68	1.34	1.20	2.23	0.93	0.78	8.77	3.49	1.83	1.06	2.42
19.36	1.73	1.23	2.18	0.87	1.26	7.60	4.43	1.84	0.86	2.78
20.03	1.88	1.48	2.57	1.12	0.97	7.57	4.53	1.87	0.99	2.73

5-5 按行业分年末城镇

年份	合计	农林牧渔业	采矿业	制造业	电力、燃气及水的生产和供应业	建筑业	交通运输仓储和邮政业	信息传输、计算机服务和软件业	批发和零售业
1985	61.09	1.39	33.50			7.89	3.95		7.04
1986	61.68	1.47	34.05			7.82	3.34		7.08
1987	61.78	1.45	32.93			8.44	3.52		7.37
1988	64.41	1.46	34.33			8.55	3.30		7.82
1989	65.89	1.45	35.47			7.93	3.77		8.02
1990	67.94	1.54	36.90			7.95	4.11		8.27
1991	71.14	1.52	38.66			8.39	4.40		8.77
1992	73.01	1.48	39.51			8.96	4.24		9.42
1993	71.28	1.19	2.33	33.42	1.15	9.91	4.86		9.67
1994	76.61	1.31	2.72	37.23	0.96	8.96	4.41		11.05
1995	74.16	1.39	2.15	35.79	0.97	9.14	4.37		10.43
1996	70.86	1.43	2.21	33.07	1.02	7.60	3.96		11.39
1997	73.33	1.44	2.15	32.10	1.04	7.13	4.42		13.89
1998	65.40	1.39	1.72	27.15	1.13	5.45	3.94		12.95
1999	60.69	1.41	1.32	25.38	1.18	4.85	3.36		11.20
2000	66.85	1.00	1.18	24.54	1.20	2.97	3.01		20.09
2001	68.10	1.26	1.19	23.53	1.32	3.48	3.47		20.55
2002	67.54	1.31	1.38	22.67	1.23	3.28	3.25		20.41
2003	68.70	1.30	1.43	22.84	1.19	3.20	3.39	0.83	2.65
2004	69.45	1.37	1.44	22.03	1.23	3.45	3.82	0.94	4.03
2005	72.35	0.74	1.53	22.71	1.35	3.75	5.83	0.90	6.98
2006	76.36	0.61	2.50	24.13	1.33	3.90	6.48	0.88	7.37
2007	87.97	0.62	3.41	25.40	1.35	4.79	8.30	1.11	8.60
2008	98.60	0.51	3.33	26.28	1.26	5.83	9.44	1.38	12.52
2009	106.87	0.54	3.33	25.51	1.33	7.45	10.62	1.69	14.72
2010	114.29	0.59	3.54	25.66	1.48	7.92	11.69	1.75	18.00

就业人员（1985-2010年）

单位：万人

住宿和餐饮业	金融业	房地产业	租赁和商务服务业	科学研究、技术服务和地质勘查业	水利、环境和公共设施管理业	居民服务和其他服务业	教育	卫生、社会保障和社会福利业	文化、体育和娱乐业	公共管理和社会组织
	0.34	1.67		0.34	0.24		2.39	0.86		1.48
	0.40	1.83		0.35	0.25		2.38	0.91		1.80
	0.47	2.00		0.36	0.19		2.30	0.87		1.88
	0.50	2.18		0.36	0.20		2.44	0.94		2.33
	0.52	2.20		0.38	0.29		2.78	0.99		2.09
	0.57	2.24		0.39	0.36		2.49	0.91		2.11
	0.60	2.35		0.44	0.35		2.54	0.92		2.20
	0.64	2.44		0.31	0.34		2.57	0.94		2.16
	0.70	0.10		0.35	0.64	1.34	2.51	0.88		2.23
	0.76	0.19		0.51	0.44	2.04	2.73	0.88		2.42
	0.79	0.17		0.48	0.42	2.15	2.70	0.82		2.39
	0.87	0.12		0.45	0.43	2.40	2.63	0.93		2.35
	0.85	0.29		0.46	0.43	3.01	2.71	0.95		2.46
	0.91	0.30		0.49	0.34	3.41	2.71	0.93		2.58
	0.88	0.27		0.48	0.31	3.91	2.68	0.96		2.50
	0.93	0.28		0.44	0.31	4.73	2.69	0.98		2.50
	0.85	0.27		0.43	0.32	5.02	2.69	0.96		2.76
	0.89	0.19		0.40	0.31	6.00	2.68	1.08		2.46
18.51	0.86	0.17	0.39	0.58	0.62	4.71	2.31	1.00	0.43	2.29
17.61	0.83	0.17	0.39	0.55	0.64	4.84	2.40	1.01	0.45	2.25
15.07	0.85	0.18	0.39	0.55	0.64	4.37	2.62	1.07	0.47	2.35
15.41	0.91	0.19	0.40	0.54	0.68	4.41	2.73	1.13	0.46	2.30
17.36	1.08	0.51	0.67	0.59	0.68	5.92	3.04	1.61	0.56	2.37
17.50	1.31	1.08	1.49	0.74	0.75	6.71	3.49	1.83	0.75	2.42
18.44	1.70	1.20	1.91	0.87	1.26	6.72	4.40	1.84	0.58	2.76
18.93	1.87	1.48	2.25	1.12	0.95	7.23	4.53	1.87	0.71	2.72

5-6 按行业分

项目	就业人员						
	2011	2012	2013	2014	2015	2016	2017
合计	**146.75**	**150.62**	**153.43**	**155.78**	**157.96**	**159.53**	**160.73**
农、林、牧、渔业	20.21	21.20	20.41	22.04	21.25	21.46	21.20
采矿业	3.93	3.55	3.18	3.16	2.95	3.08	2.98
制造业	28.40	29.62	30.52	29.14	29.89	29.62	29.92
电力、燃气及水的生产和供应业	1.65	1.70	1.71	1.82	1.83	2.28	2.36
建筑业	9.23	8.40	7.52	7.08	6.89	6.98	6.78
批发和零售业	19.85	20.52	21.15	29.68	28.89	27.81	26.57
交通运输、仓储和邮政业	13.83	14.30	14.75	14.16	13.78	13.98	14.95
住宿和餐饮业	21.03	21.75	22.47	14.70	13.71	14.65	13.69
信息传输、软件和信息技术服务业	2.13	2.20	2.66	2.12	2.41	2.85	3.11
金融业	1.90	1.96	2.12	2.07	2.35	2.46	2.26
房地产业	1.65	1.70	1.74	2.02	2.43	2.20	2.38
租赁和商务服务业	2.87	2.97	3.15	4.56	6.63	7.88	9.29
科学研究和技术服务业	1.16	1.20	1.26	2.28	2.41	2.66	2.87
水利、环境和公共设施管理业	1.01	1.05	1.21	1.36	1.54	1.47	1.19
居民服务、修理和其他服务业	7.61	7.87	8.24	8.87	9.66	8.67	9.48
教育	4.60	4.75	5.00	4.25	4.53	4.22	4.41
卫生和社会工作	1.89	1.95	2.11	1.95	2.11	2.38	2.44
文化、体育和娱乐业	0.99	1.02	1.32	1.16	1.21	1.27	1.14
公共管理、社会保障和社会组织	2.81	2.91	2.91	3.36	3.49	3.61	3.71

注：本表中行业按《国民经济行业分类》（GB/T4754-2017）进行划分。

年末就业人员

单位：万人

2018	2019	其中：城镇就业人员								
		2011	2012	2013	2014	2015	2016	2017	2018	2019
161.26	**161.48**	**118.97**	**123.01**	**126.78**	**128.06**	**129.83**	**130.57**	**132.14**	**133.13**	**133.87**
21.00	20.52	0.65	0.68	0.65	0.74	0.71	0.72	0.79	0.88	0.86
2.89	2.73	3.87	3.49	3.12	3.11	2.90	3.02	2.88	2.80	2.64
29.87	30.19	27.08	28.25	28.88	27.66	28.37	27.97	28.48	28.45	28.74
2.48	2.68	1.63	1.68	1.69	1.80	1.81	2.26	2.06	2.16	2.33
6.45	6.06	7.98	7.26	6.56	6.19	5.83	5.60	6.28	5.97	5.61
28.82	29.52	18.55	19.51	20.07	28.18	27.02	25.87	24.71	26.99	27.65
13.28	13.68	12.38	13.13	14.30	13.78	13.41	13.60	14.54	12.91	13.30
14.08	13.65	19.57	20.56	21.33	13.78	12.66	13.53	12.65	13.00	12.61
3.89	3.28	1.91	1.98	2.53	2.01	2.28	2.71	2.95	3.69	3.12
2.77	2.87	1.84	1.90	1.94	1.99	2.26	2.37	2.18	2.67	2.77
3.04	3.11	1.64	1.70	1.72	1.99	2.40	2.17	2.35	3.00	3.07
8.31	8.25	2.44	2.63	3.03	4.38	6.38	7.57	8.73	7.81	7.76
3.02	3.83	1.16	1.20	1.13	2.22	2.34	2.59	2.79	2.94	3.73
1.15	0.72	0.99	1.03	1.04	1.17	1.32	1.26	1.02	0.98	0.62
8.58	7.90	7.28	7.62	7.88	8.58	9.05	8.12	8.67	7.86	7.23
4.12	3.83	4.59	4.75	5.00	4.25	4.53	4.22	4.21	3.93	3.65
2.62	2.85	1.89	1.95	2.11	1.95	2.11	2.38	2.24	2.41	2.62
1.01	1.19	0.72	0.79	0.89	0.92	0.96	1.00	0.90	0.80	0.94
3.88	4.62	2.80	2.90	2.91	3.36	3.49	3.61	3.71	3.88	4.62

5-7 城镇就业及失业人数

年 份	当年需要安置人数（人）	当年新增就业人数（人）	年末城镇失业人数（人）	登 记失业率（%）
1980	61861	35780	26081	5.25
1981	72917	50854	22063	4.23
1982	80442	33591	46851	8.23
1983	72988	31031	41677	7.36
1984	61774	31020	23424	4.14
1985	53357	26007	26245	4.42
1986	55112	31664	23448	3.88
1987	54665	21641	31314	5.04
1988	55455	16693	37880	5.79
1989	57314	10562	44584	6.69
1990	54950	16800	37002	5.51
1991	55867	17000	37914	5.30
1992	55589	24480	29441	4.12
1993	43249	17319	25574	3.00
1994	35484	10199	25285	3.34
1995	33879	6674	27205	3.81
1996	35045	7667	26866	3.70
1997	31288	8132	20875	2.83
1998	29823	7898	21794	3.02
1999	21265	2416	18847	2.65

5-7　续　表

年份	当年需要安置人数（人）	当年新增就业人数（人）	年末城镇失业人数（人）	登记失业率（%）
2000	24256	3844	20412	3.40
2001	29119	2231	26812	4.01
2002	37109	5068	32041	4.30
2003	37885	38180	31746	4.50
2004	106494	72796	33698	4.67
2005	106933	105725	30945	3.97
2006	105491	105610	31829	3.87
2007	145780	113932	33116	3.82
2008	135723	99768	35739	3.87
2009	93089	85953	41924	3.88
2010	117091	73352	39203	3.88
2011	93271	53041	40369	3.87
2012	86916	41620	36771	3.87
2013		41485	48722	3.87
2014		41362	49604	3.87
2015		42059	51253	3.88
2016		42267	53763	3.89
2017		43106	55240	3.87
2018		43130	54614	3.86
2019		44947	54080	3.86

注：本表数据由就业局提供；2003年及以后年份的“当年就业人数”中包括持优惠证的下岗职工。

5-8　历年城镇非私营单位职工工资总额和平均工资

年 份	职工工资总额（万元）				职工平均工资（元）			
	合计	国有单位	城镇集体单位	其他单位	合计	国有单位	城镇集体单位	其他单位
1949	65	65			271	271		
1950	115	115			230	230		
1952	387	387			362	362		
1957	9347	9347			782	782		
1962	14067	13658	409		663	693	269	
1965	15175	14144	1031		741	769	496	
1970	17262	15591	1671		674	694	527	
1975	22961	18880	4081		674	694	598	
1978	27427	21818	5609		655	727	423	
1980	37311	28176	9134		788	868	614	
1985	58947	43377	15570		1074	1193	841	
1990	114096	85748	28146	202	1893	2085	1476	2244
1991	131511	98329	32501	681	2104	2288	1693	2003
1992	159536	117302	40969	1265	2473	2659	2068	2144
1993	222975	168186	52337	2452	3328	3647	2633	2452
1994	298468	225802	62971	9695	4496	5027	3363	3564
1995	313407	227407	69820	16179	4938	5398	4050	3946
1996	330304	246197	69234	14873	5312	5809	4292	4053
1997	342181	261676	62080	18424	5813	6612	4159	4221
1998	298452	133791	46357	118304	6178	6080	4655	7240
1999	299566	122355	37818	139393	6736	6861	4927	7350

5-8 续 表

年 份	职工工资总额（万元）				职工平均工资（元）			
	合计	国有单位	城镇集体单位	其他单位	合计	国有单位	城镇集体单位	其他单位
2000	311025	125137	33840	152047	7517	7945	5262	7921
2001	327986	136178	33831	157977	8384	9366	6490	8156
2002	369801	155009	28060	186732	10212	11360	7368	9989
2003	471324	201602	33426	236296	13417	15165	8974	13048
2004	565169	250429	39029	275711	16173	19166	11301	14964
2005	676236	304463	41536	330237	19805	23492	13100	18333
2006	757428	337708	43664	376056	22815	26584	14931	21402
2007	883220	375231	45152	462837	26867	30483	16989	25847
2008	1044468	441416	51533	551519	31780	35805	20249	30653
2009	1186242	516559	65521	604162	36723	41291	25952	34988
2010	1323917	584560	71517	667841	41403	46112	29496	39576
2011	1714634	666253	77650	970731	47059	52403	35734	45047
2012	1881466	733400	72032	1076034	51646	59643	38292	48355
2013	2203988	816660	59796	1327532	53100	64871	39830	48421
2014	2198848	760363	50347	1388138	56246	64802	39560	53212
2015	2280522	877560	47757	1355205	59573	71940	42274	54310
2016	2373214	951729	51019	1370466	63987	79008	46483	57233
2017	2369047	994742	37284	1337021	69706	80989	68892	63178
2018	2463780	1140593	34723	1288464	75318	84544	71860	68764
2019	2616295	1087072	20456	1508767	81889	90092	78135	76894

注：1998年及以后年度职工工资总额、平均工资为城镇单位在岗职工的工资总额和平均工资（后同）。

5-9 按行业分城镇非私营单位

年份	合计	农林牧渔业	采矿业	制造业	电力、燃气及水的生产和供应业	建筑业	交通运输仓储和邮政业	信息传输、计算机服务和软件业	批发和零售业
1978	655	532	671	745		836	739		640
1979	667	500	738	648		817	760		682
1980	788	639	835	910		954	889		754
1985	1074	726	971	1086		1236	1075		843
1986	1223	761	1008	1244		1341	1309		990
1987	1338	827	1114	1358		1532	1367		1037
1988	1545	934	1349	1573		1788	1590		1182
1989	1695	953	1458	1761		1882	1764		1282
1990	1893	1144	1387	1996		2128	1842		1367
1991	2104	1236	1678	2210		2528	1945		1514
1992	2473	1555	1712	2519		3225	2366		1663
1993	3328	2758	3326	3460	4380	4352	3013		1896
1994	4496	2087	4667	4597	6655	5655	3698		2369
1995	4938	2077	5197	5003	7552	6216	4221		2386
1996	5312	2342	5500	5579	5770	6242	4769		2634
1997	5813	4334	5343	6086	9390	6423	4777		2581
1998	6178	3845	5834	6127	10905	6120	5993		3618
1999	6736	4151	4982	6768	12107	6188	6536		3832
2000	7517	4126	6835	7536	13949	6206	7120		4280
2001	8384	4616	7535	8061	14807	6568	6888		4500
2002	10212	6952	8461	10192	15121	7575	7884		5067
2003	13417	9565	9202	13183	21172	9590	9763	15167	8110
2004	16173	10561	11726	15055	30575	13015	11423	17964	9649
2005	19805	13482	13310	17960	35763	14470	19874	25806	15071
2006	22815	14780	15374	20987	40866	16861	18952	23787	16011
2007	26867	16727	17617	25370	45661	20853	21473	28822	17729
2008	31780	18536	19402	30324	48492	23679	26403	38739	22483
2009	36723	22237	26605	34418	49911	28235	27046	32669	26172
2010	41403	25846	36216	39478	56948	32132	29389	38553	28790

职工平均工资（1978-2010年）

单位：元

住宿和餐饮业	金融业	房地产业	租赁和商务服务业	科学研究、技术服务和地质勘查业	水利、环境和公共设施管理业	居民服务和其他服务业	教育	卫生、社会保障和社会福利业	文化、体育和娱乐业	公共管理和社会组织
	662			694		686	599			735
	687			848		695	628			617
	763			863		783	694			844
	1158			1261	1439	888	1223	1116		1169
	1302			1460	1553	1017	1317	1282		1345
	1299			1606	1573	1216	1437	1309		1448
	1494			1814	1786	1276	1699	1594		1641
	1634			2023	1996	1528	1216	1726		1686
	1804	1279		2205	2283	1516	1890	1839		1839
	1917	1546		2319	2389	1712	1958	1938		1974
	2557	1618		2639	2723	2169	2422	2393		2511
	4320	2300		3772	3824	2437	3492	3520		3600
	7727	4617		5727	4313	3397	4643	4911		5020
	6549	5216		5941	3969	3819	5098	5588		5440
	6641	4882		6351	4448	3610	5810	5925		5884
	9396	5963		6890	4883	4501	6509	6825		6867
	9093	7281		7217	6015	5210	6896	7567		7296
	9156	7196		7709	6910	5863	7852	7972		7899
	9803	7832		9062	7145	5968	8867	9071		8944
	10764	8633		10629	8851	6783	11278	10472		11428
	11625	8805		12761	10627	7649	13545	12840		13628
8307	12882	11004	13735	17122	14110	9664	17961	16228	14342	19029
9850	16498	14884	16286	18113	14845	11406	22232	19606	20470	23920
11069	23691	22282	20888	23700	22224	12929	25747	22568	26528	27905
12163	30435	25530	19196	27657	24191	15259	29551	27146	26768	30017
13876	38310	28209	21678	28975	25524	18308	32530	30216	30578	34881
19147	48389	30368	29921	30607	25511	26089	39770	34424	35378	41237
22471	59341	36060	34213	36015	28341	30738	46779	42019	38421	47666
23760	61178	38286	37431	36918	31704	33002	51787	44999	42570	51820

5-10 按行业分城镇非私营单位

项　目	2011	2012	2013	2014
合　计	**47059**	**51646**	**53100**	**56246**
农、林、牧、渔业	32704	38399	40861	39784
采矿业	46745	50949	61636	62085
制造业	45977	50481	52557	56407
电力、燃气及水的生产和供应业	59859	70634	73717	77376
建筑业	37552	35420	35956	43026
批发和零售业	34090	42026	44738	41921
交通运输、仓储和邮政业	37968	43928	44547	43403
住宿和餐饮业	30378	32042	32064	33741
信息传输、软件和信息技术服务业	41787	50866	50883	58134
金融业	80024	60603	95177	98722
房地产业	43425	46191	39209	38959
租赁和商务服务业	42909	48144	39219	38559
科学研究和技术服务业	42651	48769	68760	69760
水利、环境和公共设施管理业	36674	40259	42125	46170
居民服务、修理和其他服务业	36734	37777	37782	41010
教育	56921	64782	69124	68383
卫生和社会工作	50518	54743	63492	65407
文化、体育和娱乐业	50472	55974	54726	59545
公共管理、社会保障和社会组织	57512	60477	64290	60180

注：本表中行业按《国民经济行业分类》（GB/T4754-2017）进行划分。

职工平均工资（2011−2019年）

单位：元

2015	2016	2017	2018	2019
59573	**63987**	**69706**	**75318**	**81889**
45849	50385	51842	50704	74642
62075	65270	87421	93100	107016
57072	59766	68091	74676	82289
81333	82740	89973	91615	104497
42073	44518	50531	52434	56865
43553	47656	50855	59023	62119
51562	53884	58049	62324	73913
34330	36326	41383	45198	46114
65707	67926	76412	82614	81738
98718	102346	103710	112457	122681
38517	41355	42569	44589	55274
41004	39908	41420	42627	58489
74039	72147	75094	79518	82303
52725	55269	47124	44938	60755
39291	33892	33219	34617	40120
81096	90198	93910	97210	94272
70308	83218	87075	92192	83352
63036	69527	67166	73465	72744
66256	73137	75432	77591	84301

5-11 按行业分城镇非私营单位就业人员和工资总额（2019年）

单位：人

项　目	就业人员	#女性	在岗职工	其他就业人员
总　计	**340898**	**138038**	**319954**	**20944**
按企业、事业、机关分组				
企业	231991	80304	213631	18360
事业	66027	39718	64545	1482
机关	36917	13420	36003	914
民间非营利组织	3739	3040	3658	81
其他	2224	1556	2117	107
按国民经济行业分组				
农、林、牧、渔业	521	130	521	
采矿业	10751	4096	10672	79
制造业	81871	16850	79309	2562
电力、燃气及水的生产和供应业	17346	5452	17255	91
建筑业	26895	4175	24328	2567
批发和零售业	11989	6131	11711	278
交通运输、仓储和邮政业	12040	4077	11510	530
住宿和餐饮业	6312	3771	5674	638
信息传输、软件和信息技术服务业	4846	2415	4772	74
金融业	22921	14391	13115	9806
房地产业	10196	5442	9817	379
租赁和商务服务业	13179	5899	12766	413
科学研究和技术服务业	7695	2613	7292	403
水利、环境和公共设施管理业	3668	1212	3334	334
居民服务、修理和其他服务业	1620	799	1468	152
教育	38263	26167	37256	1007
卫生和社会工作	21699	15358	21260	439
文化、体育和娱乐业	2891	1505	2653	238
公共管理、社会保障和社会组织	46195	17555	45241	954

5-11 续 表

单位：万元

项　目	单位就业人员工资总额	在岗职工工资总额	其他就业人员工资总额
总　计	**2712946**	**2616295**	**96651**
按企业、事业、机关分组			
企业	1765329	1678015	87314
事业	586913	581564	5349
机关	327693	324361	3332
民间非营利组织	13099	12876	223
其他	19912	19479	433
按国民经济行业分组			
农、林、牧、渔业	3897	3897	
采矿业	116556	115962	594
制造业	669904	655374	14530
电力、燃气及水的生产和供应业	177909	177550	359
建筑业	143239	129987	13252
批发和零售业	73945	72971	974
交通运输、仓储和邮政业	91888	89989	1899
住宿和餐饮业	27878	26456	1422
信息传输、软件和信息技术服务业	39442	39095	347
金融业	209163	161080	48083
房地产业	56081	54688	1393
租赁和商务服务业	74647	73147	1500
科学研究和技术服务业	61664	59949	1715
水利、环境和公共设施管理业	22291	21416	875
居民服务、修理和其他服务业	6143	5753	390
教育	352783	349458	3325
卫生和社会工作	179462	177689	1773
文化、体育和娱乐业	20577	19867	710
公共管理、社会保障和社会组织	385477	381967	3510

5-12　按登记注册类型和行业分城镇非私营单位年末就业人员（2019年）

单位：人

项　目	就业人员	国有单位	集体单位	其他单位
总　计	**340898**	**123188**	**2703**	**215007**
按企业、事业、机关分组				
企业	231991	21192	2572	208227
事业	66027	62681	123	3223
机关	36917	36857		60
民间非营利组织	3739	263	5	3471
其他	2224	2195	3	26
按国民经济行业分组				
农、林、牧、渔业	521	459		62
采矿业	10751	3467		7284
制造业	81871	81	926	80864
电力、燃气及水的生产和供应业	17346	1815		15531
建筑业	26895	199	7	26689
批发和零售业	11989	890	56	11043
交通运输、仓储和邮政业	12040	1692	378	9970
住宿和餐饮业	6312	711		5601
信息传输、软件和信息技术服务业	4846	446		4400
金融业	22921	3339	773	18809
房地产业	10196	399	109	9688
租赁和商务服务业	13179	6539	96	6544
科学研究和技术服务业	7695	3235	18	4442
水利、环境和公共设施管理业	3668	1234	25	2409
居民服务、修理和其他服务业	1620	184	187	1249
教育	38263	32397		5866
卫生和社会工作	21699	17904	117	3678
文化、体育和娱乐业	2891	2357		534
公共管理、社会保障和社会组织	46195	45840	11	344

5-13 按登记注册类型和行业分城镇非私营单位就业人员平均工资（2019年）

单位：元

项　目	平均工资	国有单位	集体单位	其他单位
总　计	**79715**	**88819**	**76931**	**74501**
按企业、事业、机关分组				
企业	76317	90040	78527	74879
事业	88743	88677	46276	91672
机关	88582	88579		90733
民间非营利组织	35537	35968	32000	35511
其他	90550	91084	34333	49208
按国民经济行业分组				
农、林、牧、渔业	74642	80343		32339
采矿业	106600	150473		86108
制造业	81419	62517	51458	81783
电力、燃气及水的生产和供应业	104107	71244		108085
建筑业	56071	68528	36571	55979
批发和零售业	61182	121883	69696	56266
交通运输、仓储和邮政业	71187	78965	40513	71018
住宿和餐饮业	44420	40959		44882
信息传输、软件和信息技术服务业	81240	86730		80686
金融业	93356	114427	151261	87006
房地产业	54416	69478	34782	54009
租赁和商务服务业	57732	61659	67865	53552
科学研究和技术服务业	80157	82527	52167	78564
水利、环境和公共设施管理业	57778	63459	50087	54748
居民服务、修理和其他服务业	38807	60427	33600	36465
教育	92638	99799		52722
卫生和社会工作	82576	85221	40051	70913
文化、体育和娱乐业	69727	75542		45959
公共管理、社会保障和社会组织	83267	83392	106000	65945

5-14　城镇国有单位年末就业人员和工资总额（2019年）

单位：人

项　　目	就业人员	#女性	在岗职工	其他就业人员
总　计	**123188**	**62534**	**120421**	**2767**
按企业、事业、机关分组				
企业	21192	9701	20863	329
事业	62681	37729	61272	1409
机关	36857	13368	35943	914
民间非营利组织	263	200	255	8
其他	2195	1536	2088	107
按国民经济行业分组				
农、林、牧、渔业	459	111	459	
采矿业	3467	883	3467	
制造业	81	21	81	
电力、燃气及水的生产和供应业	1815	820	1815	
建筑业	199	85	199	
批发和零售业	890	338	805	85
交通运输、仓储和邮政业	1692	813	1692	
住宿和餐饮业	711	401	711	
信息传输、软件和信息技术服务业	446	120	431	15
金融业	3339	1781	3321	18
房地产业	399	159	396	3
租赁和商务服务业	6539	2300	6273	266
科学研究和技术服务业	3235	1160	3114	121
水利、环境和公共设施管理业	1234	412	1216	18
居民服务、修理和其他服务业	184	119	184	
教育	32397	21644	31600	797
卫生和社会工作	17904	12635	17522	382
文化、体育和娱乐业	2357	1281	2245	112
公共管理、社会保障和社会组织	45840	17451	44890	950

5-14 续 表

单位：万元

项 目	就业人员工资总额	在岗职工工资总额	其他就业人员工资总额
总 计	**1096672**	**1087072**	**9600**
按企业、事业、机关分组			
企业	191875	191042	833
事业	556972	551988	4984
机关	327149	323817	3332
民间非营利组织	892	874	18
其他	19784	19351	433
按国民经济行业分组			
农、林、牧、渔业	3697	3697	
采矿业	52380	52380	
制造业	544	544	
电力、燃气及水的生产和供应业	13145	13145	
建筑业	1364	1364	
批发和零售业	10896	10572	324
交通运输、仓储和邮政业	13622	13622	
住宿和餐饮业	3027	3027	
信息传输、软件和信息技术服务业	3859	3844	15
金融业	38721	38679	42
房地产业	2834	2828	6
租赁和商务服务业	40060	39140	920
科学研究和技术服务业	26499	26164	335
水利、环境和公共设施管理业	8593	8526	67
居民服务、修理和其他服务业	1076	1076	
教育	322241	319756	2485
卫生和社会工作	153124	151683	1441
文化、体育和娱乐业	17911	17418	493
公共管理、社会保障和社会组织	383079	379607	3472

5-15 城镇集体单位年末就业人员和工资总额（2019年）

单位：人

项　目	就业人员	#女性	在岗职工	其他就业人员
总　计	**2703**	**1170**	**2629**	**74**
按企业、事业、机关分组				
企业	2572	1086	2498	74
事业	123	79	123	
机关				
民间非营利组织	5	3	5	
其他	3	2	3	
按国民经济行业分组				
农、林、牧、渔业				
采矿业				
制造业	926	233	907	19
电力、燃气及水的生产和供应业				
建筑业	7	2	7	
批发和零售业	56	19	52	4
交通运输、仓储和邮政业	378	185	378	
住宿和餐饮业				
信息传输、软件和信息技术服务业				
金融业	773	401	772	1
房地产业	109	46	109	
租赁和商务服务业	96	41	96	
科学研究和技术服务业	18	8	18	
水利、环境和公共设施管理业	25	10	25	
居民服务、修理和其他服务业	187	143	137	50
教育				
卫生和社会工作	117	79	117	
文化、体育和娱乐业				
公共管理、社会保障和社会组织	11	3	11	

5-15 续 表

单位：万元

项 目	就业人员工资总额	在岗职工工资总额	其他就业人员工资总额
总 计	**20879**	**20456**	**423**
按企业、事业、机关分组			
企业	20284	19861	423
事业	569	569	
机关			
民间非营利组织	16	16	
其他	10	10	
按国民经济行业分组			
农、林、牧、渔业			
采矿业			
制造业	4801	4540	261
电力、燃气及水的生产和供应业			
建筑业	26	26	
批发和零售业	390	372	18
交通运输、仓储和邮政业	1531	1531	
住宿和餐饮业			
信息传输、软件和信息技术服务业			
金融业	11647	11640	7
房地产业	383	383	
租赁和商务服务业	651	651	
科学研究和技术服务业	94	94	
水利、环境和公共设施管理业	115	115	
居民服务、修理和其他服务业	655	518	137
教育			
卫生和社会工作	469	469	
文化、体育和娱乐业			
公共管理、社会保障和社会组织	117	117	

5-16　城镇其他单位年末就业人员和工资总额（2019年）

单位：人

项　目	就业人员	#女性	在岗职工	其他就业人员
总　计	**215007**	**74334**	**196904**	**18103**
按企业、事业、机关分组				
企业	208227	69517	190270	17957
事业	3223	1910	3150	73
机关	60	52	60	
民间非营利组织	3471	2837	3398	73
其他	26	18	26	
按国民经济行业分组				
农、林、牧、渔业	62	19	62	
采矿业	7284	3213	7205	79
制造业	80864	16596	78321	2543
电力、燃气及水的生产和供应业	15531	4632	15440	91
建筑业	26689	4088	24122	2567
批发和零售业	11043	5774	10854	189
交通运输、仓储和邮政业	9970	3079	9440	530
住宿和餐饮业	5601	3370	4963	638
信息传输、软件和信息技术服务业	4400	2295	4341	59
金融业	18809	12209	9022	9787
房地产业	9688	5237	9312	376
租赁和商务服务业	6544	3558	6397	147
科学研究和技术服务业	4442	1445	4160	282
水利、环境和公共设施管理业	2409	790	2093	316
居民服务、修理和其他服务业	1249	537	1147	102
教育	5866	4523	5656	210
卫生和社会工作	3678	2644	3621	57
文化、体育和娱乐业	534	224	408	126
公共管理、社会保障和社会组织	344	101	340	4

5-16 续 表

单位：万元

项　目	就业人员工资总额	在岗职工工资总额	其他就业人员工资总额
总　计	**1595395**	**1508767**	**86628**
按企业、事业、机关分组			
企业	1553170	1467112	86058
事业	29372	29007	365
机关	544	544	
民间非营利组织	12191	11986	205
其他	118	118	
按国民经济行业分组			
农、林、牧、渔业	200	200	
采矿业	64176	63582	594
制造业	664559	650290	14269
电力、燃气及水的生产和供应业	164764	164405	359
建筑业	141849	128597	13252
批发和零售业	62659	62027	632
交通运输、仓储和邮政业	76735	74836	1899
住宿和餐饮业	24851	23429	1422
信息传输、软件和信息技术服务业	35583	35251	332
金融业	158795	110761	48034
房地产业	52864	51477	1387
租赁和商务服务业	33936	33356	580
科学研究和技术服务业	35071	33691	1380
水利、环境和公共设施管理业	13583	12775	808
居民服务、修理和其他服务业	4412	4159	253
教育	30542	29702	840
卫生和社会工作	25869	25537	332
文化、体育和娱乐业	2666	2449	217
公共管理、社会保障和社会组织	2281	2243	38

主要统计指标解释

就业人员 指从事一定社会劳动并取得劳动报酬或经营收入的人员，包括在岗职工、再就业的离退休人员、私营业主、个体户主、私营和个体就业人员、乡镇企业就业人员、农村就业人员、其他就业人员(包括民办教师、宗教职业者、现役军人等)。这一指标反映了一定时期内全部劳动力资源的实际利用情况，是研究我国基本国情国力的重要指标。

各单位的就业人员 指在各级国家机关、政党机关、社会团体及企业、事业单位中工作，取得工资或其他形式的劳动报酬的全部人员。包括在岗职工、再就业的离退休人员、民办教师以及在各单位中工作的外方人员和港澳台方人员、兼职人员、借用的外单位人员和第二职业者。不包括离开本单位仍保留劳动关系的职工。各单位的从业人员反映了各单位实际参加生产或工作的全部劳动力。

城镇私营和个体就业人员 城镇私营从业人员指在工商管理部门注册登记，其经营地址设在县城关镇(含城关镇)以上的私营企业从业人员，包括私营企业投资者和雇工。城镇个体就业人员指在工商管理部门注册登记，并持有城镇户口或在城镇长期居住，经批准从事个体工商经营的从业人员，包括个体经营者和在个体工商户劳动的家庭帮工和雇工。

城镇登记失业人员 指有非农业户口，在一定的劳动年龄内（16岁以上及男50岁以下、女45岁以下），有劳动能力，无业而要求就业，并在当地就业服务机构进行求职登记的人员。

城镇登记失业率 指城镇登记失业人员与城镇单位就业人员（扣除使用的农村劳动力、聘用的离退休人员、港澳台及外商人员）、城镇单位中的不在岗职工、城镇私营业主、个体户主、城镇私营企业和个体就业人员、城镇登记失业人员之和的比。计算公式为：

城镇登记失业率=城镇登记失业人数/((城镇单位就业人员-使用的农村劳动力-聘用的离退休人员-港澳台及外商人员）+不在岗职工+城镇私营业主+个体户主+城镇私营企业和个体就业人员+城镇登记失业人数）×100%

职工 指在国有经济、城镇集体经济、联营经济、股份制经济、外商和港、澳、台投资经济、其他经济单位及其附属机构工作，并由其支付工资的各类人员，不包括下列人员：（1）乡镇企业就业人员；（2）私营企业就业人员；（3）城镇个体劳动者；（4）离休、退休、退职人员；（5）再就业的离、退休人员；（6）民办教师；（7）在城镇单位中工作的外方人员和港、澳、台人员；（8）其他按有关规定不列入职工统计范围的人员。(1998年以后的数据均为在岗职工数据，其他相关指标如职工工资总额，职工平均工资等指标也从1998年按此口径进行了相应调整)。

在岗职工 指在本单位工作并由单位支付工资的人员，以及有工作岗位，但由于学习、病伤产假等原因暂未工作，仍由单位支付工资的人员。

工资总额 指各单位在一定时期内直接支付给本单位全部职工的劳动报酬总额。

工资总额的计算原则应以直接支付给职工的全部劳动报酬为根据。各单位支付给职工的劳动报酬以及其他根据有关规定支付的工资，不论是计入成本的还是不计入成本的，不论是按国家规定列入计征奖金税项目的，还是未列入计征奖金税项目的，不论是以货币形式支付的还是以实物形式支付的，均包括在工资总额内。

平均工资 指企业、事业、机关单位的职工在一定时期内平均每人所得的货币工资额。它表明一定时期职工工资收入的高低程度，是反映职工工资水平的主要指标。计算公式为：

平均工资=报告期实际支付的全部职工工资总额/报告期全部职工平均人数

6 价格指数

Price Indices

资料整理：付芸　刘光明　刘羽

6-1　各种价格指数

上年=100

年　份	居民消费价格指数	商品零售价格指数
1953	105.5	105.1
1954	103.9	103.6
1955	101.9	101.9
1956	97.2	98.4
1957	103.3	103.8
1958	98.1	98.2
1959	100.2	100.5
1960	108.1	109.0
1961	105.5	106.2
1962	99.7	99.9
1963	100.9	101.4
1964	96.9	96.6
1965	98.2	98.1
1966	99.4	99.4
1967	100.9	101.1
1968	100.0	100.1
1969	100.0	100.0
1970	99.4	99.4
1971	99.7	99.7
1972	99.9	99.8
1973	100.4	100.4
1974	100.3	100.4
1975	100.0	100.0
1976	100.1	100.1
1977	99.7	99.6
1978	100.2	100.2
1979	101.8	101.8
1980	104.1	104.4
1981	101.7	101.2
1982	101.0	101.0
1983	100.8	100.7
1984	102.1	102.0

6-1 续 表

上年=100

年 份	居民消费价格指数	商品零售价格指数
1985	109.6	109.3
1986	105.1	104.7
1987	108.9	109.2
1988	117.7	117.4
1989	113.4	113.9
1990	102.8	102.8
1991	105.5	106.5
1992	108.8	108.9
1993	116.7	115.4
1994	125.1	118.2
1995	115.7	114.3
1996	108.0	106.4
1997	105.1	102.6
1998	99.6	98.1
1999	101.6	97.6
2000	102.6	99.0
2001	100.0	100.2
2002	99.5	99.3
2003	101.4	98.9
2004	103.0	102.3
2005	101.7	101.8
2006	101.5	101.4
2007	103.7	102.6
2008	104.9	105.0
2009	99.8	98.9
2010	102.8	102.2
2011	105.2	104.5
2012	103.1	102.1
2013	102.8	101.8
2014	101.8	100.2
2015	100.9	100.7
2016	100.7	100.1
2017	101.6	101.6
2018	101.2	101.5
2019	101.9	101.2

6-2 各种价格定基指数

1978年=100

年　份	居民消费价格指数	商品零售价格指数
1978	100.0	100.0
1979	101.8	101.8
1980	106.0	106.2
1981	107.7	107.4
1982	108.8	108.5
1983	109.7	109.3
1984	112.0	111.4
1985	122.7	121.8
1986	129.0	127.5
1987	140.5	138.3
1988	165.3	163.5
1989	187.5	186.2
1990	192.7	191.4
1991	203.3	203.9
1992	221.2	222.0
1993	258.2	256.2
1994	323.0	302.8
1995	373.7	346.1
1996	403.5	368.3
1997	424.1	377.8
1998	422.4	370.6
1999	429.2	361.7
2000	440.3	358.1
2001	440.3	358.8
2002	438.1	356.3
2003	444.3	352.4
2004	457.6	360.5
2005	465.4	367.0
2006	472.4	372.2
2007	489.8	381.8
2008	513.8	400.9
2009	512.8	396.5
2010	527.2	405.2
2011	554.6	423.5
2012	571.8	432.6
2013	587.8	440.4
2014	598.4	441.3
2015	603.8	444.1
2016	608.0	444.5
2017	617.7	451.6
2018	625.1	458.4
2019	637.0	463.9

6-3　居民消费价格分类指数（2012-2015年）

上年=100

指　标	2012	2013	2014	2015
居民消费价格总指数	**103.1**	**102.8**	**101.8**	**100.9**
非食品价格指数	102.7	101.5	100.9	101.2
服务项目价格指数	104.5	103.7	102.8	100.5
扣除鲜菜鲜果总指数	103.0	102.5	101.6	100.9
消费品价格指数	102.7	102.5	101.4	101.0
食品	**104.0**	**105.8**	**103.8**	**100.1**
粮食	103.1	106.2	107.1	101.7
淀粉及制品	87.5	93.2	98.0	98.9
干豆类及豆制品	101.2	107.2	103.0	105.7
油脂	104.8	103.1	99.8	99.1
肉禽及其制品	105.4	108.0	98.9	100.4
食用畜肉及副产品	104.8	110.2	98.4	99.4
禽	100.4	98.4	99.4	102.1
加工肉禽	111.5	103.3	100.8	104.4
蛋	97.3	101.9	110.1	87.1
水产品	110.7	106.8	104.7	100.1
鱼	106.9	102.1	98.7	97.9
其他水产品	115.2	112.1	110.8	102.2
菜	108.9	109.6	98.2	101.8
#鲜菜	110.7	109.9	97.5	102.0
调味品	102.1	106.8	99.8	101.3
糖	103.0	98.9	100.7	97.8
茶及饮料	101.4	103.0	99.3	98.0
茶叶	100.0	100.0	100.0	100.0
饮料	102.2	104.6	99.0	96.9
干鲜瓜果	104.5	108.1	113.7	100.4
#鲜果	101.1	109.6	116.4	99.7
糕点饼干面包	105.5	100.9	100.5	99.6
液体乳及乳制品	101.9	110.7	122.6	101.0
在外用膳食品	103.1	103.0	100.8	100.5

6-3 续 表 1

上年=100

指 标	2012	2013	2014	2015
其他食品	102.8	102.8	98.4	99.5
烟酒及用品	**104.8**	**102.2**	**101.1**	**102.5**
烟草	100.9	101.8	101.8	105.0
酒	110.0	102.8	101.1	99.4
衣着	**101.4**	**101.8**	**101.2**	**104.9**
服装	101.0	102.1	99.2	104.5
男式服装	100.0	102.5	96.7	107.8
女式服装	102.8	102.5	100.9	102.8
儿童服装	98.6	99.9	99.9	102.0
衣着材料	110.2	109.8	104.3	101.4
鞋袜帽	101.7	100.2	106.9	106.7
鞋	102.1	100.1	108.5	107.9
袜子	99.8	99.9	100.0	100.0
帽子	100.0	101.6	98.6	102.3
衣着加工服务费	104.8	103.6	108.6	99.6
家庭设备用品及维修服务	**103.8**	**100.5**	**100.2**	**101.5**
耐用消费品	104.4	99.8	99.7	101.8
家具	102.9	102.8	101.5	104.6
家庭设备	105.7	97.2	98.2	99.3
室内装饰品	102.2	100.7	100.0	100.0
床上用品	100.4	100.2	97.7	98.2
家庭日用杂品	101.7	100.6	100.9	101.1
家庭服务及加工维修服务	117.4	109.0	107.4	106.5
医疗保健和个人用品	**103.8**	**102.9**	**102.9**	**100.7**
医疗保健	103.7	103.1	101.2	100.7
医疗器具及用品	97.1	103.3	100.6	100.0
中药材及中成药	108.6	104.0	102.0	101.9
西药	103.8	105.1	101.8	100.4
保健器具及用品	101.0	100.8	100.2	99.9
医疗保健服务	100.1	100.1	100.0	100.0

6-3 续 表 2

上年=100

指　标	2012	2013	2014	2015
个人用品及服务	103.9	102.4	100.9	100.8
化妆美容用品	101.2	100.3	99.5	100.1
清洁化妆用品	102.6	101.3	99.1	100.4
个人饰品	99.4	96.5	95.5	99.1
个人服务	114.6	112.7	109.0	103.2
交通和通信	**100.6**	**97.3**	**98.6**	**99.2**
交通	101.0	96.8	99.4	98.1
交通工具	99.6	94.2	98.9	100.8
车用燃料及零配件	103.7	98.6	97.6	83.7
车辆使用及维修费	101.1	101.5	102.4	100.9
市区公共交通费	109.0	100.9	100.7	100.9
城市间交通费	100.1	100.1	100.0	100.0
通信	99.2	99.0	96.3	102.6
通信工具	99.4	96.5	84.0	110.9
通信服务	99.1	99.8	100.0	100.5
娱乐教育文化用品及服务	**101.8**	**100.9**	**100.8**	**100.2**
文娱用耐用消费品及服务	95.9	95.2	96.7	100.2
教育	100.4	101.2	100.5	100.4
教材及参考书	100.0	100.0	99.9	99.6
教育服务	100.4	101.3	100.5	100.4
文化娱乐类	103.0	101.8	100.0	100.5
文化娱乐用品	102.6	96.9	98.9	99.7
书报杂志	101.6	100.1	100.0	100.0
文娱费	103.7	105.2	100.6	101.1
旅游	109.3	103.0	105.5	99.2
居住	**104.4**	**103.7**	**102.1**	**100.3**
建房及装修材料	101.1	100.2	99.0	100.2
住房租金	101.2	101.4	101.7	98.6
自有住房	107.9	106.7	104.8	100.5
水、电、燃料	100.7	100.5	98.9	99.9

6-4 居民消费价格分类指数（2016-2019年）

上年=100

指　标	2016	2017	2018	2019
居民消费价格总指数	**100.7**	**101.6**	**101.2**	**101.9**
非食品价格指数	100.4	102.3	100.9	100.9
服务价格指数	100.0	102.0	100.8	101.0
扣除鲜菜鲜果价格指数	100.5	101.6	101.0	101.8
消费品价格指数	101.2	101.4	101.4	102.4
食品烟酒	**101.6**	**100.0**	**101.9**	**104.3**
食品	102.2	99.8	102.4	106.9
粮食	100.8	101.6	101.3	101.5
薯类	116.4	94.0	105.6	99.8
豆类	100.6	98.2	98.4	99.6
食用油	105.3	98.9	99.5	104.5
菜	116.3	93.5	106.3	99.3
#鲜菜	117.3	93.0	106.9	99.0
畜肉类	104.9	96.4	101.1	122.2
#猪肉	118.5	85.5	89.5	150.7
牛肉	96.8	104.3	109.6	110.4
羊肉	94.9	106.0	112.4	110.0
禽肉类	99.7	98.7	105.0	113.8
鸡	98.1	97.6	107.7	117.2
鸭	108.2	103.8	100.9	114.6
其他禽肉及制品	100.1	99.2	100.7	105.3
水产品	102.0	103.4	100.5	101.3
淡水鱼	100.8	103.7	95.8	96.3
海水鱼	105.3	101.9	104.1	104.7
虾蟹类	100.9	104.4	103.7	101.7
其他水产品及制品	101.3	103.6	98.7	105.4
蛋类	93.5	96.8	110.1	105.6
奶类	100.2	100.3	100.6	100.1
干鲜瓜果类	95.4	109.6	104.2	106.7
#鲜瓜果	93.7	112.7	105.2	108.8
糖果糕点类	99.8	102.4	100.0	99.3
调味品	100.6	101.3	99.7	100.6
其他食品类	93.8	100.2	102.5	100.9
茶及饮料	99.0	100.6	100.6	100.0
#茶叶	100.0	100.1	98.1	100.0
果汁饮料	98.7	98.8	100.4	100.4
烟酒	99.2	100.2	101.5	102.3
烟草	103.1	99.0	101.3	101.9

注：2016年起，国家统计局对《居民消费价格调查项目》重新分类（后同）。

6-4 续 表 1

上年=100

指 标	2016	2017	2018	2019
酒类	94.9	101.7	101.7	102.8
在外餐饮	100.7	100.6	100.5	97.4
衣着	**101.1**	**100.3**	**100.9**	**100.7**
服装	101.3	100.6	100.4	100.7
男式服装	100.5	100.5	100.0	100.8
女式服装	102.2	100.8	100.6	100.8
儿童服装	100.1	99.8	100.7	100.5
服装材料	100.8	100.5	101.3	99.8
其他衣着及配件	99.4	102.9	104.2	100.6
袜子	100.0	105.3	108.8	101.4
帽子	98.9	100.9	100.5	100.0
其他衣着配件	99.4	101.4	101.0	99.9
衣着加工服务费	101.3	98.7	104.6	107.9
衣着洗涤保养	105.3	102.2	105.0	100.9
衣着加工	100.3	97.8	104.4	109.9
鞋类	101.0	98.8	101.5	100.0
鞋	99.7	98.3	102.0	100.0
男鞋	99.7	96.5	102.5	100.0
女鞋	99.5	99.9	101.7	100.0
童鞋	100.4	99.7	100.4	100.0
鞋类加工服务	107.3	101.2	99.8	100.0
居住	**100.8**	**100.6**	**100.9**	**100.4**
租赁房房租	97.9	104.0	105.0	102.5
公房房租	100.0	100.0	100.0	100.0
私房房租	97.8	104.2	105.3	102.7
住房保养维修及管理	100.0	100.5	101.6	101.8
住房装潢材料	99.9	100.8	102.4	101.1
物业管理费	100.0	100.0	100.0	100.0
住房装潢维修	100.0	100.0	100.0	104.4
水电燃料	103.9	100.1	99.9	100.5
电	100.0	100.0	100.0	100.0
燃气	100.0	99.9	99.1	104.1
管道燃气	100.0	100.0	103.3	109.6
液化石油气	100.0	99.9	95.9	99.4
取暖费	100.0	100.0	100.0	100.0
其他燃料	105.8	101.1	99.8	100.0
自有住房	100.0	100.6	100.8	100.0

6-4 续 表 2

上年=100

指 标	2016	2017	2018	2019
生活用品及服务	**99.2**	**99.8**	**101.0**	**101.6**
家具及室内装饰品	99.8	100.2	100.2	100.6
家具	99.7	100.3	100.2	100.7
室内装饰品	100.5	99.2	100.0	99.8
家用器具	97.5	97.7	103.3	102.6
大型家用器具	97.5	97.5	103.2	101.9
小家电	97.1	98.7	103.7	106.6
家用纺织品	97.5	99.9	101.3	99.7
床上用品	97.2	99.9	101.6	100.0
窗帘门帘	100.0	100.0	100.0	100.0
其他家用纺织品	98.2	100.0	100.0	96.6
家庭日用杂品	99.8	100.1	100.1	103.2
洗涤卫生用品	99.8	100.1	99.9	103.7
厨具餐具茶具	101.2	100.5	100.0	101.9
家用手工工具	100.7	101.7	100.0	107.4
其他家庭日用杂品	98.9	99.5	100.6	102.4
个人护理用品	99.5	100.1	100.4	99.9
化妆品	99.8	100.1	99.9	99.9
其他护理用品类	99.1	100.1	101.3	99.9
家庭服务	105.8	105.9	101.1	100.0
家政服务	105.2	96.9	101.0	101.0
家庭维修服务	106.1	109.7	101.2	99.6
交通和通信	**98.6**	**101.4**	**101.1**	**99.4**
交通	98.3	101.8	101.6	99.5
交通工具	97.7	98.7	94.8	96.5
交通工具用燃料	96.1	110.2	112.8	94.3
汽油	95.4	110.9	113.7	93.9
柴油	95.1	113.8	114.0	93.9
其他车用能源	106.2	100.0	100.0	100.0
交通工具使用和维修	102.3	100.1	100.3	100.0
交通费	100.2	101.1	105.7	109.7
市内公共交通	100.0	100.0	100.0	100.0
出租汽车	102.7	100.0	100.0	100.0
飞机票	99.1	104.6	118.8	132.3
火车票	100.0	100.0	104.4	102.6
长途汽车	100.0	100.0	100.0	100.0
其他交通费	100.0	100.0	100.0	100.0
通信	99.3	100.5	100.1	99.3

6-4 续 表 3

上年=100

指 标	2016	2017	2018	2019
通信工具	97.5	101.5	100.1	97.5
通信服务	100.0	100.1	100.0	100.0
邮递服务	100.0	100.0	100.0	100.0
教育文化和娱乐	**99.2**	**102.2**	**100.6**	**101.2**
教育	100.4	101.8	100.3	100.2
教育用品	100.3	100.0	100.5	103.1
教育服务	100.4	101.8	100.3	100.2
文化娱乐	97.5	102.7	100.9	102.7
文娱耐用消费品	98.8	98.6	99.8	100.7
其他文娱用品	100.0	100.5	101.1	101.5
文化娱乐服务	100.1	100.0	100.0	100.0
旅游	95.1	106.6	101.7	105.0
旅行社收费	107.1	109.8	102.5	106.4
其他旅游	76.9	100.0	100.0	101.4
医疗保健	**103.0**	**110.3**	**101.5**	**102.2**
药品及医疗器具	105.7	114.6	103.0	105.2
中药	106.1	115.1	99.6	106.5
西药	109.4	121.4	106.2	107.4
滋补保健品	102.9	106.6	101.2	102.2
医疗卫生器具	99.1	110.9	102.1	98.7
保健器具	99.3	96.5	100.0	100.1
医疗服务	100.6	106.2	100.0	99.1
综合医疗类	101.5	116.7	100.0	97.4
诊断类	100.0	100.5	100.0	99.8
治疗类	100.5	105.5	100.0	100.0
康复类	100.0	100.0	100.0	96.9
中医医疗服务类	100.0	100.0	100.0	100.8
其他医疗服务	100.0	100.0	100.0	100.0
其他用品和服务	**101.3**	**101.5**	**99.9**	**102.6**
其他用品类	102.5	101.7	98.9	103.6
首饰手表	103.4	102.3	98.6	104.9
其他杂项用品	99.7	100.0	100.0	99.8
其他服务类	100.5	101.4	100.6	101.9
旅馆住宿	98.3	95.8	101.4	99.2
美容美发洗浴	103.3	108.6	102.3	105.7
养老服务	100.0	100.0	100.0	100.0
金融保险	100.0	100.0	100.0	101.2
其他服务类	100.0	100.0	100.0	100.0

6-5 商品零售价格分类指数（2012-2015年）

上年=100

指　　标	2012	2013	2014	2015
商品零售价格总指数	**102.1**	**101.8**	**100.2**	**100.7**
食品	**103.9**	**105.8**	**103.8**	**100.1**
粮食	103.1	106.2	107.1	101.7
淀粉及制品	87.5	93.2	98.0	98.9
干豆类及豆制品	101.2	107.2	103.0	105.7
油脂	104.8	103.1	99.8	99.1
肉禽及其制品	105.4	108.0	98.9	100.4
食用畜肉及副产品	104.8	110.2	98.4	99.4
禽	100.4	98.4	99.4	102.1
肉禽加工制品	111.5	103.3	100.8	104.4
蛋	97.3	101.9	110.1	87.1
水产品	110.7	106.8	104.7	100.1
鱼	106.9	102.1	98.7	97.9
其他水产品	115.2	112.1	110.8	102.2
菜	108.9	109.6	98.2	101.8
鲜菜	110.7	109.9	97.5	102.0
调味品	102.1	106.8	99.8	101.3
糖	103.0	98.9	100.7	97.8
干鲜瓜果	104.5	108.1	113.7	100.4
糕点饼干面包	105.5	100.9	100.5	99.6
液体乳及乳制品	101.9	110.7	122.6	101.0
在外用膳食品	103.1	103.0	100.8	100.5
其他食品	102.8	102.8	98.4	99.5
饮料、烟酒	**104.2**	**102.4**	**100.6**	**101.7**
茶及饮料	101.4	103.0	99.3	98.0
茶叶	100.0	100.0	100.0	100.0
饮料	102.2	104.6	99.0	96.9
烟草	100.9	101.8	101.0	105.0
酒	112.6	103.0	101.0	99.2
服装、鞋帽	**101.1**	**101.6**	**101.0**	**104.9**
服装	101.0	102.1	99.2	104.5
男式服装	100.0	102.5	96.7	107.8
女式服装	102.8	102.5	100.9	102.8
儿童服装	98.6	99.9	99.9	102.0
鞋袜帽	101.7	100.2	106.9	106.7
鞋	102.1	100.1	108.5	107.9
袜子	99.8	99.9	100.0	100.0
帽子	100.0	101.6	98.6	102.3

6-5 续 表

上年=100

指　标	2012	2013	2014	2015
其他	96.7	99.5	100.0	100.0
纺织品	**102.4**	**102.5**	**97.6**	**98.5**
衣着材料	110.8	111.5	105.5	101.9
床上用品	100.3	99.9	95.2	97.3
家用电器及音像器材	**100.1**	**96.6**	**97.2**	**99.4**
家庭设备	102.4	97.2	98.4	100.1
文娱用耐用消费品	96.4	95.3	94.8	98.1
音像器材	100.0	100.0	100.0	100.0
文化办公用品	**97.8**	**97.8**	**99.6**	**101.2**
日用品	**102.2**	**101.3**	**99.8**	**102.8**
日用百货	102.7	100.5	99.6	109.6
日用杂品	96.5	100.1	100.8	101.1
洗涤用品	104.6	102.7	99.8	99.9
其他日用品	100.6	100.2	99.5	99.9
体育娱乐用品	**99.4**	**100.0**	**100.0**	**100.0**
体育用品	96.6	99.4	99.9	100.0
娱乐用品	102.1	100.5	100.0	100.0
交通、通信用品	99.7	97.6	94.6	102.5
交通运输机械	99.8	97.6	98.1	100.1
通信器材	99.6	97.5	88.3	107.3
家具	**104.2**	**103.1**	**102.1**	**104.5**
化妆品	**102.1**	**100.5**	**98.5**	**100.3**
金银珠宝	**97.4**	**90.3**	**88.4**	**98.3**
中西药品及医疗保健用品	**104.0**	**103.7**	**101.4**	**100.5**
医疗器具及用品	97.1	103.3	100.6	100.0
中药材及中成药	108.6	104.0	102.0	101.9
西药	103.2	105.1	101.7	99.9
保健品及器具	101.0	100.8	100.2	99.9
书报杂志及电子出版物	**100.8**	**100.1**	**99.9**	**99.4**
教材及参考书	100.0	100.0	99.7	99.1
书报杂志	101.6	100.1	100.0	100.0
电子音像制品	100.6	100.1	100.2	98.7
燃料	**103.7**	**100.5**	**95.9**	**94.1**
煤炭及制品	102.4	87.0	83.5	91.1
石油及制品	104.0	103.9	98.6	94.6
建筑材料及五金电料	**100.8**	**100.0**	**99.7**	**99.9**
建筑装璜材料	100.9	99.9	99.4	99.8
五金电料	100.5	100.3	101.0	100.0

6-6 商品零售价格分类指数（2016-2019年）

上年=100

指　标	2016	2017	2018	2019
商品零售价格总指数	**100.1**	**101.6**	**101.5**	**101.2**
食品	**102.7**	**99.5**	**102.4**	**105.0**
粮食	100.8	101.6	101.3	101.5
薯类	116.4	94.0	105.6	99.8
豆类	100.6	98.2	98.4	99.6
食用油	105.3	98.9	99.5	104.5
菜	116.3	93.5	106.3	99.3
#鲜菜	117.3	93.0	106.9	99.0
畜肉类	104.9	96.4	101.1	122.2
#猪肉	118.5	85.5	89.5	150.7
牛肉	96.8	104.3	109.6	110.4
羊肉	94.9	106.0	112.4	110.0
禽肉类	99.7	98.7	105.0	113.9
#鸡	98.1	97.6	107.7	117.2
鸭	108.2	103.8	100.9	114.6
水产品	102.0	103.4	100.5	101.3
#淡水鱼	100.8	103.7	95.8	96.3
海水鱼	105.3	101.9	104.1	104.7
蛋类	93.5	96.8	110.2	105.6
奶类	100.2	100.3	100.6	100.1
干鲜瓜果类	95.4	109.6	104.2	106.7
#鲜瓜果	93.7	112.7	105.2	108.8
糖果糕点类	99.7	102.3	100.1	99.3
调味品	101.2	101.1	99.8	100.5
其他食品类	96.8	100.8	104.1	100.7
在外餐饮	100.7	100.6	100.5	97.4
饮料、烟酒	**100.0**	**100.0**	**101.2**	**101.9**
茶及饮料	98.7	100.5	99.8	99.7
烟草	103.1	99.0	101.3	101.9
酒类	94.9	101.7	101.7	102.9
服装、鞋帽	**100.8**	**100.2**	**100.9**	**100.6**
服装	101.3	100.6	100.4	100.7
男士服装	100.6	100.5	100.0	100.8
女士服装	102.2	100.8	100.6	100.8
儿童服装	100.1	99.8	100.7	100.5
鞋帽袜	99.6	99.2	102.5	100.1
鞋	99.7	98.3	102.0	100.0
袜子	100.0	105.3	108.8	101.4
帽子	98.9	100.9	100.5	100.0

注：2016年起，国家统计局对《商品零售价格调查项目》重新分类（后同）。

6-6 续 表

上年=100

指 标	2016	2017	2018	2019
其他衣着配件	99.4	101.4	101.0	99.9
纺织品	**97.6**	**100.0**	**101.6**	**100.0**
服装材料	100.8	100.5	101.3	99.8
床上用品	97.2	99.9	101.6	100.0
家用电器及音像器材	**97.0**	**98.0**	**101.2**	**101.3**
家庭设备	97.6	97.7	102.8	101.9
文娱用耐用消费品	97.9	98.1	98.9	101.5
专业音像器材	91.4	99.2	100.1	97.3
文化办公用品	**100.3**	**100.8**	**100.6**	**99.6**
日用品	**99.9**	**99.7**	**100.5**	**102.2**
日用百货	98.8	99.6	101.4	102.9
厨具餐具茶具	101.2	100.5	100.0	101.9
清洗用品	101.0	100.2	100.6	106.2
其他日用品	99.8	99.3	100.0	99.9
体育娱乐用品	**99.5**	**99.4**	**100.0**	**99.3**
体育户外用品	97.7	95.3	100.0	100.0
娱乐用品	99.7	99.9	100.0	99.2
交通、通信用品	**97.8**	**99.3**	**95.9**	**96.8**
交通运输机械	97.9	98.8	94.9	96.6
通信器材	97.5	101.4	100.3	97.6
家具	**99.7**	**99.8**	**100.1**	**100.9**
化妆品	**100.2**	**100.4**	**100.1**	**99.9**
金银饰品	**104.4**	**102.9**	**98.1**	**106.2**
中西药品及医疗保健用品	**106.3**	**115.1**	**103.1**	**105.7**
医疗卫生器具	99.1	110.9	102.1	98.7
中药	106.1	115.1	99.6	106.5
西药	109.4	121.4	106.2	107.4
保健器具及用品	102.1	104.2	100.9	101.7
书报杂志及电子出版物	**99.6**	**100.6**	**102.4**	**106.2**
教材及参考书	100.3	100.0	100.5	103.1
书报杂志	100.2	101.8	106.7	114.0
计算机办公软件	97.5	100.0	100.0	100.0
燃料	**96.7**	**110.3**	**111.7**	**96.7**
煤炭及制品	98.5	111.7	111.8	100.9
石油及制品	96.0	109.8	111.7	95.2
建筑材料及五金电料	**99.7**	**100.7**	**102.1**	**101.6**
建筑装璜材料	99.9	100.8	102.6	101.1
五金水暖	99.2	100.5	100.5	103.3

6-7 工业生产者出厂价格指数

上年=100

指　标	2015	2016	2017	2018	2019
总指数	**94.0**	**98.9**	**110.6**	**103.2**	**102.1**
核心指数	92.8	100.2	114.2	103.8	99.4
高技术	100.4	99.8	99.3	97.5	98.0
能源	93.7	97.3	110.6	103.2	105.4
按轻重工业分					
轻工业	98.4	100.1	100.8	100.8	104.8
以农产品为原料	98.3	100.0	100.8	100.7	105.2
以非农产品为原料	99.4	101.1	100.6	101.5	98.4
重工业	92.9	98.6	113.2	103.7	101.4
采掘	90.0	97.3	116.0	105.3	107.5
原料	95.0	98.8	110.4	102.1	99.3
加工	93.0	99.7	114.0	104.3	98.4
按生产生活资料分					
生产资料	93.0	98.6	112.9	103.8	101.5
采掘	90.0	97.3	116.0	105.3	107.5
原料	94.9	98.8	110.7	101.8	99.2
加工	93.3	99.5	112.8	104.9	99.1
生活资料	98.8	100.3	100.9	100.2	104.5
食品	98.8	98.6	99.6	100.9	103.3
衣着	97.5	111.0	110.5	95.9	118.0
一般日用品	100.0	100.9	100.2	100.2	101.8
耐用消费品	99.4	99.8	99.9	96.8	90.1
按初级中间最终产品分					
初级产品	90.0	97.3	116.3	105.2	107.4
矿产品	90.0	97.3	116.3	105.2	107.4
废料	100.0				
中间产品	94.9	99.5	109.5	102.7	100.4

6-7 续 表1

上年=100

指　标	2015	2016	2017	2018	2019
最终产品	98.4	98.2	101.1	100.5	102.2
最终投资品	97.1	98.4	103.3	103.9	99.5
最终消费品	99.0	98.2	100.2	99.1	103.3
按工业部门分					
冶金工业	88.4	98.9	121.4	105.1	98.0
电力工业	98.9	95.6	98.8	97.0	101.2
煤炭及炼焦工业	91.0	99.5	120.0	105.8	109.9
石油工业	87.8	93.2	108.9	113.1	99.1
化学工业	98.4	104.0	110.2	104.1	98.6
机械工业	99.1	97.1	99.7	99.1	98.6
建筑材料工业	96.4	100.1	102.9	101.6	100.1
森林工业	98.1	97.2	102.0	100.2	96.7
食品工业	98.7	98.5	99.5	100.8	103.3
纺织工业	95.7	97.8	97.9	106.5	107.6
缝纫工业	97.4	111.4	110.9	95.7	118.6
皮革工业	99.2	99.5	99.9	101.0	101.4
造纸工业	98.6	100.8	108.4	102.1	97.1
文教艺术用品工业	100.2	100.5	103.8	100.6	104.7
其它工业	98.6	99.6	115.4	110.0	96.7
按工业行业大类分					
煤炭开采和洗选业	91.9	99.1	119.0	104.7	111.1
石油和天然气开采业	56.2	88.2	107.9	119.8	96.8
黑色金属矿采选业	80.0	93.1	116.3	107.1	104.2
有色金属矿采选业	93.0	96.2	118.7	102.5	91.5
非金属矿采选业	100.4	98.3	100.3	97.1	102.7
农副食品加工业	97.6	97.5	98.6	98.9	102.8
食品制造业	99.7	99.2	100.6	103.4	104.6
酒、饮料和精制茶制造业	100.0	101.6	98.9	100.1	100.3
烟草制品业	100.0	100.0	100.0	100.1	102.7

6-7 续 表 2

上年=100

指 标	2015	2016	2017	2018	2019
纺织业	96.3	106.9	107.2	99.8	116.5
纺织服装、服饰业	99.9	100.3	96.1	102.0	102.0
皮革、毛皮、羽毛及其制品和制鞋业	96.6	99.5	99.9	101.0	101.4
木材加工和木、竹、藤、棕、草制品业	97.9	96.9	102.6	98.4	95.4
家具制造业	99.3	100.3	95.4	118.3	108.1
造纸和纸制品业	98.6	100.8	108.4	102.1	97.1
印刷和记录媒介复制业	100.2	100.5	103.8	100.6	104.7
文教、工美、体育和娱乐用品制造业	100.0				
石油加工、炼焦和核燃料加工业	77.5	98.9	123.0	116.7	93.8
化学原料和化学制品制造业	97.8	105.5	113.6	104.9	97.5
医药制造业	100.6	99.6	100.0	103.0	103.7
橡胶和塑料制品业	100.0	99.1	110.0	102.3	95.0
非金属矿物制品业	96.2	100.4	105.5	104.4	98.6
黑色金属冶炼和压延加工业	87.1	103.2	126.7	107.7	95.3
有色金属冶炼和压延加工业	90.8	95.4	117.0	100.9	100.5
金属制品业	99.0	99.7	94.7	103.5	103.3
通用设备制造业	98.6	97.9	100.1	100.5	97.9
专用设备制造业	100.0	98.0	101.3	100.7	99.3
汽车制造业	98.4	95.7	100.0	100.3	104.0
铁路、船舶、航空航天和其他运输设备制造业	98.4	100.3	100.3	99.9	100.1
电气机械和器材制造业	99.3	97.8	99.2	101.4	99.1
计算机、通信和其他电子设备制造业	100.0	98.9	96.6	87.0	80.8
仪器仪表制造业	100.0	100.0			
其他制造业	97.0				
废弃资源综合利用业	100.0				
金属制品、机械和设备修理业		100.0	99.8	99.7	100.0
电力、热力生产和供应业	98.9	95.6	98.8	97.0	101.2
燃气生产和供应业	101.5	95.5	104.9	109.0	106.3
水的生产和供应业	100.7	109.1	100.1	102.8	102.3

6-8 工业生产者购进价格指数

上年=100

指　标	2015	2016	2017	2018	2019
总指数	**95.9**	**97.4**	**106.3**	**102.4**	**101.1**
按初级中间最终产品分					
初级产品	96.2	97.3	108.2	102.6	102.8
农产品	99.4	97.8	100.3	101.3	105.3
矿产品	94.1	96.8	113.8	103.5	101.1
废料	97.1	104.3	105.2	100.2	97.1
中间产品	95.8	97.5	105.3	102.3	100.2
九大类原材料购进价格指数					
燃料、动力类	95.8	99.6	111.1	102.9	98.9
黑色金属材料类	94.9	91.5	105.2	105.2	103.5
钢材	94.4	94.6	105.6	106.3	102.8
其它	95.4	86.7	104.5	103.4	104.6
有色金属材料及电线类	96.0	96.1	114.4	103.3	98.3
化工原料类	98.0	101.9	109.1	102.6	92.8
木材及纸浆类	100.0	100.1	101.6	101.3	100.5
建筑材料及非金属类	98.3	96.8	109.3	105.4	99.4
其它工业原材料及半成品类	93.5	98.1	100.5	99.4	102.9
农副产品类	99.3	97.1	100.1	101.1	105.1
纺织原料类	97.3	96.8	102.6	104.3	103.0
按行业大类分					
农业	99.9	96.4	99.6	100.1	102.9
林业	100.6	109.2	104.0	103.9	107.4
畜牧业	98.4	98.3	100.9	102.7	108.5
农、林、牧、渔服务业	94.5	97.6	100.0	100.0	
煤炭开采和洗选业	94.8	100.5	117.6	103.3	99.9
石油和天然气开采业	68.4	84.0	121.1	123.3	94.4
黑色金属矿采选业	89.2	86.2	102.9	102.2	105.8

6-8 续 表

上年=100

指　　标	2015	2016	2017	2018	2019
有色金属矿采选业	93.7	95.9	117.7	107.6	98.8
非金属矿采选业	100.5	99.3	103.8	104.1	96.5
农副食品加工业	94.7	98.0	101.0	95.8	96.5
食品制造业	84.5	95.1	98.7	101.6	108.5
酒、饮料和精制茶制造业	100.0	100.8	100.8	100.0	
烟草制品业	100.0	100.2	100.0	100.0	125.4
纺织业	97.3	96.8	102.6	104.3	103.0
皮革、毛皮、羽毛(绒)及其制品业	100.0				
木材加工及木、竹、藤、棕、草制品业	99.6	95.3	100.0	99.8	96.4
造纸和纸制品业	99.6	99.1	101.3	101.3	100.0
印刷业和记录媒介的复制		102.0	117.6	98.9	85.6
石油加工、炼焦及核燃料加工业	91.0	98.8	122.4	111.8	98.9
化学原料及化学制品制造业	98.1	101.5	109.3	102.8	91.7
医药制造业	108.3	102.5	99.7	109.7	97.5
橡胶和塑料制品业	97.5	104.3	107.7	100.8	101.2
非金属矿物制品业	96.0	93.9	115.7	106.3	102.8
黑色金属冶炼和压延加工业	95.9	93.7	106.1	106.4	102.5
有色金属冶炼和压延加工业	96.5	96.2	113.5	102.1	98.3
金属制品业	99.7	123.4	123.2	106.5	100.6
汽车制造业	100.0	100.2	103.9	101.2	98.9
电气机械和器材制造业	100.0	100.2	107.9	100.2	97.6
通信设备、计算机及其他电子设备制造业	102.6				
废弃资源综合利用业	97.1	104.3	105.2	100.2	97.1
电力、热力的生产和供应业	100.0	99.5	101.2	97.8	96.9
燃气生产和供应业	100.4	102.1	100.5	104.1	104.1
水的生产和供应业	99.7	100.6	101.9	103.1	103.6

6-9 房屋销售价格指数（2019年）

指标名称	新建商品住宅	二手住宅
环比价格指数（以上月价格为100）		
1月	100.5	100.0
2月	100.6	100.6
3月	100.8	100.7
4月	100.7	100.7
5月	100.5	100.5
6月	99.7	100.8
7月	100.1	101.3
8月	101.1	100.4
9月	100.6	100.3
10月	100.6	99.4
11月	100.1	100.5
12月	100.8	100.5
同比价格指数（以上年同月价格为100）		
1月	111.0	106.0
2月	111.1	106.7
3月	111.3	107.3
4月	111.5	107.6
5月	111.2	107.7
6月	109.9	107.9
7月	108.0	108.3
8月	106.6	107.0
9月	106.6	106.8
10月	105.8	106.0
11月	105.5	105.8
12月	106.3	106.0
定基价格指数（以2010年价格为100）		
1月	116.9	107.2
2月	117.5	107.9
3月	118.4	108.7
4月	119.3	109.5
5月	120.0	110.0
6月	119.7	110.9
7月	119.8	112.3
8月	121.1	112.7
9月	121.8	113.0
10月	122.5	112.4
11月	122.6	113.0
12月	123.6	113.5

主要统计指标解释

商品零售价格指数 是反映一定时期内城乡商品零售价格变动趋势和程度的相对数。零售物价的调整变动直接影响到城乡居民的生活支出和国家的财政收入，影响居民购买力和市场供需平衡，影响消费与积累的比例。因此，计算零售价格指数，可以从一个侧面对上述经济活动进行观察和分析。

居民消费价格指数（CPI） 是反映一定时期内城乡居民所购买的生活消费品价格和服务项目价格变动趋势和程度的相对数，是对城市居民消费价格指数和农村居民消费价格指数进行综合汇总计算的结果。利用居民消费价格指数，可以观察和分析消费品的零售价格和服务价格变动对城乡居民实际生活费支出的影响程度。

新的CPI采用链式拉氏公式计算，包括城市和农村指数，这些指数分别是在城市和农村基础数据的基础上进行汇总的，权数来源于城市和农村住户调查。目前，我国用于计算CPI的商品和服务项目共计八大类（包括食品、烟酒、衣着、家庭设备用品及维修服务、医疗保健和个人用品、交通和通信、娱乐教育文化用品及服务、居住）、262个基本分类，涵盖了城乡居民的全部消费内容，每个基本分类下又设置一定数量的代表规格品作为经常性调查项目。

生产者价格指数 是用当月国内市场的工业品价格与上年同月价格相比来衡量月度的价格变动。除了武器弹药生产、放射性矿石的采挖及为自己使用的产品外，生产者价格指数覆盖了所有生产部门。

工业生产是社会再生产的重要组成部分。在我国，工业部门是国民经济中所占比重较高的生产部门，其发展速度、规模、效益以及生产结构的调整直接影响着国民经济的发展。工业生产者价格包括工业企业产品第一次出售时的出厂价格和企业作为中间投入的原材料、燃料、动力购进价格（下简称工业生产者购进价格）。工业生产者价格调查的目的在于及时、准确、科学地反映各工业行业产品价格水平及其变动趋势和幅度，为国民经济核算、计算工业发展速度、宏观经济分析和调控、理顺价格体系等提供科学、准确的依据。工业生产者价格调查采用重点调查与典型调查相结合的调查方法。重点调查将全部年主营业务收入2000万元以上的企业列为调查对象，采用主观选样的方法选择调查企业；典型调查是把年主营业务收入2000万元以下的企业作为抽样对象，采用随机抽样的调查方法。

工业生产者出厂价格指数 是反映一定时期内全部工业产品出厂价格总水平的变动趋势和程度的相对数，包括工业企业售给本企业以外所有单位的各种产品和直接售给居民用于生活消费的产品。该指数可以观察出厂价格变动对工业总产值及增加值的影响。

工业生产者购进价格指数 是反映工业企业作为生产投入，而从物资交易市场和能源、原材料生产企业购买原材料、燃料和动力产品时，所支付的价格水平变动趋势和程度的统计指标，是扣除工业企业物质消耗成本中的价格变动影响的重要依据。

目前，我国编制的原材料、燃料和动力购进价格指数所调查的产品包括燃料动力、黑色金属、有色金属、化工、建材等九大类的近1800种产品。

7 人民生活

People's Living Conditions

资料整理：翟惠娟

7-1　城乡居民人均可支配收入

年　份	全体居民可支配收入		城镇居民人均可支配收入		农牧民人均可支配收入	
	绝对数(元)	增速(%)	绝对数(元)	增速(%)	绝对数(元)	增速(%)
1980			486	1.2	195	17.1
1981			491	1.0	237	21.8
1982			499	1.6	310	30.8
1983			514	3.0	361	16.4
1984			581	13.0	383	6.0
1985			766	31.8	419	9.4
1986			848	10.7	417	-0.5
1987			954	12.5	454	8.8
1988			1025	7.4	533	17.5
1989			1169	14.0	523	-1.9
1990			1305	11.6	640	22.3
1991			1516	16.2	669	4.6
1992			1742	14.9	803	20.0
1993			2215	27.2	910	13.4
1994			2922	31.9	1163	27.7
1995			3385	15.8	1470	26.4
1996			3916	15.7	1785	21.4
1997			4426	13.0	2080	16.5
1998			4654	5.2	2301	10.6
1999			5061	8.7	2426	5.5
2000			5436	7.4	2548	5.0
2001			5883	8.2	2558	0.4
2002			6980	18.6	2864	11.9
2003			9216	32.0	3435	19.9
2004			11508	24.9	4136	20.4
2005			13218	14.9	4667	12.8
2006			15122	14.4	5338	14.4
2007			17876	18.2	6148	15.2
2008			20861	16.7	7076	15.1
2009			23089	10.7	7826	10.6
2010			25862	12.0	8766	12.0
2011			29628	14.6	10059	14.7
2012			33485	13.0	11421	13.5
2013	28069	10.7	32694	9.2	11547	12.1
2014	30704	9.4	35506	8.6	12713	10.1
2015	33184	8.1	38098	7.3	13667	7.5
2016	35759	7.8	40955	7.5	14692	7.5
2017	38749	8.4	44231	8.0	15901	8.2
2018	41755	7.8	47407	7.2	17435	9.7
2019	44748	7.2	50427	6.4	19174	10.0

注：2013年居民收支调查实施了城乡住户一体化改革，数据口径、抽样方法均有变化，1980-2012年农牧民可支配收入为农牧民纯收入。

7-2 城乡居民人均生活消费支出

年 份	全体居民生活消费支出		城镇居民生活消费支出			农牧民生活消费支出		
	绝对数(元)	增速(%)	绝对数(元)	增速(%)	恩格尔系数	绝对数(元)	增速(%)	恩格尔系数
1980			432		56.8	174		
1981			436	-0.7	55.2	196	12.6	
1982			446	0.6	56.8	232	18.3	
1983			455	2.2	58.2	272	17.0	
1984			480	10.8	54.7	302	11.4	
1985			656	20.2	49.1	330	9.2	
1986			739	5.3	51.0	389	17.8	
1987			786	3.4	52.9	400	2.9	
1988			916	-8.7	49.7	451	12.7	
1989			980	0.6	52.0	555	23.1	
1990			1075	8.6	51.0	597	7.5	
1991			1242	10.1	37.4	608	1.9	
1992			1340	5.6	51.5	644	5.9	
1993			1731	9.0	50.5	781	21.3	
1994			2104	5.5	54.0	975	24.9	
1995			2615	0.1	54.9	1327	36.0	
1996			2755	7.1	53.5	1295	-2.4	
1997			3165	7.6	48.7	1617	24.9	
1998			3190	5.6	43.4	1558	-3.6	
1999			3592	7.0	41.0	1632	4.7	
2000			4257	4.7	38.0	1626	-0.4	47.9
2001			4537	8.2	37.2	1810	11.3	43.2
2002			5058	19.3	34.5	2083	15.1	39.4
2003			6817	30.2	31.6	2191	5.2	44.7
2004			8722	21.2	33.5	2600	18.7	40.2
2005			10056	12.9	32.6	2952	13.6	39.1
2006			11549	12.7	31.4	3640	23.3	37.3
2007			13613	14.0	33.3	4381	20.4	37.0
2008			16254	11.2	32.8	4966	13.4	37.2
2009			18950	10.9	31.6	5522	11.2	37.1
2010			20994	9.0	31.6	6132	11.0	37.2
2011			23570	8.9	30.4	6943	13.2	37.1
2012			26009	7.4	30.8	7869	13.3	37.2
2013	19413	14.1	22967	8.9	31.2	8930	15.3	36.5
2014	22110	13.9	24920	8.5	28.2	9724	8.9	34.5
2015	24119	9.1	27269	9.4	28.9	10099	3.8	32.6
2016	25485	5.7	28632	5.0	28.3	11014	9.1	31.8
2017	26502	4.0	29806	4.1	27.5	15901	8.2	31.1
2018	26968	1.8	30140	1.1	27.4	11855	3.7	30.6
2019	28221	4.6	31066	3.1	27.1	12966	9.4	30.3

注：2013年居民收支调查实施了城乡住户一体化改革，数据口径、抽样方法均有变化，2013年消费增速按可比口径计算。

7-3　全体居民主要收支情况

单位：元/人

指　标	2018	2019	2019年比2018年增加	
			绝对额	%
可支配收入	**41755**	**44748**	**2993**	**7.2**
工资性收入	26378	28213	1835	7.0
经营净收入	9917	10651	734	7.4
第一产业净收入	1265	2366	1101	87.0
第二产业净收入	316	419	103	32.6
第三产业净收入	3960	7866	3906	98.6
财产净收入	5417	5801	384	7.1
转移净收入	4419	4711	292	6.6
消费性支出	**26968**	**28221**	**1253**	**4.6**
食品	7893	8191	298	3.8
衣着	3187	3227	40	1.3
居住	4429	4788	359	8.1
生活用品及服务	2420	2430	10	0.4
交通通讯	2576	2701	125	4.9
交通	1750	2016	266	15.2
通信	826	685	-141	
教育文化娱乐	3006	3215	209	7.0
教育	1454	1767	313	21.5
文化娱乐	1552	1448	-104	
医疗保健	2625	2825	200	7.6
其它商品和服务	832	844	12	1.4
恩格尔系数（%）	**29.27**	**29.02**	**-0.25**	

注：本表数据为城乡住户一体化调查数据（新口径数据）。

7-4　全体居民家庭耐用消费品拥有情况

指　标	单　位	2019
家用汽车	辆/百户	62.02
摩托车	辆/百户	17.43
助力车	台/百户	25.99
洗衣机	台/百户	98.47
电冰箱（柜）	台/百户	102.20
微波炉	台/百户	56.56
彩色电视机	台/百户	104.04
空调	台/百户	34.99
热水器	台/百户	76.36
洗碗机	台/百户	3.29
排油烟机	台/百户	80.38
固定电话	线/百户	2.31
移动电话	部/百户	220.14
其中：接入互联网	部/百户	172.02
计算机	台/百户	60.19
其中：接入互联网	台/百户	46.52
照相机	台/百户	24.85
中高档乐器	架/百户	6.83
健身器材	台/百户	5.82
空气净化器（含新风系统）	台/百户	4.99
吸尘器	台/百户	13.11

7-5 城镇常住居民主要收支情况

单位：元/人

指　标	2018	2019	2019年比2018年增加	
			绝对额	%
可支配收入	**47407**	**50427**	**3020**	**6.4**
工资性收入	29867	31659	1792	6.0
经营净收入	5215	5658	443	8.5
第一产业净收入	248	461	213	85.7
第二产业净收入	385	-233		
第三产业净收入	4582	5431	849	18.5
财产净收入	4598	4929	331	7.2
转移净收入	7727	8181	454	5.9
消费性支出	**30140**	**31066**	**926**	**3.1**
食品	8268	8413	145	1.8
衣着	3325	3296	-29	
居住	5292	5723	431	8.1
生活用品及服务	2372	2374	2	0.1
交通通讯	4012	4097	85	2.1
交通	2731	3075	344	12.6
通信	1281	1022	-259	
教育文化娱乐	3750	3842	92	2.5
教育	1655	1997	342	20.6
文化娱乐	2095	1845	-250	
医疗保健	2096	2268	172	8.2
其它商品和服务	1025	1053	28	2.7
恩格尔系数（%）	**27.43**	**27.08**	**-0.35**	

注：本表数据为城乡住户一体化调查数据（新口径数据）。

7-6　城镇居民家庭耐用消费品拥有情况

指　　标	单　　位	2019
家用汽车	辆/百户	66.31
摩托车	辆/百户	8.09
助力车	台/百户	20.59
洗衣机	台/百户	98.18
电冰箱（柜）	台/百户	101.94
微波炉	台/百户	67.74
彩色电视机	台/百户	104.62
空调	台/百户	41.88
热水器	台/百户	87.08
洗碗机	台/百户	3.64
排油烟机	台/百户	89.47
固定电话	线/百户	2.81
移动电话	部/百户	217.33
其中：接入互联网	部/百户	171.17
计算机	台/百户	70.91
其中：接入互联网	台/百户	56.11
照相机	台/百户	30.22
中高档乐器	架/百户	8.09
健身器材	台/百户	7.01
空气净化器（含新风系统）	台/百户	6.05
吸尘器	台/百户	15.47

7-7 农村牧区常住居民主要收支情况

单位：元/人

指 标	2018	2019	2019年比2018年增加	
			绝对额	%
可支配收入	**17435**	**19174**	**1739**	**10.0**
工资性收入	5683	6143	460	8.1
经营净收入	9729	10848	1119	11.5
第一产业净收入	6857	3639	-3218	
第二产业净收入	125	346	221	177.0
第三产业净收入	2747	6863	4116	149.8
财产净收入	750	794	44	5.9
转移净收入	1273	1389	116	9.1
消费性支出	**11855**	**12966**	**1111**	**9.4**
食品	3629	3923	294	8.1
衣着	919	921	2	0.2
居住	2606	2690	84	3.2
生活用品及服务	568	595	27	4.8
交通通讯	1787	2150	363	20.3
交通	1194	1542	348	29.1
通信	593	608	15	2.5
教育文化娱乐	1082	1211	129	11.9
教育	897	1017	120	13.4
文化娱乐	185	194	9	4.9
医疗保健	1059	1260	201	19.0
其它商品和服务	205	216	11	5.4
恩格尔系数（%）	**30.61**	**30.26**	**-0.35**	

注：本表数据为城乡住户一体化调查数据（新口径数据）。

7-8 农村牧区居民家庭耐用消费品拥有情况

指　标	单　位	2019
家用汽车	辆/百户	40.91
摩托车	辆/百户	59.12
助力车	台/百户	50.09
洗衣机	台/百户	99.79
电冰箱（柜）	台/百户	103.39
微波炉	台/百户	6.69
彩色电视机	台/百户	101.47
空调	台/百户	4.27
热水器	台/百户	28.57
洗碗机	台/百户	1.74
排油烟机	台/百户	39.83
固定电话	线/百户	0.05
移动电话	部/百户	232.63
其中：接入互联网	部/百户	175.83
计算机	台/百户	12.32
其中：接入互联网	台/百户	3.74
照相机	台/百户	0.88
中高档乐器	架/百户	1.20
健身器材	台/百户	0.51
空气净化器（含新风系统）	台/百户	0.24
吸尘器	台/百户	2.57

主要统计指标解释

全体居民收入　自2012年开始，实施城乡住户一体化调查改革。按照国家统计局制订的统一调查方案、抽样方法、指标名称、分类标准和计算方法，将过去独立开展的城镇住户调查和农村住户调查合二为一，建立了科学统一的城乡一体化住户调查体系。通过实际调查，准确地获得了全体居民人均收入和支出、城镇居民人均收入和支出、农牧民人均收入和支出。

总收入　是调查期内全部收入的总和，其中未扣除为获得收入所发生的支出（生产费用）。包括工资性收入、经营性收入、财产性收入、转移性收入、非收入所得、借贷性所得。

可支配收入　指调查户在调查期内获得的、可用于最终消费支出和储蓄的总和，即调查户可以用来自由支配的收入。可支配收入既包括现金，也包括实物收入。按照收入的来源，可支配收入包含：工资性收入、经营净收入、财产净收入、转移净收入。

工资性收入　指就业人员通过各种途径得到的全部劳动报酬和各种福利，包括受雇于单位或个人、从事各种自由职业、兼职和零星劳动得到的全部劳动报酬和福利。

经营净收入　指住户或住户成员从事生产经营活动所获得的净收入，是全部经营收入中扣除经营费用、生产性固定资产折旧和生产税净额（生产税减去生产补贴）之后得到的净收入。计算公式具体为：经营净收入 = 经营收入 − 经营费用 − 生产性固定资产折旧− 生产税净额（生产税−生产补贴）

财产净收入　指住户或住户成员将其所拥有的金融资产和自然资源交由其他机构单位、住户或个人支配而获得的回报并扣除相关的费用之后得到的净收入。财产净收入包括利息净收入、红利收入、储蓄性保险净收益和转让承包土地经营权租金净收入等。

转移净收入　指国家、单位、社会团体对住户的各种经常性转移支付和住户之间的经常性收入转移，并扣除相关的支出和费用之后得到的净收入。包括政府、非行政事业单位、社会团体对居民转移的养老金或退休金、社会救济和补助、政策性生活补贴、救灾款、经常性捐赠和赔偿以及报销医疗费等；住户之间的赡养收入、经常性捐赠和赔偿以及农村地区（村委会）在外（含国外）工作的本住户非常住成员寄回带回的收入等。

总支出　指住户用于生产、生活和再分配的全部支出。包括消费支出、生产经营费用支出、财产性支出、转移性支出、购置资产及非经常性转移支出、借贷性支出。

消费支出　指住户用于满足家庭日常生活消费需要的全部支出，包括用于消费品的支出和用于服务性消费的支出。根据用途不同，消费支出可划分为食品烟酒、衣着、居住、生活用品及服务、交通通信、教育文化娱乐、医疗保健、其他用品及服务八大类。根据来源不同，消费支出可划分为现金消费支出、实物消费支出（含自产自用、来自单位、来自政府和其他社会组织）。

财产性支出　指家庭购买或维护财产所支付的利息等有关费用。

转移性支出　指调查户对国家、单位、住户或个人的经常性或义务性转移支付。包括缴纳的税款、各项社会保障支出、赡养支出、经常性捐赠和赔偿支出以及其他经常转移支出等。

8 财　政

Goverment Finance

资料整理：杨烨坤

8-1 财政收支情况（2019年）

单位：万元

指　标	2019	指　标	2019
一般公共预算收入	**1518173**	**一般公共预算支出**	**3645308**
税收收入	1226840	一般公共服务支出	291367
增值税	444596	外交支出	
企业所得税	141384	国防支出	2498
个人所得税	33221	公共安全支出	170779
资源税	34759	教育支出	531860
城市维护建设税	84633	科学技术支出	42806
房产税	102270	文化体育与传媒支出	53768
印花税	34409	社会保障和就业支出	852717
城镇土地使用税	123954	卫生健康支出	238460
土地增值税	103213	节能环保支出	129504
车船税	26047	城乡社区支出	379139
耕地占用税	5116	农林水支出	293557
契税	76606	交通运输支出	130738
环境保护税	11655	资源勘探信息等支出	63613
其他各项税收收入	4977	商业服务业等支出	23644
非税收入	291333	金融支出	32331
专项收入	76713	援助其他地区支出	
行政事业性收费收入	62558	自然资源海洋气象等支出	17678
罚没收入	60617	住房保障支出	105604
国有资本经营收入	5107	粮油物资储备支出	5879
国有资源(资产)有偿使用收入	59081	灾害防治及应急管理支出	13346
其他收入	27257	其他支出	47408
		债务付息支出	218120
		债务发行费用支出	492
政府性基金收入	**952259**	**政府性基金支出**	**991229**

注：从2014年起，根据自治区财政厅要求，不再公布地方财政总收支数据（后同）。

8-2 财政收入

单位：万元

年份	财政总收入	地方财政收入	一般预算收入	#工商税收	#增值税	#农牧业税和耕地占用税	#企业所得税
1950	147	147		14			
1951	283	283		43			
1952	374	374		48			
1953	275	275		30			
1954	599	599		222			
1955	1033	1033		285			
1956	3496	3496		2310			
1957	3378	3378		1788			
1958	5622	5622		3244			
1959	7676	7676		4457			
1960	10110	10110		6243			
1961	5014	5014		4102			
1962	4651	4651		4128			
1963	5587	5587		4828			
1964	6605	6605		5063			
1965	6850	6850		4474			
1966	7319	7319		4969			
1967	6392	6392		4899			
1968	6318	6318		4778			
1969	6331	6331		4157			
1970	9598	9598		6132			
1971	17552	17552		8486			
1972	11659	11659		8434			
1973	12700	12700		9788			
1974	8710	8710		8533			
1975	8510	8510		9238			
1976	8454	8454		9487			
1977	10558	10558		10772			

注：本表中数据含达茂旗。

8-2 续 表 1

单位：万元

年 份	财 政总收入	地方财政收入	一般预算收入	#营业税	#增值税	#农牧业税和耕地占用税	#企 业所得税
1978	16091	16091		13373			
1979	15646	15646		12446			
1980	14681	14681		12536			
1981	14116	14116		12512			
1982	15245	15245		14921			
1983	13447	13447		16557			
1984	16792	16792		19020			
1985	24228	24228		29044			
1986	35527	35527		35534			
1987	43217	43217		43215			
1988	53122	53122		52618			
1989	62205	62205		63073			
1990	75927	75927		72897			
1991	85721	85721		78513			
1992	92097	92097		88816			
1993	169862	169862		166586			
1994	188676	82401		72045			
1995	193645	92978		77170			
1996	221228	116866		17746	33205	4672	6673
1997	243174	138771	124922	18724	33384	5014	7333
1998	265538	153814	144454	21564	35570	4618	8278
1999	272394	165042	156698	22438	34244	4850	11227
2000	273236	161794	156178	25931	35873	5393	15556
2001	283980	167707	160457	22157	37479	5789	21766
2002	353386	200015	187683	32506	44407	8065	10890
2003	502386	297638	259216	51358	59547	12777	8977
2004	732737	452387	416175	85723	80180	23168	12937
2005	1021695	612049	584198	146427	115813	30993	22429
2006	1301171	784019	675343	130725	97141	32847	25794

注：1995年以前营业税为工商税收（后同）。

8-2 续 表 2

单位：万元

指 标	2007	2008	2009	2010	2011	2012	2013
地方财政总收入	**1437712**	**1818057**	**2172366**	**2433151**	**2954983**	**3267779**	**3450009**
公共财政预算收入	767476	964808	1303120	1391830	1618571	1857557	2151179
税收收入	534824	692399	825995	942677	1136263	1251286	1321226
#增值税	115245	144399	143787	157257	176955	157986	163771
营业税	148355	159304	184587	256484	267000	342875	388265
企业所得税	50902	69973	60854	83006	142028	180818	135503
个人所得税	18490	21243	24005	30996	42077	41997	34187
城市维护建设税	47745	55454	62988	73789	81164	81142	89595
印花税	13222	16906	15191	18873	24294	23529	23933
非税收入	232652	272409	477125	449153	482308	606271	829953
上划中央税收	576111	735347	739096	866047	1101110	1150058	1041739
#增值税	437637	555376	560205	620741	707820	677087	676153
企业所得税	96651	132190	118545	163994	285628	363733	272345
个人所得税	35108	40851	46764	61176	84155	83993	68374
上划自治区税收	94125	117902	130150	175274	235302	260164	257091
#增值税	30635	40728	42950	49659	58985	67709	68278
营业税	39436	44933	55138	80995	89000	38098	43142
政府性基金收入	**192366**	**233951**	**269636**	**534637**	**604775**	**508046**	**866645**
财政总收入（原口径）	**1630078**	**2052008**	**2442002**	**2967788**	**3559758**	**3775825**	**4316654**

注：1.从2007年起，全市各级财政统一按剔除基金收入和基金支出后统计地方财政总收入和地方财政支出（后同）；
2.2012年以前公共财政预算收入称为一般预算收入。

8-2 续 表 3

单位：万元

指　标	2014	2015	2016	2017	2018	2019
一般公共预算收入	**2343186**	**2523021**	**2712122**	**1376126**	**1427491**	**1518173**
税收收入	1499648	1733413	1730819	992043	1114017	1226840
增值税	145321	131915	237925	322427	386762	444596
其中:改征增值税	31251	36249				
营业税	371113	350918	235872			
企业所得税	115672	76520	100287	101612	101561	141384
企业所得税退税						
个人所得税	34107	40186	40213	46392	55104	33221
资源税	48987	27012	38261	14951	23916	34759
城市维护建设税	75622	71372	71541	66889	82462	84633
房产税	64014	61193	87078	62228	85776	102270
印花税	23783	20027	25371	25463	29891	34409
城镇土地使用税	156687	283968	219800	154634	166829	123954
土地增值税	54915	36910	55236	32913	41200	103213
车船税	19579	21917	23288	25131	27766	26047
耕地占用税	318709	559803	527747	86743	34155	5116
契税	71139	51672	68200	52660	73211	76606
烟叶税						
环境保护税						11655
其他各项税收收入						4977
非税收入	843538	789608	981303	384083	313474	291333
专项收入	60836	67678	71269	44073	74463	76713
行政事业性收费收入	168473	165847	215935	176382	76287	62558
罚没收入	54070	42317	42706	49640	49020	60617
国有资本经营收入	374438	323056	404419	29475	15944	5107
国有资源(资产)有偿使用收入	155431	181349	227519	71070	83740	59081
其他收入	30290	9361	19455	13443	14020	27257
政府性基金收入	**575212**	**691550**	**1090449**	**465438**	**842641**	**952259**

注：1.从2014年起，根据自治区财政厅要求，不再公布地方财政总收支数据（后同）；
2.2014、2015年一般公共预算收入称为公共财政预算收入。

8-3　地方财政支出及主要支出项目

单位：万元

年份	地方财政支出	基本建设支出	技术改造	支援农业	工交商事业	教科文卫	#教育事业	城市维护	社会保障补助支出	抚恤社救	行政管理	公检法司	政策补贴
1950	95					31	18				47		
1951	220					47	27				105		
1952	338			3		94	55				131		
1953	594			4		209	118				187		
1954	1400	124		12		266	149				510		
1955	1367	885		49		262	149				364		
1956	4261	891		88		681	384				544		
1957	3387	798		91		855	484				659		
1958	8598	5446		602		791	448				744		
1959	10707	5740		475		940	533				836		
1960	13061	8950		991		1374	778				914		
1961	4798	2472		675		907	517				739		
1962	2608	289		462		853	488				626		
1963	2629	139		281		807	457				607		
1964	2895	555		235		928	528				683		
1965	2866	64		197		1068	607				630		
1966	3849	421		387		1243	710				656		
1967	2981	214		187		1237	708				586		
1968	2393	262		99		971	554				648		
1969	3256	327		117		1058	596				843		
1970	4636	1109		196		1104	624				879		
1971	7669	2872		306		1301	740				1023		
1972	7427	2596		351		1736	996				1060		
1973	6563	90		814		1908	1156				1084		
1974	6073	121		791		1970	1129				1079		
1975	6825	127		921		2071	1204				1152		
1976	6832	164		873		2308	1252				1243		
1977	8092	400		1043		2337	1308				1281		

8-3 续 表 1

单位：万元

年 份	地方财政支出	基本建设支出	技术改造	支援农业	工交商事 业	教科文卫	#教育事业	城市维护	社会保障补助支 出	抚恤社救	行政管理	公检法司	政策补贴
1978	10332	1452		1266		2803	1605				1361		
1979	10928	1290		1398		3132	1749				1515		
1980	11202	627		1465		3505	2051				1820		
1981	10572	341		1126		3663	2088				1758		
1982	12681	312		1318		4282	2321				1950		
1983	13989	1229		666		5091	2683				2541		
1984	18742	2354		783		5581	2916				3599		
1985	22338	3274		632		6855	3744				2904		
1986	35161	7430		1311		8287	4266				3694		
1987	36428	4791		1302		8779	5043				3638		
1988	39672	5953		1296		10698	5980				3377		
1989	49665	8701		2041		11634	6577				3595		
1990	62151	10312		2424		13756	7472				5267		
1991	70092	10739		2909		14493	7613				6494		
1992	70181	12113		3542		16643	8924				8543		
1993	140335	65597		3460		20919	11791				11339		
1994	104576	18025		3462		26991	15260				14124		
1995	109770	18629		3517		28395	16147				16115		
1996	145990	10055	12525	4300	1547	32136	19306	14242		5871	19363	7967	1005
1997	165297	13900	12617	3925	1881	27060	21291	11870		3478	23381	9579	1016
1998	177821	25172	10585	3471	1649	34097	19726	11795		3783	18085	9814	504
1999	202951	21736	10150	4187	1414	40060	23047	12741	11813	3507	19480	11521	511
2000	216546	25597	9969	2143	1810	42016	24142	12079	23048	4190	20490	12157	527
2001	245235	36861	7005	3345	1776	48054	29196	13392	18417	4196	23172	13013	4309
2002	312753	46931	16431	2405	2089	54233	33640	16502	28089	7685	28241	16066	5477
2003	497066	64678	39130	13107	3553	71842	44462	19844	37093	13348	47879	25794	4671
2004	643749	73143	73729	32895	5136	86445	56233	28041	38177	13103	77743	32506	2356
2005	778564	87929	64551	43410	4681	107004	72366	49825	44614	17405	107591	34037	1335
2006	1057327	129145	72643	62871	3926	139395	96894	95095	80572	21885	110806	34964	5981

注：2003-2006年支援农业支出为农、林、水利、气象支出。

8-3 续 表 2

单位：万元

指 标	2007	2008	2009	2010	2011	2012	2013
公共财政预算支出	**1143996**	**1531681**	**1955634**	**2049617**	**2512724**	**2911038**	**3552582**
#一般公共服务	201266	221665	251449	242146	281211	326460	298080
公共安全	54797	72699	88236	101063	118322	130861	132082
教育	149685	184248	239935	281619	365274	403763	431563
科学技术	16705	20895	27231	29227	36556	38200	44914
文化体育与传媒	11860	16504	23594	25628	37401	45498	47073
社会保障和就业	207235	265359	357417	306442	337339	389005	453880
医疗卫生	37281	55737	75922	78962	103896	120209	149311
节能环保	25536	53466	50586	76050	63336	111849	78273
城乡社区事务	172279	253441	443583	451018	521101	565971	825031
农林水事务	83388	99458	129151	153203	214191	302194	300424
交通运输	18981	22010	44180	38752	57673	94474	90199
资源勘探电力信息等事务			114259	87786	94459	89222	160181
粮油物资储备管理事务			31699	4237	2790	5006	3894
住房保障支出				44711	135195	127765	398303
政府性基金支出	**201369**	**239393**	**314340**	**497045**	**622342**	**463693**	**872030**
财政总支出（原口径）	**1345365**	**1771074**	**2269974**	**2546662**	**3135066**	**3374731**	**4424612**

注：2012年以前公共财政预算支出为一般预算支出。

8-3 续 表 3

单位：万元

指 标	2014	2015	2016	2017	2018	2019
一般公共预算支出	**3546074**	**3932680**	**4143569**	**3303194**	**3645197**	**3645308**
一般公共服务支出	263855	263047	295908	264269	266123	291367
外交支出						
国防支出	3840	5155	4692	6284	6483	2498
公共安全支出	144959	155933	193252	167675	160200	170779
教育支出	425716	500593	534160	505189	545061	531860
科学技术支出	52740	53969	58364	39163	48268	42806
文化体育与传媒支出	64225	56241	60219	70127	56046	53768
社会保障和就业支出	583987	723089	732734	763336	739007	852717
卫生健康支出	165608	204241	237067	220935	240855	238460
节能环保支出	113497	168333	186051	165890	160687	129504
城乡社区支出	934972	865980	867225	240033	363296	379139
农林水支出	321671	294377	296016	243772	347051	293557
交通运输支出	94432	91700	132271	151420	184133	130738
资源勘探信息等支出	144832	154373	129012	59350	114504	63613
商业服务业等支出	53434	57185	59579	36927	33847	23644
金融支出	1061	1630	956	1601	1379	32331
援助其他地区支出						
自然资源海洋气象等支出	13518	75336	57802	36462	23611	17678
住房保障支出	89465	140286	184893	167946	103964	105604
粮油物资储备支出	5612	7468	6591	5687	9999	5879
灾害防治及应急管理支出						13346
预备费						
国债还本付息支出	19788					
其他支出	48862	75653	19960	11921	53608	47408
债务付息支出		37009	84140	144117	185949	218120
债务发行费用支出		1082	2677	1090	1126	492
政府性基金支出	**662017**	**691550**	**1090449**	**434359**	**858496**	**991229**

注：2014、2015年一般公共预算支出称为公共财政预算支出。

8-4　1950-2013年财政收支总额及增长速度

年 份	财政总收入（万元）	财政总支出（万元）	增长速度（%）	
			财政总收入	财政总支出
1950	147	95		
1951	283	220	92.5	131.6
1952	374	338	32.2	53.6
1953	275	594	-26.5	75.7
1954	599	1400	117.8	135.7
1955	1033	1367	72.5	-2.4
1956	3496	4261	238.4	211.7
1957	3378	3387	-3.4	-20.5
1958	5622	8598	66.4	153.9
1959	7676	10707	36.5	24.5
1960	10110	13061	31.7	22.0
1961	5014	4798	-50.4	-63.3
1962	4651	2608	-7.2	-45.6
1963	5587	2629	20.1	0.8
1964	6605	2895	18.2	10.2
1965	6850	2866	3.7	-1.0
1966	7319	3849	6.8	34.3
1967	6392	2981	-12.7	-22.6
1968	6318	2393	-1.2	-19.7
1969	6331	3256	0.2	36.1
1970	9598	4636	51.6	42.4
1971	17552	7669	82.9	65.4
1972	11659	7427	-33.6	-3.2
1973	12700	6563	8.9	-11.6
1974	8710	6073	-31.4	-7.5
1975	8510	6825	-2.3	12.4
1976	8454	6832	-0.7	0.1
1977	10558	8092	24.9	18.4
1978	16091	10332	52.0	27.7
1979	15646	10928	-2.7	5.8
1980	14681	11202	-6.2	2.5
1981	14116	10572	-3.8	-5.6

8-4 续 表

年 份	财政总收入（万元）	财政总支出（万元）	增长速度（%）	
			财政总收入	财政总支出
1982	15145	12681	7.3	19.9
1983	13447	13989	-11.2	10.3
1984	16792	18742	24.9	34.0
1985	24228	22338	44.3	19.2
1986	35527	35161	46.6	57.4
1987	43271	36428	21.6	3.6
1988	53112	39672	22.9	8.9
1989	62205	49665	17.1	25.2
1990	75927	62151	22.1	25.1
1991	85721	70092	12.9	12.8
1992	92097	70181	7.4	0.1
1993	169862	140335	84.4	99.9
1994	188676	104576	11.1	-25.5
1995	199145	109770	5.5	5.0
1996	221228	145990	11.1	33.0
1997	243174	165297	9.9	13.2
1998	265538	177821	9.2	7.6
1999	272394	202951	2.6	14.1
2000	273236	216546	0.3	6.7
2001	283980	245235	3.9	13.2
2002	353386	312753	24.4	27.5
2003	502386	497066	42.2	58.9
2004	732737	643749	45.9	30.4
2005	1021695	778564	39.4	20.9
2006	1301171	1057327	27.4	35.8
2007	1630078	1345365	25.3	27.2
2008	2052008	1771074	25.9	31.6
2009	2442002	2269974	19.0	28.2
2010	2967788	2546662	21.5	12.2
2011	3559758	3135066	19.9	23.2
2012	3775825	3374731	6.1	7.6
2013	4316654	4424612	14.3	31.1

8-5　1951-2006年各项税收收入

单位：万元

年 份	税收总额	#地方税收	#工商税收	#增值税	#农业各税	#企业所得税	税收总额占财政总收入比重（%）
1951	207	207	43				73.1
1952	254	254	48				67.9
1953	228	228	30				82.9
1954	457	457	222				76.3
1955	843	843	285				81.6
1956	2918	2918	2310				83.5
1957	2666	2666	1788				78.9
1958	3829	3829	3244				68.1
1959	5053	5053	4457				65.8
1960	6716	6716	6243				66.4
1961	4317	4317	4102				86.1
1962	4483	4483	4128				96.4
1963	5057	5057	4828				90.5
1964	5700	5700	5063				86.3
1965	5692	5692	4474				83.1
1966	6167	6167	4969				84.3
1967	6182	6182	4899				96.7
1968	5900	5900	4778				94.8
1969	5536	5536	4157				87.4
1970	7793	7793	6132				81.2
1971	9420	9420	8486				53.7
1972	9122	9122	8434				78.2
1973	10221	10221	9788				80.5
1974	9083	9083	8533				104.3
1975	9690	9690	9238				113.9
1976	10188	10188	9487				120.5
1977	13840	13840	10772				131.1

注：农业各税包括农业税、牧业税、耕地占用税、农业特产税和契税。2006年，农业各税不包括农业税、牧业税和农业特产税。

8-5 续 表

单位：万元

年 份	税收总额	#地方税收	#营业税	#增值税	#农业各税	#企 业所得税	税收总额占财政总收入比重（%）
1978	13718	13718	13373				85.3
1979	12796	12796	12446				81.8
1980	12786	12786	12536				87.1
1981	12833	12833	12512				90.9
1982	15202	15202	14921				100.4
1983	16861	16861	16557				125.4
1984	15960	15960	19020				95.0
1985	31397	31397	29044				129.6
1986	38929	38929	35534				109.6
1987	49033	49033	43215				113.5
1988	58561	58561	52618				110.2
1989	69750	69750	63703				112.1
1990	79250	79250	72897				104.4
1991	83035	83035	78513				96.9
1992	92430	92430	88816				100.4
1993	170065	170065	166586				100.1
1994	184563	76917	72045	33499	1646	3382	97.8
1995	191065	82752	77170	32181	2207	3654	95.9
1996	206418	101610	17746	33205	4672	6164	93.3
1997	223171	118478	18724	33384	5014	7333	91.8
1998	249895	127209	21564	35570	4618	8278	94.1
1999	244856	137504	22438	34244	4850	11227	89.9
2000	253219	141777	25931	35873	5393	15556	92.7
2001	262515	146242	22157	37479	5789	21766	92.4
2002	306214	152897	32506	44407	8065	10890	86.7
2003	408552	203804	51358	59547	12777	8977	81.3
2004	584945	304595	85723	80180	23168	12937	79.8
2005	850592	440946	146427	115813	40095	22429	83.3
2006	974138	456986	130725	97141	47136	25794	74.9

注：1995年以前营业税为工商税收。

主要统计指标解释

公共财政预算收入 是指政府凭借国家政治权力，以社会管理者身份筹集以税收为主体的财政收入，主要用于保障和改善民生、维持国家行政职能正常运转、保障国家安全等方面。从2012年起各级政府一般预算收入改称为公共财政预算收入，在口径上与2011年以前的“一般预算收入”相同。公共财政预算收入包括税收收入和非税收收入，其中税收收入包括增值税、营业税、消费税、土地增值税、城市维护建设税、资源税、城市土地使用税、企业所得税、个人所得税、关税、证券交易印花税、车辆购置税、农牧业税和耕地占用税等。

非税收入 是指由各级人民政府及其所属部门和单位依法利用行政权力、政府信誉、国家资源、国有资产或提供特定公共服务征收、收取、提取、募集的除税收和政府债务收入以外的财政收入，包括行政事业性收费、政府性基金、国有资源有偿使用收入、国有资产有偿使用收入、国有资本经营收入、彩票公益金、罚没收入、以政府名义接受的捐赠收入、主管部门集中收入、政府财政资金产生的利息收入等十类。

财政收入统计口径 按照财政部、自治区财政厅要求，从2007年起，全市各级财政统一按剔除基金收入和基金支出后统计地方财政总收入和地方财政支出。

新统计口径：

地方财政总收入=公共财政预算收入+上划中央税收+上划自治区税收

地方财政支出=公共财政预算支出

原统计口径：

财政总收入=地方财政收入+上划中央收入+上划自治区收入

地方财政收入=公共财政预算收入+基金收入

财政总支出=公共财政预算支出+基金支出

财政支出 国家财政将筹集起来的资金进行分配使用，以满足经济建设和各项事业的需要，主要包括：

（1）基本建设支出：指按国家有关规定，属于基本建设范围内的基本建设有偿使用、拨款、资本金支出以及经国家批准对专项和政策性基建投资贷款，在部门的基建投资额中统筹支付的贴息支出。

（2）企业挖潜改造资金：指国家预算内拨给的用于企业挖潜、革新和改造方面的资金。包括各部门企业挖潜改造资金和企业挖潜改造贷款资金，为农业服务的县办“五小”企业技术改造补助，挖潜改造贷款贴息资金。

（3）地质勘探费用：指国家预算用于地质勘探单位的勘探工作费用，包括地质勘探管理机构及其事业单位经费、地质勘探经费。

（4）科技三项费用：指国家预算用于科技支出的费用，包括新产品试制费、中间试验费、 重要科学研究补助费。

（5）支援农村生产支出：指国家财政支援农村集体(户)各项生产的支出。包括对农村举办的小型农田水利和打井、喷灌等的补助费，对农村水土保持措施的补助费，对农村举办的小水电站的补助费，特大抗旱的补助费，农村开荒补助费，扶持乡镇企业资金，支援农村合作生产组织资金、农村农技推广和植保补助费，农村草场和畜禽保护补助费，农村造林和林木保护补助费，农村水产补助费，发展粮食生产专项资金。

（6）农林水利气象等部门的事业费用：指国家财政用于农垦、农场、农业、畜牧、农机、林 业、森工、水利、水产、气象、乡镇企业的技术推广、良种推广(示范)、动植物(畜禽、森 林)保护、水质监测、勘探设计、资源调查、干部训练等项费用，园艺特产场补助费，中等专业学校经费，飞播牧草试验补助费，营林机构、气象机构经费，渔政费以及农业管理事业费等。

（7）工业交通商业等部门的事业费：指国家预算支付给工交商各部门用于事业发展的经费， 包括勘探设计费、中等专业学校经费、技术学校经费、干部训练费。

（8）文教科学卫生事业费：指国家预算用于文化、出版、文物、教育、卫生、中医、公费医疗、体育、档案、地震、海洋、通讯、电影电视、计划生育、党政群干部训练、自然科学、社会科学、科协等项事业的人员和公用经费支出以及高技术研究专项经费。主要包括工资、补助工资、福利费、离退休费、助学金、公务费、设备购置费、修缮费、业务费、差额补助费。

（9）抚恤和社会福利救济费：指国家预算用于抚恤和社会福利救济事业的经费。包括由民政部门开支的烈士家属和牺牲病残人员家属的一次性、定期抚恤金，革命伤残人员的抚恤金，各种伤残 补助费，烈军属、复员退伍军人生活补助费，退伍军人安置费，优抚事业单位经费，烈士纪念建筑物管理、维修费，自然灾害救济事业费和特大自然灾害灾后重建补助费等。

（10）行政事业单位离退休支出：指实行归口管理的行政事业单位离退休经费。

（11）社会保障补助支出：指国家预算用于社会保障的补助支出，包括对社会保障基金的补助、促进就业补助、国有企业下岗职工补助、补充全国社会保障基金等。

（12）国防支出：指国家预算用于国防建设和保卫国家安全的支出，包括国防费、国防科研事业费、民兵建设以及专项工程支出等。

（13）行政管理费：包括行政管理支出，党派团体补助支出，外交支出、公安安全支出，司法 支出、法院支出，检察院支出和公检法办案费用补助。

（14）政策性补贴支出：指经国家批准，由国家财政拨给用于粮棉油等产品的价格补贴支出。主要包括粮、棉、油差价补贴，平抑物价和储备糖补贴，农业生产资料价差补贴，粮食风险基金，副食品风险基金，地方煤炭风险基金等。

（15）债务利息支出：指国家预算用于偿还国内外债务利息的支出。

中央财政收入和地方财政收入 指按现行分税制财政体制划分的中央本级收入和地方本级收入。1994年分税制财政体制以后，属于中央财政的收入包括关税、海关代征消费税和增值税，消费税，中央企业所得税，地方银行和外资银行及非银行金融企业所得税，铁道、银行总行、保险总公司等集中缴纳的营业税、所得税、利润和城市维护建设税，增值税的75%部分，证券交易税（印花税）50%部分和海洋石油资源税。属于地方财政的收入包括营业税，地方企业所得税，个人所得税，城镇土地使用税，固定资产投资方向调节税，城镇维护建设税，房产税，车船使用税，印花税、屠宰税，农牧业税，农业特产税，耕地占用税，契税，增值税25%部分，证券交易税（印花税）6%部分和除海洋石油资源税以外的其他资源税。

中央财政支出和地方财政支出 指根据政府在经济和社会活动中的不同职责，划分中央和地方政府的责权，按照政府的责权划分确定的支出。中央财政支出包括国防支出，武装警察部队支出，中央级行政管理费和各项事业费，重点建设支出以及中央政府调整国民经济结构、协调地区发展、实施宏观调控的支出。

地方财政支出主要包括地方行政管理和各项事业费，地方统筹的基本建设、技术改造支出，支援农村生产支出，城市维护和建设经费，价格补贴支出等。

9 能源与环境

Energy and Environment

资料整理：王宇星

9-1 能源消费总量及构成

年 份	能源消费总量 （万吨标准煤）	占能源消费总量的比重（%）	
		煤炭	天然气
2010	3135.24	80.00	4.05
2011	3525.31	83.90	4.56
2012	3664.40	84.01	2.67
2013	3800.14	84.46	2.26
2014	3937.05	87.56	2.21
2015	4059.28	84.92	4.66
2016	4154.07	88.15	4.57
2017	4197.70	84.00	2.92
2018	4458.08	89.45	3.18
2019	4658.86	86.37	3.84

9-2 主要能源消费指标

年 份	单位地区 生产总值 能耗变化率 （±%）	单位规模以上 工业增加值 能耗变化率 （±%）	单位地区 生产总值 电耗变化率 （±%）
2010	-4.74	-6.74	2.29
2011	-2.60	-4.55	4.34
2012	-7.60	-15.38	-8.98
2013	-5.08	-9.82	-7.84
2014	-4.55	-8.73	-2.62
2015	-4.65	-9.61	-8.42
2016	-4.92	-7.23	-5.04
2017	-4.24	-2.59	12.01
2018	-0.61	2.83	10.59
2019	-1.40	-3.84	4.10

9-3　综合能源平衡表

单位：万吨标煤

项　　目	2018	2019
可供本地区消费的能源量	**4458.47**	**4658.86**
一次能源生产量	1214.26	1602.29
外市调入量	4361.35	3783.09
本市调出量（-）	1105.08	1370.05
年初年末库存差额	-12.06	643.53
能源消费总量	**4458.47**	**4658.86**
在消费总量中：		
1. 农、林、牧、渔业	15.01	14.76
2. 工业	3770.11	3966.79
3. 建筑业	30.53	30.31
4. 交通运输、仓储和邮政业	126.99	97.34
5. 批发、零售业和住宿、餐饮业	187.16	218.07
6. 其他	146.59	146.54
7. 生活消费	182.08	185.05
在消费总量中：		
（一）终端消费量	4731.72	5021.32
＃工业	4043.36	4329.25
（二）加工转换损失量	-273.25	-362.46
平衡差额		

9-4 电力平衡表

单位：亿千瓦时

项　目	2018	2019
可供量	**611.82**	**674.85**
生产量	631.69	725.69
火电	558.75	614.67
其他能源发电	72.94	111.02
市外净调入（+）/调出（-）量	-19.87	-50.84
消费量	**611.82**	**674.85**
在消费总量中：		
1. 农、林、牧、渔业	1.24	2.69
2. 工业	567.20	631.26
3. 建筑业	0.90	1.04
4. 交通运输、仓储和邮政业	4.00	4.32
5. 批发、零售业和住宿、餐饮业	6.77	8.19
6. 其他	11.46	11.89
7. 生活消费	20.25	15.46
在消费总量中：		
终端消费	611.82	674.85
#工业	567.20	631.26

9-5 规模以上工业企业能源

能源名称	单位	年初库存量	购进量	#购自省外
原煤	吨	1817062	51697946	1509642
洗精煤	吨	312319	8070945	5828055
其他洗煤	吨	9290	512512	134956
煤制品	吨	2	1818	
焦炭	吨	587763	5660737	348538
其他焦化产品	吨	3986	4785	4785
焦炉煤气	万立方米		29731	
高炉煤气	万立方米		323333	
转炉煤气	万立方米		38446	
天然气（气态）	万立方米	89	54239	
液化天然气（液态）	吨	1770		
汽油	吨	171	1344	638
煤油	吨	40	1380	66
柴油	吨	28669	118618	94505
燃料油	吨	130	304	0
润滑油	吨	173	1126	960
石油焦	吨	18852	402227	402227
石油沥青	吨	1071	65331	
其他石油制品	吨	3	6937	6935
热力	百万千焦		344090	
电力	万千瓦时		3410109	
煤矸石用于燃料	吨		814529	
城市生活垃圾（用于燃料）	吨	9055	332235	
余热余压	百万千焦		578330	
能源合计	**吨标准煤**			

购进、消费与库存（2019年）

消费量				年末库存
合计	工业生产消费	#用于原材料	非工业生产消费	
45548057	45513645	3043464	34412	2150143
8049519	8049519			333745
502360	502360			19493
1751	1751			67
9905629	9905629	90550		669378
4610	4610	4610		4161
245360	245360			
2710137	2710137			
231851	231851			
52115	52060	885	55	82
1296	1034	11	262	69
1420	1420			
115556	115332	42974	224	4955
284	284			149
1262	1262			38
403963	403963	100009		17092
65105	65105			1297
6872	6872			65
9397592	8402592		995000	
6001144	5946546		54597	
814529	814529			
311151	311151			7535
14616447	14616447			
59587524	**59465820**		**121704**	

9-6 规模以上工业企业主要能源

行业名称	原煤（吨）	洗精煤（吨）	焦炭（吨）	焦炉煤气（万立方米）
煤炭开采和洗选业	4927315			
黑色金属矿采选业	146378		36646	
有色金属矿采选业	451			
非金属矿采选业	114			
农副食品加工业				
食品制造业				
酒、饮料和精制茶制造业	3289			
纺织业				
纺织服装、服饰业				
皮革、毛皮、羽毛及其制品和制鞋业				
木材加工和木、竹、藤、棕、草制品业				
造纸和纸制品业				
印刷和记录媒介复制业				
文教、工美、体育和娱乐用品制造业				
石油、煤炭及其他燃料加工业		1432965		18839
化学原料和化学制品制造业	435776			
医药制造业				
橡胶和塑料制品业				
非金属矿物制品业	32547			
黑色金属冶炼和压延加工业	2831259	6616554	97978	226248
有色金属冶炼和压延加工业	1346629		71183	274
金属制品业	156			
通用设备制造业				
专用设备制造业				
汽车制造业				
铁路、船舶、航空航天和其他运输设备制造业				
电气机械和器材制造业				
计算机、通信和其他电子设备制造业				
仪器仪表制造业				
其他制造业				
废弃资源综合利用业				
金属制品、机械和设备修理业				
电力、热力生产和供应业	1948965			
燃气生产和供应业				
水的生产和供应业	132			

按行业分组消费量（2019年）

高炉煤气（万立方米）	转炉煤气（万立方米）	天然气（万立方米）	汽油（吨）	柴油（吨）	燃料油（吨）	石油焦（吨）	石油沥青（吨）
				4749			
			33	1762			
			24	186			
				24			
		426	31	19			
		969					
		423	43	65			
		24	21	14			
		12					
				47			
		5852	63	1923			
		77					
		19	7				
		5569	6	2256		43963	6515
271137	231851	889	382	39234			
		9355	49	3282	284		
		612	7	6			
		149	13	142			
		13	2	21			
		1995	11	17			
		5	7	3			
		198		24			
		349	13				
				723			
		2					
		397	8	1944			
		13369	12	5			
		72	114				

9-6 续 表

行业名称	热力（百万千焦）	电力（万千瓦时）	煤矸石用于燃料（吨）	余热余压（百万千焦）
煤炭开采和洗选业		391		
黑色金属矿采选业		64129		
有色金属矿采选业		13363		
非金属矿采选业		22		
农副食品加工业		2395		
食品制造业		667		
酒、饮料和精制茶制造业		3535		
纺织业				
纺织服装、服饰业		144		
皮革、毛皮、羽毛及其制品和制鞋业		11		
木材加工和木、竹、藤、棕、草制品业		36		
造纸和纸制品业	6697	356		
印刷和记录媒介复制业				
文教、工美、体育和娱乐用品制造业				
石油加工、炼焦和核燃料加工业		6442		
化学原料和化学制品制造业		347597	814529	
医药制造业		11		
橡胶和塑料制品业		1343		
非金属矿物制品业	33289	61585		36751
黑色金属冶炼和压延加工业	8816562	1344152		14248946
有色金属冶炼和压延加工业	113838	3552262		
金属制品业		5227		
通用设备制造业	72	3162		
专用设备制造业	18381	5251		
汽车制造业	2325	1268		
铁路、船舶、航空航天和其他运输设备制造业	68674	639		
电气机械和器材制造业		18254		
计算机、通信和其他电子设备制造业		29398		
仪器仪表制造业		49		
其他制造业				
废弃资源综合利用业		1336		
金属制品、机械和设备修理业	44242	134		
电力、热力生产和供应业	275513	31975		
燃气生产和供应业		1263		
水的生产和供应业		17667		

9-7　规模以上工业企业能源加工转换与回收利用（2019年）

能源名称	单位	加工转换投入合计						能源加工转换产出	回收利用
			火力发电	供热	原煤入洗	炼焦	天然气液化		
原煤	万吨	3942.51	3000.16	449.67	492.68				
洗精煤（用于炼焦）	万吨	804.95				804.95		146.47	
其他洗煤	万吨							191.09	
焦炭	万吨							604.39	
其他焦化产品	万吨							26.85	
焦炉煤气	亿立方米	5.06	4.52	0.54				25.87	
高炉煤气	亿立方米	103.69	87.92	15.76					271.02
转炉煤气	亿立方米	7.43	5.22	2.21					23.62
天然气（气态）	亿立方米	1.37		0.04			1.33		
液化天然气（液态）	万吨							8.81	
汽油	吨								
柴油	吨	851.83	709.83	142.00					
热力	万百万千焦							7772.85	
电力	亿千瓦时							613.34	
煤矸石用于燃料	万吨	81.45	64.42	17.03				93.75	
城市垃圾用于燃料	万吨	31.12	31.12						
余热余压	万百万千焦	139.60	139.60						1705.95
能源合计	万吨标准煤	**3214.94**	**1844.10**	**300.97**	**261.60**	**791.99**	**16.28**	**2029.54**	**430.57**

9-8 全市重点调查工业污染排放

行业名称	工业废气排放量（亿立方米）	二氧化硫排放量（吨）	氮氧化物排放量（吨）	烟（粉）尘排放量（吨）
黑色金属冶炼和压延加工业	4555.81	13101.98	18597.14	18694.74
有色金属冶炼和压延加工业	2319.96	16921.50	5965.38	5281.12
电力、热力生产和供应业	1350.94	6486.59	12991.17	2764.37
非金属矿物制品业	326.24	920.53	1793.84	2032.28
化学原料和化学制品制造业	294.71	590.23	818.03	509.55
石油、煤炭及其他燃料加工业	126.68	359.15	1818.94	6432.90
金属制品业	62.41	15.21	96.70	69.35
黑色金属矿采选业	51.39	159.56	161.26	13288.49
食品制造业	7.24	3.43	11.78	1.45
非金属矿采选业	2.05	802.96	683.06	27.04
酒、饮料和精制茶制造业	1.42	12.13	11.11	4.17
汽车制造业	0.75	0.17		3.51
计算机、通信和其他电子设备制造业	0.49	0.29	2.94	0.42
纺织业	0.40	0.68	4.59	
农副食品加工业	0.19	3.88	7.20	2.14
医药制造业	0.08	0.31	1.44	
煤炭开采和洗选业	0.06	7.15	1.55	5338.15

注：此表数据为上报数，未经上级部门最终反馈，后同。

及处理利用情况（2019年）

工业废水排放量（万吨）	化学需氧量排放量（吨）	氨氮排放量（吨）	一般工业固体废物产生量（万吨）	一般工业固体废物综合利用量（万吨）	一般工业固体废物处置量（万吨）
1089.24	284.79	16.95	1114.19	940.15	116.74
130.85	62.97	3.81	397.35	100.50	124.16
470.34	217.38	4.81	624.15	427.67	60.00
			5.82	2.66	2.56
409.33	495.28	17.84	165.09	100.64	3.69
331.65	91.72	5.00			
46.08	23.04	3.69	3.62	0.97	1.77
11.76	2.24	38.40	2417.33	318.86	251.71
120.18	122.92	11.60	0.21	0.04	0.14
			6.73	6.52	0.01
127.90	54.58	7.47	0.38	0.26	0.12
5.15	3.19	0.02	0.23	0.23	
98.65	103.88	31.33	0.37		0.37
26.79	16.92	1.34			
1.26	18.40	0.42	0.03	0.02	0.01
3.07	2.77	0.01	0.01	0.01	
			1038.76	116.44	790.41

9-9 工业企业“三废”排放及治理情况

指　标	2015	2016	2017	2018	2019
废水					
工业废水排放量（万吨）	4137.56	3345.17	3199.42	3262.76	3285.33
工业化学需氧量排放量（吨）	4808.06	1078.71	1284.66	1232.88	1705.42
工业氨氮排放量（吨）	4301.39	82.30	110.89	95.05	152.93
废气					
工业废气排放量（亿立方米）	8953.99	6965.04	7876.49	9764.63	9521.47
工业二氧化硫排放量（万吨）	17.61	4.21	4.30	4.35	4.62
工业氮氧化物排放量（万吨）	9.39	4.31	4.87	5.08	4.67
工业烟（粉）尘排放量（万吨）	10.42	6.12	6.31	6.28	6.39
固体废物					
工业固体废物产生量（万吨）	2192.43	3521.83	4238.70	4328.53	6002.40
工业固体废物综合利用量（万吨）	1577.83	1574.68	2057.28	1753.47	2156.65
工业固体废物处置量（万吨）	377.29	404.44	937.70	314.88	1383.33
工业固体废物处置利用率（%）	89.18	56.20	70.66	47.78	58.98
工业固体废物贮存量（万吨）	237.31	1542.71	1243.72	2260.18	2462.42
污染治理					
本年竣工项目数（个）	41	37	12	13	9
施工项目本年完成投资额（万元）	69446.5	88446.6	57576.4	18615.9	25308.1
工业废水治理项目	9683.0	16727.0	22191.0	1000.0	
工业固体废物治理项目	5156.0	11253.0		200.0	13.3
工业废气治理项目	49956.4	58806.2	29129.9	8358.1	24294.8
其他治理项目	4651.1	1660.4	6255.5	9057.8	1000.0

主要统计指标解释

能源消费总量　指一定时期内全国物质生产部门、非物质生产部门和生活消费的各种能源的总和。该指标是观察能源消费水平、构成和增长速度的总量指标。能源消费总量包括原煤和原油及其制品、天然气、电力，不包括低热值燃料、生物质能和太阳能等的利用。能源消费总量分为终端能源消费量、能源加工转换损失量和能源损失量三部分。

（1）终端能源消费量：　指一定时期内全国生产和生活消费的各种能源在扣除了用于加工转换二次能源消费量和损失量以后的数量。

（2）能源加工转换损失量：指一定时期内全国投入加工转换的各种能源数量之和与产出各种能源产品之和的差额。该指标是观察能源在加工转换过程中损失量变化的指标。

（3）能源损失量：指一定时期内能源在输送、分配、储存过程中发生的损失和由客观原因造成的各种损失量，不包括各种气体能源放空、放散量。

能源加工转换效率　指一定时期内能源经过加工、转换后，产出的各种能源产品的数量与同期内投入加工转换的各种能源数量的比率。它是观察能源加工转换装置和生产工艺先进与落后、管理水平高低等的重要指标。计算公式为：

能源加工转换效率=能源加工、转换产出量/能源加工、转换投入量×100%

工业废水排放量　指经过企业厂区所有排放口排到企业外部的工业废水量。包括生产废水、外排的直接冷却水、废气治理设施废水、超标排放的矿井地下水和与工业废水混排的厂区生活污水，不包括外排的间接冷却水（清污不分流的间接冷却水应计算在内）。

工业废气排放量　指企业厂区内燃料燃烧和生产工艺过程中产生的各种排入空气中含有污染物的气体的总量，以标准状态［273K，101325pa］计。

工业二氧化硫排放量　指企业在燃料燃烧和生产工艺过程中排入大气的二氧化硫总质量。

烟（粉）尘排放量　烟尘是指通过燃烧煤、石油、柴油、木柴、天然气等产生的烟气中的尘粒。工业粉尘指在生产工艺过程中排放的能在空气中悬浮一定时间的固体颗粒。如钢铁企业耐火材料粉尘、焦化企业的筛焦系统粉尘、烧结机的粉尘、石灰窑的粉尘、建材企业的水泥粉尘等。烟（粉）尘排放量指企业在燃料燃烧和生产工艺过程中排入大气的烟尘及工业粉尘的总质量之和。烟尘或工业粉尘排放量可以通过除尘系统的排风量和除尘设备出口烟尘浓度相乘求得。

工业固体废物产生量　指报告期内企业在生产过程中产生的固体状、半固体状和高浓度液体状废弃物的总量，包括危险废物和一般工业固体废物。

工业固体废物综合利用量　指通过回收、加工、循环、交换等方式，从固体废物中提取或者使其转化为可以利用的资源、能源和其他原材料的固体废物量（包括当年利用往年的工业固体废物累计贮存量），如用作农业肥料、生产建筑材料、筑路等。综合利用量由原产生固体废物的单位统计。

工业固体废物综合利用率　指工业固体废物综合利用量占工业固体废物产生量（包括综合利用往年贮存量）的百分率。计算公式为：

工业固体废物综合利用率=工业固体废物综合利用量/（工业固体废物产生量+综合利用往年贮存量）×100%

工业固体废物贮存量 指以综合利用或处置为目的，将固体废物暂时贮存或堆存在专设的贮存设施或专设的集中堆存场所内的数量。专设的固体废物贮存场所或贮存设施必须有防扩散、防流失、防渗漏、防止污染大气、水体的措施。

工业固体废物处置量 指将固体废物焚烧或者最终置于符合环境保护规定要求的场所，并不再回取的工业固体废物量（包括当年处置往年的工业固体废物累计贮存量）。处置方法有填埋（其中危险废物应安全填埋）、焚烧、专业贮存场（库）封场处理、深层灌注、回填矿井等。

工业固体废物排放量 指报告期内企业将所产生的固体废物排到固体废物污染防治设施、场所以外的数量，不包括矿山开采的剥离废石和掘进废石（煤矸石和呈酸性或碱性的废石除外）。

10 城市概况

Ceneral Survey of Cities

资料整理：姚海英

10-1　城市建设用地（2019年）

指　标	单　位	全市	#市区
区划面积	平方公里	27768	2965
城市建成区面积	平方公里	247.14	211.62
城市现状建设用地面积	平方公里	230.73	195.79
居住用地	平方公里	68.74	58.6
公共管理与公共服务用地	平方公里	19.32	15.82
工业用地	平方公里	54.69	52.5
物流仓储用地	平方公里	8.54	7.5
交通设施用地	平方公里	31.56	24.4
商务服务业设施用地	平方公里	11.94	9.83
公用设施用地	平方公里	5.05	3.49
绿地	平方公里	30.89	23.65

注：市区数据不包括土默特右旗、固阳县和达尔罕茂明安联合旗。

10-2 城市自来水情况（2019年）

指　标	单　位	全市	#市区
年末自来水实际生产能力	万立方米/日	111.58	105.50
年末供水管道长度(不包括自备水源井)	公里	2408.83	1869.18
全年供水总量	万立方米	20395.60	19689.00
#生产用水	万立方米	9071.16	8994.00

注：表中年末自来水综合生产能力为城市公共供水系统口径。

10-3 城市煤气、液化石油气、天然气情况（2019年）

指　标	单　位	全市	#市区
人工煤气			
供气管道长度	公里	321	321
全年供气总量	万立方米	3068	3068
#家庭用气	万立方米	1887	1887
用气户数	万户	6.70	6.70
#家庭用户	万户	6.50	6.50
用气人口	万人	16.43	16.43
液化石油气			
储气能力	吨	534	400
全年供气总量	吨	12224	11600
#家庭用气	万立方米	526	270
用气户数	万户	1.98	1.30
#家庭用户	万户	1.08	0.43
用气人口	万人	4.76	3.00
天然气			
供气管道长度	公里	2630	2417
供气总量	万立方米	120551	106390
#家庭用量	万立方米	41935	37600
用气户数	万户	82.91	77.00
用气人口	万人	188.60	169.00

10-4　城市集中供热情况（2019年）

指　　标	单　　位	全市	#市区
供热能力			
热水	兆瓦	9363	8014
全年供热总量			
热水	万吉焦	5010	4532
供热管道长度			
热水	公里	3786	3324
供热面积	万平方米	10209	9342
#住宅	万平方米	7158	6561

10-5　城市市政工程情况（2019年）

指　　标	单　　位	全市	#市区
年末实有铺装道路长度	公里	1923.07	1672.99
年末实有铺装道路面积	万平方米	3839.17	3175.84
#人行道面积	万平方米	1199.25	990.99
桥梁数	座	81	66
路灯盏数	盏	136901	119076
排水管道长度	公里	2795	2452
建成区排水管道密度	公里／平方公里	11.31	11.59
污水年排放量	万立方米	13500	12901
污水处理厂座数	座	9	6
污水处理能力	万立方米／日	47.2	43.9
污水处理总量	万立方米	12944	12385
再生水利用量	万立方米	2817	2762

10-6 城市公共汽电车、出租汽车情况

指标	单位	2018	2019
年末实有公共汽电车运营车数	辆	1822	1315
年末实有标准运营车数	标台	1469	1773
运营线路长度	公里	1599	1603
公路客运量（全社会）	万人次	497.9	548.7
出租汽车数	辆	6429	5827

10-7 城市园林绿化面积（2019年）

指标	单位	全市	#市区
园林绿化覆盖面积	公顷	12845.29	10586.99
#建成区	公顷	10720.45	9427.67
园林绿地面积	公顷	11712.67	9695.80
#建成区园林绿地面积	公顷	9684.87	8471.14
#公园绿地面积	公顷	3304.48	2951.67
公园个数	个	56	42
公园面积	公顷	2723.47	2482.94

10-8　城市公共卫生情况（2019年）

指　标	单　位	全市	#市区
道路清扫保洁面积	万平方米	4730	4102
生活垃圾清运量	万吨	90.83	80.99
生活垃圾无害化处理厂（场）数	座	6	4
生活垃圾无害化处理能力	吨/日	2993	2820
生活垃圾无害化处理量	万吨	90.83	80.99
公共厕所数	座	1795	1616
#三级以上	座	391	319

10-9　城市设施水平（2019年）

指　标	单　位	全市	#市区
人均城市道路面积	平方米	17.46	16.33
建成区绿地率	%	39.19	40.03
建成区绿化覆盖率	%	43.38	44.55
污水处理率	%	95.88	96.00
生活垃圾无害化处理率	%	100.00	100.00

10-10 城市

年份	自来水			煤气（天然气）	
	年底水管总长度（公里）	水厂综合生产能力（万吨/日）	供水总量（万立方米）	供气总量（万立方米）	用气人口（万人）
1949	17	1.4	29		
1950	24	0.4	30		
1952	42	0.4	36		
1957	220	1.4	321		
1962	261	12.2	2984		
1965	325	11.2	2725		
1970	417	11.7	4105		
1975	567	13.9	4736		
1978	578	18.0	5096		
1980	610	19.5	5148		
1985	872	63.5	5364	956	8.40
1990	931	59.4	21456	3040	21.90
1991	941	68.4	22465	3296	24.00
1992	958	68.5	22724	3609	25.90
1993	973	69.0	23033	3476	28.00
1994	985	70.7	23775	3720	29.50
1995	966	71.5	25453	3984	31.03
1996	981	71.5	25425	4213	33.16
1997	1055	71.5	24826	4592	35.25
1998	1253	71.5	23833	4580	38.56
1999	1303	71.5	24763	4547	39.80
2000	1323	101.5	24830	4161	43.73
2001	1384	97.6	22088	3080	43.96
2002	1547	105.8	22166	3167	48.87
2003	1740	108.0	22712	3418	51.14
2004	1740	108.0	34568	3849	66.41
2005	1740	104.5	34568	4006	70.93
2006	1370	51.0	7025	3084	56.00
2007	1548	102.7	12080	3084	56.70
2008	1406	108.0	13330	3084	51.94
2009	1409	51.0	10915	3084	52.41
2010	1480	51.0	11704	3069	51.94
2011	1722	56.6	13853	2806	49.00
2012	1745	53.2	12928	2786	46.16
2013	1746	53.2	15973	3500	40.20
2014	1861	93.3	16616	3500	41.20
2015	1934	93.4	17629	3090	39.40
2016	1992	97.1	17741	72448	166.99
2017	2342	107.9	19488	76648	181.52
2018	2378	109.7	18657	84768	183.80
2019	2409	102.2	19553	120551	188.60

注：1. 2006年及2009年以后自来水数据为公共供水企业数据，不含自备水；

2. 2016年以前供气总量及用气人口为人工煤气口径，2016年及以后为天然气口径。

公 用 事 业

园林绿化		铺装道路长度（公里）	排水管道长度（公里）	路灯盏数（盏）	公共汽（电）车营运车辆（辆）
城市绿化覆盖面积（公顷）	公园（个）				
		4		43	
		4	2	92	
		6	3	279	
29	2	161	41	2035	21
	3	199	81	2522	65
190	3	187	77	2616	67
51	3	256	80	3241	90
832	4	195	96	3447	169
1091	4	200	102	3463	215
1174	4	220	138	3398	251
1338	7	332	201	5993	265
3692	9	421	610	7800	486
3838	39	426	627	8930	448
3858	39	435	635	9267	465
3881	39	442	645	9565	538
3904	39	468	678	9635	585
4394	38	382	686	7797	1019
4272	39	445	713	8260	538
4487	39	468	724	9253	540
4620	9	506	731	9869	538
4736	13	525	733	11007	610
4870	13	544	766	12542	682
5265	11	583	810	13820	813
5361	12	733	960	18761	788
5626	12	784	1026	20892	772
5941	13	828	1038	23659	984
6755	15	873	1097	31540	1125
6971	15	1028	1279	30000	1094
7224	17	1142	1423	38000	1174
7364	17	1142	1423	38000	1174
7596	20	1280	1665	60773	1321
7845	21	1304	1750	66153	1342
7860	24	1479	2105	75296	1395
8527	24	1529	2212	80281	1342
8730	26	1617	2241	83754	1194
9563	33	1674	2335	90898	1304
9953	33	1741	2480	113639	1387
11430	35	1821	2590	124073	1489
12245	58	1868	2714	132283	1471
12335	58	1883	3362	133023	1822
12845	56	1923	2795	136901	1315

主要统计指标解释

年末自来水实际生产能力 指年底城建部门管理的自来水厂和自备水源的社会单位取水、净化、送水、出厂输水干管等环节的实际生产能力。

年末供水管道长度 指从送水泵到用户水表之间所有管道的长度。

全年供水总量 指公用自来水厂和自备水源的社会单位全年的供水总量，包括有效供水量及损失水量。

供气管道长度 指由压缩机、鼓风机、储气罐的出口到用户煤气表之间的全部管道长度。

全年供气总量 指全年售给各类用户的全部煤气量，包括销售量和损失量。

供热能力 指供热企业（单位）向城市输送的供热源的设计能力。

全年供热总量 指在报告期末热电厂、热力公司和达到标准的集中采暖锅炉房向城市输送的全部蒸汽、热水量。

供热管道长度 指从各类热源到用户接入口之间的全部供气、供热水的管道长度。不包括各类热源厂内部的管道长度。

年底实有铺装道路长度 指年末除土路外，路面经过铺装宽度在3.5米以上的道路，包括高级、次高级道路和普通道路。

桥梁数 指城市范围内，修建在河道上的桥梁和道路与道路立交、道路跨越铁路的立交桥及人行天桥数量。包括永久性桥和半永久性桥，不包括临时性桥、铁路桥、涵洞。

排水管道长度 指所有排水总管、干管、支管及暗渠、检查井、连接井进出水口等长度之和。

污水处理能力 指污水处理厂每昼夜处理污水量的设计能力。

生活垃圾清运量 指报告期内收集和运送到垃圾处理厂(场)的生活垃圾数量。生活垃圾指城市日常生活或为城市日常生活提供服务的活动中产生的固体废物以及法律行政规定的视为城市生活垃圾的固体废物。包括：居民生活垃圾、商业垃圾、集市贸易市场垃圾、街道清扫垃圾、公共场所垃圾和机关、学校、厂矿等单位的生活垃圾。

生活垃圾无害化处理率 指报告期生活垃圾无害化处理量与生活垃圾产生量比率。在统计上，由于生活垃圾产生量不易取得，可用清运量代替。计算公式为：

生活垃圾无害化处理率=生活垃圾无害化处理量/生活垃圾产生量×100%

年末实有公共汽电车运营车数 指年底可参加营运的全部车辆数，包括营运车辆数和库存查封未参加营运的车辆。不包括非营运车辆，如架线车、油罐车、工程车、货车及其他专用车辆和借入的客运车辆。

城市园林绿地面积 指报告期末用作园林和绿化的各种绿地面积。包括公共绿地、专用绿地、生产绿地、防护绿地、郊区风景林地的面积。

公共绿地面积 指向公众开放的市级、区级、居住区级各类公园、街旁游园面积，包括其范围内的水域。其中：居住区级公园应不小于1万平方米，街旁游园的宽度不小于8米，面积不小于400平方米。

11 农 业

Agriculture

资料整理：李志伟　王晓辉

11-1 农村牧区基层组织和农牧业基本情况（2019年）

指　标	总　计	农　村	牧　区
农村牧区基层组织情况			
乡镇（苏木）个数（个）	39	30	9
#镇个数	29	24	5
村委会（嘎查）个数（个）	526	484	42
农村牧区社会基础设施			
自来水受益村数（个）	516	478	38
通有线电视村数（个）	521	479	42
通宽带村数（个）	518	479	39
农牧业生产条件			
年末实有耕地面积（千公顷）			
农作物总播种面积（千公顷）	294.73		
年末草场面积（千公顷）	2024.21		
有效灌溉面积（千公顷）	129.77		
农牧业机械总动力（万千瓦）	138.94		
化肥施用量（折纯）（万吨）	7.56		
农村牧区用电量（万千瓦小时）	36817.63		
主要农牧业生产情况			
粮食总产量（万吨）	109.47		
油料总产量（万吨）	10.19		
蔬菜总产量（万吨）	84.98		
水果总产量（万吨）	7.90		

11-2　历年农林牧渔业总产值

单位：万元

年份	农林牧渔业总产值	农业	#种植业	林业	牧业	渔业	农林牧渔服务业
1984	29438	23027	19415	811	5568	32	
1985	30139	21364	19733	695	7993	87	
1986	28856	18628	16539	834	9223	171	
1987	30268	18434	15983	599	10922	313	
1988	49693	27856	25514	914	20669	254	
1989	48515	29884	27717	646	17614	371	
1990	68643	49518	47029	1503	17070	552	
1991	65085	43235	40166	1438	19690	722	
1992	81801	55461	52031	1402	23609	1329	
1993	108378	71198	65723	2405	33105	1670	
1994	152304	93772	85051	2682	53889	1961	
1995	198825	132292	123861	3430	60380	2723	
1996	244235	164195	150943	4656	72973	2411	
1997	267164	175844	159847	4672	83518	3130	
1998	260602	158517	144068	6895	91182	4008	
1999	273356	172166	157948	6709	91034	3447	
2000	287128	185527	170142	6937	91279	3385	
2001	284176	170545	155898	9345	100987	3299	
2002	345441	200086	185963	12021	129872	3462	
2003	367968	192999	192263	8557	155818	3648	6946
2004	497986	219725	219725	7942	254159	5481	10679
2005	550274	227965	227965	4985	296891	5401	15032
2006	614098	253953	253953	4565	334117	5694	15769
2007	747625	293454	293454	4152	437553	2607	9859
2008	915330	358776	358776	6984	516623	8447	24500
2009	967302	362964	362964	8400	563466	8000	24472
2010	1181436	421199	421199	10080	709967	9600	30590
2011	1430113	413289	413289	7516	984821	7630	16857
2012	1596220	475268	475268	7351	1086537	8606	18458
2013	1768698	584615	584615	8297	1144924	10761	20101
2014	1796369	632897	632897	9232	1121147	11686	21407
2015	1801553	617058	617058	9536	1140156	12325	22478
2016	1693605	616394	616394	9464	1031364	12654	23729
2017	1566592	581414	581414	9457	938128	12553	25040
2018	1620739	600707	600707	9669	971614	12689	26060
2019	1707991	638255	638255	9709	1021716	11255	27055

注：本表数据按现行价格计算。

11-3　历年农林牧渔业总产值指数

上年=100

年份	农林牧渔业总产值	农业	#种植业	林业	牧业	渔业	农林牧渔服务业
1949	100.0	100.0	100.0	100.0	100.0	100.0	
1950	105.0	102.3	102.0	112.5	112.4	100.0	
1951	112.4	111.2	111.1	111.1	115.6	100.0	
1952	141.4	163.1	146.9	125.0	129.8	320.0	
1953	90.0	80.9	80.6	108.0	114.2	100.0	
1954	143.4	155.5	156.3	126.9	120.6	100.0	
1955	90.3	84.8	84.5	108.0	103.3	102.5	
1956	128.5	142.4	142.3	133.1	100.4	119.2	
1957	71.3	60.6	59.8	145.2	99.7	141.9	
1958	127.0	122.1	120.7	144.4	134.9	100.0	
1959	143.3	162.2	165.0	101.2	115.1	184.1	
1960	93.7	78.2	78.3	151.9	126.5	54.3	
1961	77.0	68.8	68.4	38.4	90.1	36.4	
1962	106.0	120.7	121.3	83.2	90.8	162.5	
1963	92.4	89.1	88.2	119.2	96.7	88.5	
1964	113.2	130.1	130.9	233.5	89.0	108.7	
1965	85.8	78.9	78.1	122.0	97.5	100.0	
1966	91.8	112.9	113.7	156.2	55.3	68.0	
1967	123.0	116.9	116.8	49.9	156.3	64.7	
1968	86.2	78.5	77.8	70.6	105.0	154.6	
1969	113.6	122.6	123.5	69.1	99.9	100.0	
1970	112.6	116.3	116.5	159.9	103.5	105.9	
1971	101.8	100.7	100.2	92.6	105.1	66.7	
1972	99.4	95.1	98.6	83.3	109.8	108.3	
1973	107.8	107.2	107.0	192.0	106.6	30.8	
1974	112.5	126.5	129.3	68.9	86.8	150.0	
1975	95.2	89.3	89.0	145.9	110.3	200.0	
1976	98.1	107.2	107.4	101.3	20.6	191.7	
1977	101.91	96.8	96.8	171.6	113.6	100.0	
1978	85.8	76.3	75.5	118.7	108.8	69.6	
1979	126.2	134.3	135.4	87.9	114.9	137.5	
1980	79.4	72.8	72.9	83.0	94.4	81.8	
1981	117.2	127.9	128.0	73.6	101.7	144.4	
1982	102.4	100.8	100.7	119.6	105.0	103.9	
1983	102.2	108.3	108.9	133.8	86.8	133.3	

注：本表指数按可比价格计算。

11-3 续 表

上年=100

年 份	农林牧渔业总产值	农 业	#种植业	林 业	牧 业	渔 业	农林牧渔服务业
1984	134.3	148.2	143.1	99.4	100.7	125.0	
1985	105.9	100.6	100.6	94.9	127.4	242.2	
1986	91.8	81.1	78.3	93.8	124.6	133.9	
1987	89.3	82.2	78.3	65.0	104.1	186.3	
1988	119.7	128.0	135.4	137.4	106.5	72.8	
1989	106.0	106.8	109.0	78.8	105.0	161.6	
1990	122.2	130.9	131.8	199.7	102.1	150.0	
1991	95.5	88.8	87.5	68.3	113.3	131.5	
1992	119.5	128.8	130.1	104.74	101.7	126.5	
1993	111.8	108.5	105.6	149.3	117.1	149.4	
1994	103.6	96.6	95.7	120.6	118.6	102.8	
1995	112.6	117.2	117.6	132.5	103.4	94.5	
1996	111.0	107.5	102.8	100.8	118.7	127.4	
1997	100.8	103.3	100.4	82.6	106.8	105.5	
1998	97.3	92.0	88.5	120.8	105.3	119.2	
1999	105.4	108.7	112.0	78.5	101.1	112.9	
2000	108.0	112.9	114.8	133.3	98.5	107.3	
2001	97.0	89.9	86.1	119.5	109.7	100.2	
2002	118.1	114.8	118.7	124.4	123.9	101.1	
2003	121.6	116.4	116.9	82.7	131.4	104.8	143.0
2004	120.8	98.8	99.5	88.8	148.6	124.3	153.3
2005	114.7	101.2	101.2	65.2	124.2	99.7	187.5
2006	114.0	102.9	102.9	85.0	120.0	118.3	139.9
2007	121.2	121.0	121.0	121.1	121.2	121.3	125.5
2008	114.0	106.0	106.0	120.0	118.0	116.0	122.0
2009	105.8	102.4	102.4	119.4	107.7	97.2	101.0
2010	107.4	103.6	103.6	120.0	114.8	119.8	121.1
2011	105.9	91.5	91.5	65.3	118.0	60.7	52.2
2012	105.7	109.7	109.7	104.2	104.1	105.4	106.1
2013	104.5	123.0	123.0	108.6	96.7	113.2	105.4
2014	103.0	105.0	105.0	99.8	101.9	103.5	105.0
2015	103.2	92.9	92.9	102.8	109.0	104.6	103.8
2016	103.4	102.9	102.9	100.7	103.7	103.0	103.1
2017	103.5	100.0	100.0	101.0	105.6	103.60	104.3
2018	103.7	101.4	101.4	100.6	105.4	100.0	102.6
2019	100.8	104.1	104.1	101.3	98.8	94.2	101.8

11-4 主要农牧业机械拥有量

指　标	2015	2016	2017	2018	2019
农牧业机械总动力（千瓦）	1647975	1644638	1224378	1291041	1389394
大中型农用拖拉机（混合台）	7401	8415	9101	9943	880
大中型农用拖拉机（千瓦）	267081	308872	360084	410864	92804
中型农用拖拉机（台）					14750
中型农用拖拉机（千瓦）					586002
小型拖拉机（台）	29159	29159	29254	28649	22303
小型拖拉机（千瓦）	325691	325691	325941	323254	263669
联合收获机（台）	1633	1752	1817	1945	2061
联合收获机（千瓦）	123670	131330	136625	148397	163534
大中型拖拉机配套农具（台）	12680	13593	15956	16645	57705
机动脱粒机（台）	1070	1090	1106	1126	1130
牧草收获机（台）	46	47	47	47	59
饲料粉碎机（台）	7829	7880	8065	8164	7073
农用水泵（台）	6290	6290	6305	6315	6445

注：2019年大中型农用拖拉机只包含大型及以上农用拖拉机
2019年大中型拖拉机配套农具包含大中小型拖拉机配套农具

11-5 农村牧区灌溉、化肥施用量、用电、水库和水土治理情况

指　标	2015	2016	2017	2018	2019
有效灌溉面积（千公顷）	**127.64**	**128.48**	**129.77**	**129.77**	**129.77**
节水灌溉面积（千公顷）	**103.24**	**109.29**	**117.46**	**120.31**	**121.91**
#喷灌和微灌	25.58	31.03	39.03	46.74	46.74
化肥施用量（吨）	**77262**	**77189**	**71971**	**75700**	**75585**
#氮　肥	41931	42113	39326	41174	40981
磷　肥	6725	6492	5361	5454	5465
钾　肥	2713	2578	2635	2554	2474
复合肥	25893	26006	24649	26518	26666
农村用电量（万千瓦小时）	**36595**	**35861**	**36364**	**36489**	**36818**
水库个数（座）	**16**	**16**	**16**	**16**	**16**
#中型水库	5	5	5	5	5
小型水库	11	11	11	11	11
水库容量（万立方米）	**24324**	**24320**	**24320**	**24320**	**24320**
#中型水库	20735	20821	20821	20821	20821
小型水库	3589	3499	3499	3499	3499

11-6 农业机械化、电气化情况

指　标	2015	2016	2017	2018	2019
农业机械化程度					
机耕地面积（千公顷）	282.60	306.29	304.33	264.87	283.35
占耕地面积的比重（%）	66.48	72.18	71.71	62.53	66.89
机械播种面积（千公顷）	275.73	297.67	301.73	251.40	281.69
占农作物总播种面积的比重（%）	85.98	90.04	97.06	92.16	95.58
机械收割面积（千公顷）	231.53	273.33	273.27	212.27	239.51
占农作物总播种面积的比重（%）	72.20	82.68	87.90	77.82	81.26
农业电气化情况					
农村用电量（万千瓦小时）	36595	35861	36364	36489	36818
平均每公顷耕地用电量（千瓦小时）	860.88	845.04	856.89	861.43	869.18

11-7 自然灾害面积

单位:千公顷

指　标	2015	2016	2017	2018	2019
农作物受灾面积	**195.90**	**50.75**	**128.31**	**146.77**	**13.32**
旱　　灾	195.90	33.63	119.17	85.17	
洪 涝 灾		2.16	5.92	61.51	0.01
风 雹 灾		14.96	3.19	0.06	12.79
低温冷冻灾				0.03	0.52
雪　　灾			0.03		
生 物灾 害					
农作物绝收面积	**85.20**	**1.45**	**2.70**	**22.46**	**2.60**
旱　　灾	85.20		1.88		
洪 涝 灾		0.09	0.25	22.45	
风 雹 灾		1.36	0.57		2.60
低温冷冻灾				0.01	
雪　　灾					
生 物 灾 害					

11-8　历年耕地面积、造林面积和播种面积

单位：千公顷

年份	年末实有耕地面积	旱地	#水浇地	当年造林面积	总播种面积	#粮食作物播种面积	#经济作物播种面积
1949	275.00	275.00			197.30	173.50	23.70
1950	304.80	304.80			222.60	196.10	26.40
1951	337.50	337.50			267.20	233.60	33.50
1952	345.90	345.90			268.70	235.60	33.00
1953	357.20	357.20			277.30	242.70	34.50
1954	353.90	353.90			275.90	242.70	32.80
1955	359.50	359.50			282.00	245.30	35.80
1956	364.10	364.10		1.35	295.90	254.10	40.60
1957	372.30	372.30		2.29	300.60	250.70	49.00
1958	372.20	372.20	24.40	7.38	305.80	259.70	40.90
1959	368.00	368.00	25.30	5.27	273.30	212.30	57.80
1960	398.40	398.40	27.20	9.11	353.50	276.30	54.40
1961	383.50	383.50	25.50	1.04	343.80	288.30	47.30
1962	366.70	366.70	18.70	0.77	312.00	269.00	39.00
1963	357.40	357.40	26.20	0.77	302.20	260.60	37.80
1964	364.20	364.20	33.10	4.00	309.60	262.60	43.00
1965	366.00	366.00	49.40	3.08	312.30	267.20	42.30
1966	364.00	364.00	78.80	4.64	306.10	262.60	38.30
1967	357.90	357.90	75.40	2.97	296.30	247.80	44.20
1968	359.90	359.90	68.50	2.06	282.70	243.40	38.00
1969	343.10	343.10	69.00	1.53	280.20	238.50	39.10
1970	352.30	352.30	72.90	2.18	294.60	250.50	40.80
1971	352.10	352.10	73.80	1.82	291.30	252.30	30.90
1972	351.60	351.60	75.70	1.35	290.40	249.10	33.30
1973	350.40	350.40	81.10	2.10	285.10	241.40	35.00
1974	350.40	350.40	82.20	2.08	285.20	242.00	35.80
1975	351.00	351.00	90.70	2.80	281.60	237.90	36.30
1976	346.60	346.60	88.70	2.65	281.40	233.00	38.70
1977	340.00	340.00	91.10	5.13	274.50	230.10	38.90
1978	347.40	347.40	91.10	4.25	269.30	225.10	39.30
1979	342.10	342.10	92.60	4.92	275.20	224.40	43.90
1980	336.00	336.00	74.80	4.59	262.50	210.30	43.60
1981	327.80	327.80	81.10	4.16	242.70	196.70	38.90
1982	326.00	326.00	71.00	4.65	244.60	197.20	41.60
1983	316.70	316.70	70.40	6.24	255.70	195.90	53.30

11-8 续　　表

单位：千公顷

年 份	年末实有耕地面积	旱　地	水浇地	当年造林面　　积	总播种面　积	#粮食作物播种面积	#经济作物播种面积
1984	310.50	310.50	71.20	9.43	257.20	187.60	60.50
1985	307.40	307.40	71.20	10.18	248.70	175.30	61.40
1986	297.00	297.00	69.70	6.47	241.60	172.90	46.10
1987	296.00	296.00	73.80	5.75	224.60	148.80	59.50
1988	293.60	293.60	72.40	6.86	254.20	177.60	60.60
1989	291.10	291.10	75.90	4.79	234.80	174.20	50.40
1990	292.40	292.40	81.50	8.40	268.90	199.80	54.00
1991	293.10	293.10	85.10	9.67	271.50	196.60	68.00
1992	293.00	293.00	91.00	10.72	278.00	200.00	72.50
1993	290.50	290.50	90.60	10.74	258.00	191.80	60.60
1994	293.80	293.80	95.10	11.76	274.30	196.50	66.60
1995	293.80	293.80	97.90	16.23	278.80	198.80	73.60
1996	303.20	303.20	99.60	8.37	279.20	206.90	59.40
1997	470.28	301.50	107.60	8.67	279.80	209.80	57.90
1998	468.87	302.20	111.60	8.49	284.70	213.20	61.20
1999	464.30	464.30	149.80	7.57	278.70	213.00	56.80
2000	447.40	447.40	148.80	17.47	276.30	189.70	75.70
2001	405.80	405.80	149.70	26.15	204.80	128.90	65.10
2002	396.03	396.03	128.50	26.37	261.69	160.62	75.20
2003	429.62	429.62	134.67	18.47	267.10	156.80	67.06
2004	428.73	428.73	146.16	17.14	285.09	178.20	63.61
2005	423.96	423.96	145.60	7.21	294.71	190.87	67.28
2006	423.14	423.14	153.95	2.73	317.15	199.20	70.62
2007	421.29	421.29	153.85	5.23	291.20	208.26	82.94
2008	422.11	422.11	136.99	8.67	297.42	208.62	88.80
2009	427.76	242.24	185.52	47.32	305.86	220.36	85.50
2010	426.85	241.90	184.94	26.86	310.31	225.18	85.13
2011	426.04	241.72	184.32	21.33	309.13	222.77	86.36
2012	425.48	241.16	184.33	34.37	311.61	226.70	84.91
2013	425.85	241.13	184.72	40.26	313.27	227.27	86.00
2014	425.80	240.93	184.87	31.10	334.96	227.11	107.85
2015	425.09	240.70	184.39	38.43	319.19	220.17	99.02
2016	424.37	240.36	184.02	38.03	329.62	212.30	117.32
2017	423.84	240.05	183.79	35.03	313.09	211.57	101.52
2018	423.59	239.99	183.60	30.67	272.78	191.11	81.67
2019				47.50	294.73	193.58	101.15

注：1. 2009年以后耕地面积为国土局提供数据（耕地面积=旱地+水浇地），2009年以前数据水浇地为旱地的组成项；
2. 2007年-2017年总播面积、粮食作物播种面积、经济作物播种面积数据已根据第三次农牧业普查结果进行修订。

11-9 历年主要粮食

年份	农作物总播种面积	粮食作物播种面积	谷物	#小麦	#玉米
1949	197.30	173.50		36.40	
1950	222.60	196.10		38.90	
1951	267.20	233.60		42.30	
1952	268.70	235.60		46.40	
1953	277.30	242.70		49.40	
1954	275.90	242.70		56.10	
1955	282.00	245.30		57.70	
1956	295.90	254.10		53.20	0.70
1957	300.60	250.70	225.10	62.50	0.80
1958	305.80	259.70	221.50	63.70	0.80
1959	273.30	212.30	186.50	56.30	1.00
1960	353.50	276.30	237.20	76.80	1.20
1961	343.80	288.30	248.40	74.30	1.30
1962	312.00	269.00	239.00	73.30	1.30
1963	302.20	260.60	181.70	73.80	1.20
1964	309.60	262.60	237.90	75.60	1.30
1965	312.30	267.20	245.10	77.30	1.50
1966	306.10	262.60	242.30	70.70	3.10
1967	296.30	247.80	227.40	73.50	2.50
1968	282.70	243.40	225.70	71.60	1.70
1969	280.20	238.50	221.10	74.40	1.70
1970	294.60	250.50	241.60	88.10	1.30
1971	291.30	252.30	234.30	88.80	5.10
1972	290.40	249.10	231.90	87.80	7.60
1973	285.10	241.40	224.50	88.20	5.40
1974	285.20	242.00	224.60	86.30	5.10
1975	281.60	237.90	219.80	88.80	3.80
1976	281.40	233.00	212.60	97.80	3.60
1977	274.50	230.10	209.10	100.80	3.60
1978	269.30	225.10	199.80	91.70	4.70
1979	275.20	224.40	197.80	80.00	4.10
1980	262.50	210.30	187.60	83.30	3.50
1981	242.70	196.70	179.00	84.40	2.10
1982	244.60	197.20	179.30	86.20	1.90
1983	255.70	195.90	179.90	89.60	2.20

作 物 播 种 面 积

单位：千公顷

#荞麦	#谷子	#莜麦	#糜黍	薯 类	豆 类	#大豆
0.60	1.90	6.20	14.60			2.20
2.50	2.10	7.50	21.10			6.00
0.40	5.60	8.80	20.60			4.60
0.10	6.50	10.00	20.00			3.40
0.20	5.70	9.00	16.00			3.20
0.30	4.80	8.50	16.70			2.80
0.40	7.80	8.70	19.00			1.50
0.40	5.40	9.70	13.40	17.80	7.80	1.80
1.10	8.20	37.30	16.80	33.00	5.20	1.20
1.00	5.10	27.50	13.40	20.80	5.00	0.30
28.20	14.50	40.20	43.70	32.90	6.20	0.60
21.80	15.50	51.60	42.30	33.80	6.10	0.90
2.80	10.40	14.50	4.40	24.30	5.70	1.20
5.50	7.60	16.00	14.10	19.30	5.60	1.20
5.20	8.10	17.00	14.70	18.70	6.00	1.70
6.00	8.60	16.80	15.70	16.20	5.90	1.80
7.50	8.50	13.40	19.60	14.80	5.50	1.70
5.10	7.70	16.60	13.70	15.90	4.50	1.40
6.30	5.80	15.70	14.40	13.30	4.40	1.30
5.80	6.20	15.10	13.00	12.70	4.70	1.30
5.00	6.80	15.90	13.20	7.50	1.40	1.30
18.70	15.30	47.90	39.00	14.30	3.70	3.70
17.70	15.60	43.70	38.40	14.20	3.00	3.00
19.70	15.20	38.70	40.00	14.50	2.40	2.40
19.80	17.50	36.00	39.80	14.70	2.70	2.70
27.70	13.60	30.40	34.90	16.10	2.00	2.00
19.00	13.00	28.70	31.90	18.40	2.00	2.00
17.60	12.10	29.70	31.30	18.80	2.20	2.20
17.20	11.30	28.50	32.30	23.00	2.30	2.30
17.60	11.30	31.50	40.80	24.10	2.50	2.50
15.60	8.30	43.70	35.50	20.90	1.80	1.80
16.80	7.00	30.20	32.10	16.60	1.10	1.10
19.50	6.80	28.60	30.20	16.90	1.00	1.00
20.60	6.10	27.80	27.40	15.90	0.10	0.90

年 份	农作物总播种面积	粮食作物播种面积	谷 物	#小麦	#玉米
1984	257.20	187.60	171.40	87.30	1.90
1985	248.70	175.30	159.30	81.50	3.00
1986	241.60	172.90	156.70	80.60	3.80
1987	224.60	148.80	133.40	83.10	5.90
1988	254.20	177.60	161.10	86.90	4.80
1989	234.80	174.20	158.10	86.60	6.40
1990	268.90	199.80	183.40	93.00	10.00
1991	271.50	196.60	179.00	89.80	12.40
1992	278.00	200.00	180.70	99.80	13.10
1993	258.00	191.80	175.70	93.60	18.00
1994	274.30	196.50	176.20	92.50	25.10
1995	278.80	198.80	179.00	88.00	29.60
1996	279.20	206.90	178.00	90.30	31.90
1997	279.80	209.80	180.90	93.30	31.30
1998	284.70	213.20	178.20	87.70	35.80
1999	278.70	213.00	170.80	74.40	43.30
2000	276.30	189.70	138.10	56.90	35.70
2001	204.80	128.90	94.70	42.60	33.20
2002	261.69	160.62	124.57	38.53	45.12
2003	267.10	156.80	108.69	15.93	69.42
2004	285.09	178.20	126.31	34.94	72.76
2005	294.71	190.87	137.64	38.24	85.50
2006	317.15	199.20	127.10	26.65	85.60
2007	291.20	208.26	140.56	18.96	93.09
2008	297.42	208.62	154.08	23.30	94.23
2009	305.86	220.36	150.51	29.58	96.06
2010	310.31	225.18	141.15	30.44	97.46
2011	309.13	222.77	139.47	32.31	95.31
2012	311.61	226.70	156.35	51.48	100.03
2013	313.27	227.27	164.78	40.77	103.93
2014	334.96	227.11	172.85	43.07	116.19
2015	319.19	220.17	176.47	41.86	118.59
2016	329.62	212.30	170.96	42.04	108.33
2017	313.09	211.57	172.84	43.01	104.75
2018	272.78	191.11	169.21	34.48	116.57
2019	294.73	193.58	177.03	32.57	118.81

注：2007年-2017年数据已根据第三次农牧业普查结果进行修订。

表

单位：千公顷

#荞麦	#谷子	#莜麦	#糜黍	薯 类	豆 类	#大豆
20.70	5.60	26.30	24.60	15.50	0.70	0.70
19.30	4.70	23.60	22.50	15.10	0.90	0.90
19.50	3.10	17.00	19.50	15.70	0.50	0.50
20.10	1.80	19.20	13.30	15.10	0.30	0.30
21.80	3.30	22.40	17.70	16.20	0.30	0.30
21.80	2.90	17.40	18.20	15.50	0.60	0.60
26.80	3.50	23.00	17.90	15.80	0.60	0.60
23.30	3.40	21.70	19.00	16.50	1.10	1.10
22.20	3.10	22.00	14.10	16.80	2.50	0.50
23.90	2.00	17.30	8.10	15.20	0.90	0.90
33.40	1.80	12.50	7.30	17.50	2.80	0.80
25.10	1.70	14.90	6.60	17.50	2.30	0.40
29.00	1.70	14.20	9.30	21.40	7.50	0.70
29.10	2.00	14.70	8.90	20.90	8.00	0.90
29.60	2.00	12.80	9.00	25.40	9.60	0.90
31.70	1.70	9.60	9.40	36.00	6.30	0.70
34.00	1.10	5.00	5.00	48.10	3.50	0.80
13.60	0.30	2.20	2.40	29.50	4.70	0.90
30.49	0.87	5.57	3.53	30.25	5.80	0.46
17.50	0.61	2.70	2.24	44.16	3.95	0.52
13.56	0.37	2.99	1.37	48.55	3.34	0.25
9.41	0.44	2.16	1.61	49.32	3.91	0.39
10.71	0.26	1.95	1.84	68.70	3.40	0.21
26.65	0.36	0.09	1.27	66.55	1.14	0.06
33.15	0.29	1.33	1.05	53.37	1.17	0.07
19.26	0.35	2.87	1.64	68.16	1.69	0.06
9.14	0.22	2.49	1.23	82.11	1.92	0.07
9.14	0.13	0.48	0.72	82.91	0.40	0.10
2.35	0.08	1.63	0.62	70.15	0.19	0.09
15.52	0.21	3.55	0.44	62.29	0.20	0.07
9.81	0.26	2.03	0.69	54.09	0.17	0.08
13.51	0.39	1.36	0.58	43.00	0.70	0.01
16.20	0.31	2.36	0.76	41.14	0.20	0.01
18.47	0.30	4.31	0.76	38.71	0.03	0.02
12.03	0.32	2.78		21.74	0.17	0.03
19.49	0.19	2.23		16.29	0.25	0.10

11-10　历年主要经济作物播种面积

单位：千公顷

年 份	经济作物播种面积	油 料	#葵花籽	#胡麻籽	#油菜籽	甜 菜	药 材	蔬 菜	瓜 类	其它作物播种面积	#青饲料
1949	23.70	21.20						0.40		0.10	0.10
1950	26.40	23.70		0.80	4.60			0.40		0.10	0.10
1951	33.50	30.60		2.10	6.80			0.40		0.10	0.10
1952	33.00	29.00		2.10	5.20			0.60	0.60	0.10	0.10
1953	34.50	29.50		1.80	6.50			0.50	0.60	0.10	0.10
1954	32.80	27.50		1.80	5.70	0.10		0.50	0.70	0.40	0.30
1955	35.80	28.90		2.50	6.10	0.90		0.80	0.80	0.90	0.90
1956	40.60	31.60		1.70	8.50	1.10		1.60	0.90	1.20	1.20
1957	49.00	36.10		1.90	8.90	1.90		2.10		0.90	0.90
1958	40.90	29.00		8.70	12.40	1.70		2.90	1.40	5.20	5.20
1959	57.80	37.70	0.10	10.10	14.50	2.00		5.40	1.20	3.20	3.20
1960	54.40	32.80	0.10	13.60	15.60	4.70		11.70	1.30	22.80	22.80
1961	47.30	28.40	0.10	11.90	11.90	1.70		11.00	1.40	8.20	7.00
1962	39.00	21.90		0.20	5.40	1.00		7.80		4.00	4.00
1963	37.80	24.10		0.70	5.50	0.90		7.10	0.80	3.80	3.80
1964	43.00	27.40		0.90	6.80	2.40		7.20	0.80	4.00	4.00
1965	42.30	25.80		0.90	5.40	2.90		8.20		2.80	2.80
1966	38.30	18.60		0.60	3.90	2.90		5.90	0.50	5.20	5.20
1967	44.20	23.70		0.90	6.00	4.60		5.60	0.70	4.30	4.30
1968	38.00	20.00			5.00	3.20		5.40		1.30	1.30
1969	39.10	20.60		0.60	5.30	3.90		5.90	0.40	2.60	2.60
1970	40.80	21.40		0.80	5.20	3.50		5.50	0.40	3.40	3.40
1971	30.90	18.40		5.80	7.60	2.70	0.30	8.70	1.10	8.10	8.10
1972	33.30	17.90		4.80	8.60	4.00	0.10	8.70	1.20	8.00	7.90
1973	35.00	18.00		5.00	8.20	4.40	0.10	9.50	1.10	8.70	8.70
1974	35.80	19.20		4.70	9.00	4.90	0.30	9.50	1.80	7.40	7.40
1975	36.30	19.90	1.30	4.80	9.00	4.50	0.30	8.00	1.50	7.40	7.30
1976	38.70	21.90	1.80	4.90	10.30	5.00	0.30	8.80	1.50	9.70	9.60
1977	38.90	22.80	2.60	4.70	10.70	4.80	0.30	9.70	1.30	7.30	7.10
1978	39.30	23.00	3.90	4.30	10.00	4.30	0.50	9.70	1.80	8.00	7.50
1979	43.90	27.60	3.70	4.40	13.90	3.10	0.20	10.40	2.00	6.90	6.50
1980	43.60	30.40	7.20	4.00	14.40	2.10	0.20	8.30	1.60	8.60	8.00
1981	38.90	28.00	7.90	3.20	13.40	1.50	0.40	7.50	1.50	7.10	6.00
1982	41.60	31.10	12.40	3.20	13.00	0.90	0.60	7.40	1.30	5.80	5.30
1983	53.30	42.40	24.00	3.20	12.50	1.30	1.20	6.60	0.80	6.50	6.00

11-10 续 表

单位：千公顷

年 份	经济作物播种面积	油料	#葵花籽	#胡麻籽	#油菜籽	甜菜	药材	蔬菜	瓜类	其它作物播种面积	#青饲料
1984	60.50	45.50	27.50	2.90	11.80	2.70	2.90	6.80	1.70	9.10	8.10
1985	61.40	41.90	15.50	6.00	17.70	8.90	1.80	6.00	1.90	12.00	9.80
1986	46.10	29.50	13.70	7.70	6.70	5.60	0.70	7.00	2.20	22.60	21.70
1987	59.50	34.60	16.70	8.30	8.70	4.40	0.40	5.70	1.00	16.30	15.50
1988	60.60	43.20	22.10	8.10	11.60	6.10	1.20	6.80	1.20	16.00	15.10
1989	50.40	35.20	22.70	7.00	4.20	6.20	1.10	6.50	0.50	10.20	9.90
1990	54.00	42.10	23.20	6.80	10.20	6.60	0.40	6.80	0.20	15.10	12.90
1991	68.00	43.80	20.80	8.40	13.80	9.20	0.50	5.30	0.30	6.90	4.90
1992	72.50	47.30	26.60	9.40	10.50	7.90	0.90	7.20	0.60	5.50	4.20
1993	60.60	36.20	24.30	6.70	4.80	7.90	2.10	7.50	0.50	5.60	4.90
1994	66.60	45.90	28.10	7.20	6.80	6.40	1.40	6.90	0.80	11.20	9.50
1995	73.60	47.80	26.10	8.00	12.40	9.10	1.10	7.60	0.50	6.40	6.20
1996	59.40	41.80	20.10	8.80	12.80	8.60	0.20	7.90	0.80	12.90	12.70
1997	57.90	42.60	18.10	9.60	14.70	7.00	0.50	6.90	0.90	12.10	11.30
1998	61.20	43.40	20.60	8.20	14.50	7.40	1.00	8.50	1.00	10.30	9.70
1999	56.80	43.80	21.80	8.00	12.90	2.90	1.20	7.80	1.10	8.90	8.60
2000	75.70	55.30	29.00	7.00	17.10	2.90	4.20	10.10	3.10	10.90	9.70
2001	65.10	43.90	34.20	4.20	5.50	3.10	6.50	8.80	2.70	10.80	9.60
2002	75.20	54.73	35.87	5.79	12.31	2.87	5.69	9.74	2.17	25.87	24.23
2003	67.06	48.93	27.48	4.97	15.54	1.62	6.02	9.19	1.30	43.24	34.45
2004	63.61	45.20	22.62	2.62	16.95	1.82	6.89	8.44	1.26	43.29	38.83
2005	67.28	46.72	15.54	3.41	20.80	3.63	6.36	9.01	1.56	36.57	28.33
2006	70.62	48.07	18.56	2.42	21.92	4.46	6.63	9.82	1.64	47.34	38.07
2007	82.94	23.88	8.49	1.39	8.38	2.94	2.81	7.66	1.43	44.23	33.63
2008	88.80	35.73	19.48	2.38	11.22	2.70	4.64	8.60	1.53	35.60	27.84
2009	85.50	40.16	18.49	3.98	15.69	2.25	1.04	10.12	1.53	30.39	25.48
2010	85.13	40.95	20.63	3.04	16.07	1.76	0.83	10.96	1.33	29.30	24.41
2011	86.36	44.04	29.20	2.74	11.28	0.63	0.59	11.86	1.51	27.74	18.07
2012	84.91	40.64	22.83	1.97	15.46	0.13	0.83	13.45	1.44	28.43	22.46
2013	86.00	42.23	24.60	1.41	16.22	0.02	0.66	12.00	1.52	29.58	24.46
2014	107.85	71.95	27.41	2.93	41.61	0.01	0.77	12.65	1.78	20.70	18.30
2015	99.02	62.51	34.06	2.49	25.96	0.01	1.38	11.39	1.70	22.03	19.20
2016	117.32	90.09	41.09	2.97	45.67	0.00	1.91	12.05	1.62	11.65	6.56
2017	101.52	70.52	38.25	2.52	29.33	0.19	3.75	11.85	1.42	13.79	8.64
2018	81.67	51.31	38.05	1.13	12.13	1.92	4.88	11.36	1.63	10.58	7.53
2019	101.15	64.94	43.91	0.91	20.12	4.95	3.94	11.58	1.57	14.16	12.03

注：2007年-2017年数据已根据第三次农牧业普查结果进行修订。

11-11　历年主要粮食作物产量

单位：万吨

年份	粮食	谷物	#小麦	#玉米	#荞麦	#谷子	#莜麦	#糜黍	薯类	豆类	#大豆
1949	9.80	9.80	2.20								
1950	10.50	10.43	1.90		0.79	0.11	0.11	0.79			
1951	11.80	11.72	2.30		0.48	0.10	0.10	0.48			
1952	18.20	17.97	3.30		1.30	0.50	0.50	1.30			
1953	13.90	13.76	2.80		0.80	0.33	0.33	0.80			
1954	22.70	22.50	5.00		1.59	0.56	0.56	1.59			
1955	18.20	18.11	4.30		1.10	0.43	0.43	1.10			
1956	25.30	25.23	4.20		1.44	0.75	0.75	1.44			
1957	14.30	12.60	3.60		0.53	0.24	0.24	0.53	1.50	0.20	0.20
1958	15.90	10.80	1.40		1.22	0.83	0.83	1.22	4.90	0.20	0.20
1959	20.90	17.40	5.80		1.39	0.54	0.54	1.39	3.20	0.30	0.30
1960	14.30	10.90	4.60	0.10	1.63	0.61	0.61	1.63	3.10	0.30	0.30
1961	11.60	8.70	1.80	0.10	2.40	0.84	0.84	2.40	2.70	0.20	0.20
1962	13.60	11.20	4.20	0.10	0.10	0.64	0.64	0.10	2.20	0.20	0.20
1963	13.80	11.80	3.00	0.20	0.93	0.44	0.44	0.93	1.80	0.20	0.20
1964	18.90	16.89	3.80	0.20	1.39	0.77	0.77	1.39	1.90	0.11	0.11
1965	12.00	10.60	3.70	0.20	0.70	0.35	0.35	0.70	1.20	0.20	0.20
1966	14.80	13.00	2.40	0.70	1.35	0.63	0.63	1.35	1.40	0.40	0.40
1967	17.50	15.60	3.70	0.60	1.24	0.80	0.80	1.24	1.60	0.30	0.30
1968	13.80	12.00	3.50	0.40	1.06	0.45	0.45	1.06	1.50	0.30	0.30
1969	16.90	15.80	5.80	0.40	0.96	0.58	0.58	0.96	0.90	0.20	0.20
1970	19.70	17.80	6.80	0.50	1.14	0.77	0.77	1.14	1.50	0.40	0.40
1971	20.80	19.90	6.60	1.20	3.87	1.79	1.79	3.87	0.60	0.30	0.30
1972	18.50	16.96	5.80	1.70	3.66	1.59	1.59	3.66	1.30	0.24	0.24
1973	20.20	18.36	5.20	1.70	4.34	1.85	1.85	4.34	1.60	0.24	0.24
1974	27.10	25.30	9.00	1.70	4.79	2.25	2.25	4.79	1.50	0.30	0.30
1975	23.90	21.50	7.80	1.50	3.87	1.53	1.53	3.87	2.10	0.30	0.30
1976	24.40	21.97	10.80	1.00	2.43	1.59	1.59	2.43	2.30	0.13	0.13
1977	23.80	20.98	9.80	1.30	3.23	1.61	1.61	3.23	2.70	0.20	0.20
1978	17.20	14.00	4.90	1.70	2.45	1.19	1.19	2.45	3.00	0.20	0.20
1979	23.70	19.70	8.90	1.40	3.54	1.31	1.31	3.54	3.80	0.20	0.20
1980	16.20	13.60	5.90	1.00	3.24	0.93	0.93	3.24	2.50	0.10	0.10
1981	21.40	18.40	8.30	0.70	5.09	0.96	0.96	5.09	2.90	0.10	0.10
1982	18.40	16.20	9.30	0.60	3.46	0.60	0.60	3.46	2.10	0.10	0.10
1983	19.70	16.90	9.90	0.70	3.22	0.76	0.76	3.22	2.70	0.10	0.10

11-11　续　表

单位：万吨

年份	粮食	谷物	#小麦	#玉米	#荞麦	#谷子	#莜麦	#糜黍	薯类	豆类	#大豆
1984	26.50	22.10	13.10	0.70	3.60	0.85	1.86	3.60	4.30	0.10	0.10
1985	22.30	18.44	11.00	1.00	2.66	0.50	1.73	2.66	3.80	0.06	0.06
1986	16.30	13.65	8.70	1.00	1.44	0.29	0.59	1.44	2.60	0.05	0.05
1987	12.80	10.48	7.20	1.70	0.87	0.13	0.11	0.87	2.30	0.02	0.02
1988	23.30	18.78	10.50	1.80	2.20	0.65	1.86	2.20	4.50	0.02	0.02
1989	23.20	19.06	11.10	3.00	1.86	0.45	0.61	1.86	4.10	0.04	0.04
1990	35.60	30.20	16.40	5.70	2.77	0.65	2.03	2.77	5.30	0.10	0.10
1991	27.50	24.00	12.00	7.70	1.84	0.42	0.73	1.84	3.40	0.10	0.10
1992	37.10	31.77	16.20	9.40	2.02	0.51	1.14	2.02	5.20	0.13	0.13
1993	39.70	34.90	17.20	13.30	1.40	0.34	0.86	1.40	4.60	0.20	0.20
1994	41.30	36.98	12.60	19.30	1.38	0.40	0.45	1.38	4.00	0.32	0.13
1995	49.50	43.55	18.50	20.40	0.98	0.31	0.79	0.98	5.70	0.25	0.06
1996	58.70	50.45	19.40	25.10	1.61	0.33	1.21	1.61	7.50	0.79	0.09
1997	59.00	50.45	21.20	23.70	1.76	0.44	1.04	1.76	7.69	0.84	0.19
1998	49.70	39.68	13.10	20.90	1.66	0.32	0.94	1.66	9.08	0.95	0.13
1999	59.60	49.57	17.50	28.90	1.55	0.22	0.19	1.55	9.67	0.37	0.12
2000	55.30	55.30	15.40	24.60	0.73	0.16	0.20	0.73	12.16	0.43	0.16
2001	42.87	37.12	10.95	25.34	0.36	0.03	0.01	0.36	5.41	0.35	0.18
2002	54.64	42.84	8.87	30.42	2.47	0.15	0.34	0.48	11.08	0.72	0.09
2003	66.10	50.25	3.41	44.73	1.42	0.10	0.19	0.37	15.36	0.49	0.10
2004	91.17	73.41	11.21	60.15	1.35	0.08	0.30	0.26	17.28	0.48	0.05
2005	84.78	77.12	10.69	66.22	0.01	0.04		0.14	7.44	0.22	0.07
2006	98.29	80.96	9.81	70.31	0.48	0.02	0.07	0.24	17.05	0.28	0.04
2007	95.19	82.25	6.05	74.39	1.60	0.02	0.01	0.17	12.81	0.13	0.02
2008	96.40	87.48	6.59	78.71	1.91	0.01	0.08	0.14	8.81	0.11	0.02
2009	100.75	87.98	7.56	78.88	1.09	0.03	0.18	0.21	12.56	0.21	0.01
2010	97.98	84.93	6.25	77.77	0.50	0.01	0.13	0.27	12.91	0.15	0.02
2011	99.89	88.74	6.55	81.15	0.44	0.02	0.04	0.16	11.09	0.05	0.02
2012	101.07	88.99	8.02	80.38	0.24	0.01	0.20	0.11	12.05	0.03	0.02
2013	111.32	97.88	6.58	89.45	1.39	0.04	0.28	0.12	13.41	0.03	0.01
2014	109.41	95.27	6.62	87.48	0.75	0.04	0.16	0.15	14.12	0.02	0.01
2015	108.91	99.07	6.39	90.57	1.65	0.07	0.18	0.13	9.77	0.07	
2016	109.22	99.15	10.07	83.75	4.34	0.09	0.17	0.07	10.05	0.03	
2017	109.98	100.09	10.14	84.53	3.63	0.09	0.95	0.07	9.89		
2018	108.41	98.74	11.11	84.24	1.75	0.10	0.36		9.64	0.02	0.01
2019	109.47	104.03	6.99	92.28	1.93	0.08	0.31		5.41	0.03	0.02

注：2007年-2017年数据已根据第三次农牧业普查结果进行修订。

11-12　历年主要经济作物产量

单位：万吨

年份	油料	#葵花籽	#胡麻籽	#油菜籽	甜菜	药材	蔬菜	瓜类
1949	0.80						0.50	
1950	0.80		0.03	0.13			0.50	
1951	0.90		0.07	0.13			0.50	
1952	1.00		0.05	0.12	1.60		1.20	
1953	1.00		0.04	0.26	1.60		1.00	
1954	1.30		0.08	0.33	1.70		1.00	
1955	0.90		0.06	0.20	1.70		1.60	
1956	1.40		0.05	0.43	2.20		3.20	
1957	0.90		0.04	0.20	1.60		4.50	
1958	0.40		0.14	0.08	1.10		6.00	
1959	1.80		0.26	1.11	2.70		10.00	
1960	0.50		0.17	0.20	2.40		17.00	
1961	0.40		0.15	0.08	0.40		16.00	
1962	0.40		0.02	0.10	0.40		15.80	
1963	0.50		0.02	0.91	1.20		14.71	
1964	0.90		0.03	0.17	4.20		18.00	
1965	0.60		0.03	0.04	3.80		19.86	
1966	0.30		0.02	0.01	3.40		23.99	
1967	0.60		0.02	0.09	7.40		20.33	
1968	0.50			0.06	3.10		17.53	
1969	0.60		0.02	0.14	5.90		18.70	
1970	0.70		0.02	0.15	4.40		24.32	
1971	0.50		0.17	0.22	3.10	0.02	23.64	
1972	0.50		0.16	0.14	4.40	0.01	25.43	
1973	0.50		0.13	0.20	4.10	0.01	27.28	
1974	0.80		0.16	0.44	2.40	0.01	24.48	
1975	0.50	0.10	0.12	0.20	2.60	0.03	27.63	
1976	0.90	0.08	0.14	0.57	2.30	0.02	28.90	
1977	1.00	0.22	0.19	0.45	4.50	0.02	26.57	
1978	0.60	0.15	0.12	0.16	4.30	0.03	27.30	
1979	1.00	0.25	0.13	0.57	1.60	0.01	29.34	
1980	1.30	0.70	0.15	0.33	1.70	0.02	23.95	
1981	2.80	2.21	0.18	0.26	1.50	0.04	20.75	
1982	2.90	2.23	0.12	0.48	1.50	0.09	27.59	
1983	3.50	3.04	0.23	0.18	2.80	0.20	29.07	

11-12 续 表

单位：万吨

年 份	油 料	#葵花籽	#胡麻籽	#油菜籽	甜 菜	药 材	蔬 菜	瓜 类
1984	2.30	1.27	0.23	0.57	7.40	1.27	30.11	
1985	3.10	1.28	0.66	1.01	27.60	0.89	28.45	
1986	3.10	2.13	0.75	0.18	13.40	0.23	28.96	
1987	3.10	2.35	0.74	0.05	8.50		29.52	
1988	3.20	2.26	0.62	0.30	12.60		27.38	
1989	4.20	3.72	0.38	0.07	17.00		31.81	
1990	4.90	3.71	0.58	0.73	19.80		33.28	
1991	3.80	3.04	0.68	0.08	25.50		31.91	
1992	6.30	5.04	0.86	0.35	25.50		37.50	
1993	6.00	4.98	0.78	0.21	26.90		39.48	
1994	3.90	2.90	0.60	0.18	12.40	0.05	36.36	
1995	5.80	4.32	0.70	0.76	26.90	0.25	39.48	
1996	5.52	3.59	1.00	0.93	29.00	0.11	41.70	2.96
1997	5.72	3.69	1.09	0.92	23.72	0.32	41.48	3.05
1998	4.04	2.19	0.70	0.70	14.87	0.42	43.62	3.13
1999	5.90	4.05	0.88	0.88	8.16	0.62	45.66	4.54
2000	7.41	5.36	0.81	0.81	9.40	2.12	57.89	13.78
2001	6.66	5.98	0.48	0.48	10.05	2.44	55.30	12.89
2002	7.63	5.69	0.60	1.23	10.79	1.69	62.15	9.66
2003	6.34	4.00	0.59	1.61	6.33	1.45	58.08	5.11
2004	6.53	3.70	0.40	1.91	9.47	1.89	44.45	5.73
2005	3.06	1.53	0.39	0.09	17.80	1.65	48.48	7.26
2006	4.46	2.39	0.36	0.75	25.33	2.14	55.29	8.28
2007	2.37	1.21	0.24	0.59	16.30		55.84	7.99
2008	3.49	1.63	0.37	1.10	13.33		61.92	7.88
2009	3.71	2.19	0.47	0.73	11.00		70.36	6.34
2010	3.21	2.59	0.41	0.03	8.71		76.80	5.49
2011	4.28	3.78	0.42	0.03	3.18		86.48	5.45
2012	5.23	4.09	0.27	0.82	0.62		95.42	5.43
2013	5.46	4.68	0.20	0.58	0.13		86.05	5.68
2014	7.72	4.40	0.29	3.01	0.04		88.41	6.76
2015	6.28	5.34	0.34	0.59	0.04		83.36	6.21
2016	10.79	7.45	0.55	2.73			86.90	5.53
2017	6.94	6.19	0.50	0.11	1.19		86.82	5.17
2018	7.13	6.50	0.20	0.43	10.78		84.37	6.03
2019	10.19	8.24	0.17	1.78	28.33		84.98	5.36

注：2007年-2017年数据已根据第三次农牧业普查结果进行修订。

11-13　主要农作物总产量及单位面积产量

指　标	2016		2017		2018		2019	
	总产量（万吨）	单位面积产量（公斤/公顷）	总产量（万吨）	单位面积产量（公斤/公顷）	总产量（万吨）	单位面积产量（公斤/公顷）	总产量（万吨）	单位面积产量（公斤/公顷）
粮　食	109.22	5145	109.98	5198	108.41	5673	109.47	5655
谷　物	99.15	5800	100.09	5791	98.74	5836	104.03	5876
#小麦	10.07	2394	10.14	2357	11.11	3223	6.99	2146
玉米	83.75	7731	84.53	8070	84.24	7227	92.28	7768
高粱	0.63	7495	0.62	5655	0.83	4043	1.85	6942
谷子	0.09	3014	0.09	2987	0.10	3093	0.08	3942
莜麦	0.17	707	0.95	2198	0.36	1298	0.31	1381
糜黍	0.07	906	0.07	957				
荞麦	4.34	2681	3.63	1966	1.75	1454	1.93	989
豆　类	0.03	1250	0.00	1923	0.02	1392	0.03	1303
#大豆	0.00	1857	0.00	1867	0.01	1639	0.02	1676
薯　类	10.05	2443	9.89	2555	9.64	4436	5.41	3319
油　料	10.79	1198	6.94	983	7.13	1389	10.19	1569
#葵花籽	7.45	1812	6.19	1620	6.50	1709	8.24	1876
油菜籽	2.73	597	0.10	38	0.43	351	1.78	886
胡麻籽	0.55	1846	0.48	1994	0.20	1763	0.17	1851
甜　菜			1.19	61558	10.78	56138	28.33	57200
蔬　菜	86.90	72122	86.82	73248	84.37	74281	84.98	73395
瓜类（果用瓜）	5.53	33931	5.17	36543	6.03	36888	5.36	34137
水　果	8.18	23848	7.83	24115	8.57	24751	7.90	23388

注：本表数据已根据第三次农牧业普查进行修订。

11-14　历年牲畜总头数

单位：万头（只）

年份	年中数				年末数			
	合计	大牲畜	羊	猪	合计	大牲畜	羊	猪
1949	54.26	11.36	37.10	5.80	41.30	9.70	27.60	4.00
1950	60.85	12.71	41.74	6.40	50.70	11.40	34.80	4.50
1951	70.71	14.06	50.15	6.50	60.60	13.40	42.70	4.50
1952	85.42	16.21	62.41	6.80	75.10	15.30	54.80	5.00
1953	107.21	18.90	79.21	9.10	88.90	17.30	65.30	6.30
1954	119.08	20.03	90.25	8.80	99.10	18.60	74.20	6.30
1955	121.81	20.78	92.43	8.60	106.90	19.40	80.20	6.30
1956	130.01	20.03	102.48	7.50	110.80	17.90	86.90	6.00
1957	117.94	18.92	91.12	7.90	99.60	17.60	76.40	5.60
1958	131.97	16.16	104.91	10.90	112.00	14.70	88.40	8.90
1959	149.96	16.73	122.83	10.40	132.60	16.10	105.80	10.70
1960	181.22	19.36	145.56	16.30	163.70	19.60	133.40	10.70
1961	189.72	19.41	156.11	14.20	159.70	19.50	131.50	8.70
1962	168.95	18.75	136.80	13.40	143.90	17.90	117.00	9.00
1963	195.54	19.82	161.42	14.30	165.40	19.20	136.20	9.90
1964	209.03	20.62	174.71	13.70	173.40	20.20	142.70	10.50
1965	219.30	21.62	181.88	15.80	156.30	19.60	125.80	10.90
1966	148.55	17.27	120.18	11.10	115.00	16.10	89.50	9.40
1967	157.37	17.33	127.44	12.60	130.90	16.60	101.60	12.70
1968	165.75	18.17	131.98	15.60	132.10	16.40	103.50	12.20
1969	175.45	19.12	142.13	14.20	146.40	18.00	117.60	10.80
1970	190.19	20.59	155.70	13.90	161.80	20.60	129.20	12.00
1971	184.76	21.82	150.64	12.30	166.10	20.90	133.40	11.80
1972	190.64	21.72	155.52	13.40	167.70	20.70	134.10	12.90
1973	211.63	20.97	174.16	16.50	174.60	19.90	141.00	13.70
1974	213.42	21.09	175.73	16.60	174.10	20.00	140.70	13.40
1975	216.16	21.97	175.79	18.40	174.30	20.90	138.60	14.80
1976	197.39	21.78	153.41	22.20	158.60	20.70	121.20	16.70
1977	196.41	21.78	152.83	21.80	157.10	20.70	118.90	17.50
1978	180.93	21.03	136.40	23.50	148.80	20.10	109.90	18.80
1979	194.29	21.28	148.51	24.50	161.60	20.10	123.20	18.30
1980	204.67	21.55	160.62	22.50	165.30	20.10	128.10	17.10
1981	193.91	20.53	154.48	18.90	158.50	19.50	124.80	14.20
1982	193.70	20.48	157.22	16.00	150.10	19.30	118.20	12.60
1983	169.54	19.78	135.86	13.90	129.50	18.70	100.80	10.00

11-14 续 表

单位：万头（只）

年份	年中数				年末数			
	合计	大牲畜	羊	猪	合计	大牲畜	羊	猪
1984	166.73	19.56	134.37	12.80	138.30	18.20	109.90	10.20
1985	184.29	19.49	148.30	16.50	159.30	18.40	127.60	13.30
1986	205.14	19.71	167.03	18.40	174.10	18.30	141.40	14.40
1987	225.23	18.93	191.00	15.30	168.10	14.30	143.00	10.80
1988	214.69	13.65	189.24	11.80	185.10	12.80	161.60	10.70
1989	250.06	13.41	223.05	13.60	195.30	12.30	171.60	11.40
1990	252.87	13.15	224.52	15.20	196.60	12.50	171.10	13.00
1991	262.64	13.56	229.78	19.30	192.90	12.50	166.00	14.40
1992	262.73	13.83	223.14	25.76	187.90	12.20	156.10	19.60
1993	262.99	13.79	214.30	34.90	187.60	12.30	152.60	22.70
1994	271.31	13.34	216.17	41.80	198.50	12.40	159.80	26.30
1995	298.97	14.19	232.30	52.48	210.80	12.70	170.10	28.00
1996	318.37	15.53	249.14	53.70	225.40	13.80	183.60	28.00
1997	339.42	16.32	263.16	59.94	226.99	13.80	182.72	30.47
1998	343.04	16.24	268.53	58.27	231.58	13.08	184.91	33.59
1999	340.13	16.28	269.58	54.27	218.07	12.00	175.54	30.53
2000	317.09	15.45	255.34	46.30	202.19	11.62	162.62	27.95
2001	290.29	14.98	234.25	41.06	178.94	12.35	140.14	26.44
2002	253.13	17.52	197.62	37.99	161.63	16.86	119.56	25.21
2003	250.47	25.39	190.06	35.02	176.44	29.43	123.85	23.16
2004	281.88	35.48	210.34	36.06	196.65	41.60	131.07	23.98
2005	359.49	46.63	275.04	37.81	202.71	49.85	128.51	24.35
2006	353.76	52.10	263.10	38.56	253.67	46.57	184.31	22.79
2007	375.39	49.25	288.27	37.87	249.04	45.27	180.04	23.73
2008	351.17	43.96	265.26	41.95	234.14	44.61	163.43	26.10
2009	351.19	41.71	266.26	43.22	226.71	40.67	159.20	26.84
2010	354.20	37.27	274.49	42.44	250.28	40.17	183.00	27.11
2011	355.99	37.26	275.71	43.02	256.03	39.70	189.22	27.11
2012	384.26	34.22	307.60	42.44	254.21	37.51	189.23	27.47
2013	402.85	32.52	326.05	44.28	257.18	32.38	203.31	21.49
2014	426.40	26.41	364.53	35.46	259.03	32.21	209.85	16.97
2015	433.83	26.00	374.07	33.76	268.89	26.33	225.98	16.58
2016	438.30	20.99	386.14	31.17	285.71	20.21	242.30	23.20
2017	434.29	20.00	382.89	31.40	273.20	21.24	230.32	21.64
2018	407.61	16.11	363.76	27.74	282.21	18.45	245.79	17.97
2019	375.39	16.29	338.10	21.00	269.73	15.92	237.77	16.04

注：本表数据已根据第三次农牧业普查进行修订。

11-15 历年大牲畜和羊年中存栏数

单位：万头（只）

年 份	合计	牛	马	驴	骡	骆驼	绵羊	山羊
1949	48.46	6.90	1.94	1.43	0.38	0.71	24.03	13.07
1950	54.45	7.70	2.12	1.71	0.44	0.74	27.27	14.47
1951	64.21	8.80	2.19	1.78	0.53	0.77	32.94	17.21
1952	78.62	10.30	2.50	1.94	0.62	0.85	40.90	21.51
1953	98.11	12.30	2.89	2.42	0.57	0.72	52.77	26.44
1954	110.28	13.20	3.26	2.18	0.63	0.76	61.57	28.68
1955	113.21	13.40	3.63	2.18	0.76	0.81	62.45	29.98
1956	122.51	12.10	3.91	2.04	1.05	0.93	67.40	35.08
1957	110.04	11.30	4.04	1.67	1.02	0.89	62.20	28.92
1958	121.07	8.70	4.01	1.74	0.91	0.80	72.04	32.87
1959	139.56	8.90	4.43	1.59	0.99	0.82	81.14	41.69
1960	164.92	10.70	5.11	1.53	1.11	0.91	95.05	50.51
1961	175.52	10.60	5.42	1.46	1.01	0.92	101.81	54.30
1962	155.55	9.70	5.71	1.43	0.96	0.95	87.35	49.45
1963	181.24	10.30	6.22	1.40	1.01	0.89	104.63	56.79
1964	195.33	10.50	6.71	1.51	1.01	0.89	116.47	58.24
1965	203.50	11.00	7.00	1.63	1.11	0.88	122.04	59.84
1966	137.45	7.90	5.96	1.62	1.17	0.62	81.21	38.97
1967	144.77	7.70	6.24	1.53	1.33	0.53	83.60	43.84
1968	150.15	7.90	6.52	1.64	1.53	0.58	87.22	44.76
1969	161.25	8.20	7.10	1.56	1.69	0.57	91.40	50.73
1970	176.29	8.90	7.55	1.61	1.89	0.64	101.67	54.03
1971	172.46	9.40	8.04	1.55	2.12	0.71	99.64	51.00
1972	177.24	9.40	7.91	1.47	2.23	0.71	106.03	49.49
1973	195.13	8.50	7.95	1.46	2.35	0.71	120.91	53.25
1974	196.82	8.30	8.18	1.43	2.45	0.73	122.84	52.89
1975	197.76	8.90	8.33	1.50	2.54	0.70	125.83	49.96
1976	175.19	8.80	8.24	1.50	2.55	0.69	112.74	40.67
1977	174.61	8.90	8.18	1.45	2.58	0.67	111.88	40.95
1978	157.43	8.90	7.45	1.48	2.57	0.63	98.69	37.71
1979	169.79	9.00	7.63	1.50	2.53	0.62	107.36	41.15
1980	182.17	9.50	7.40	1.56	2.48	0.61	119.24	41.38
1981	175.01	8.90	7.01	1.61	2.40	0.61	116.72	37.76
1982	177.70	8.40	7.26	1.71	2.50	0.61	119.31	37.91
1983	155.64	7.70	6.94	1.82	2.64	0.68	103.81	32.05

11-15 续 表

单位：万头（只）

年 份	合计	牛	马	驴	骡	骆驼	绵羊	山羊
1984	153.93	7.40	6.78	1.94	2.77	0.67	103.25	31.12
1985	167.79	7.50	6.46	2.09	2.92	0.52	114.35	33.95
1986	186.74	7.70	6.18	2.28	3.07	0.48	127.88	39.15
1987	209.93	7.10	5.56	2.46	3.27	0.54	144.54	46.46
1988	202.89	4.40	3.44	2.16	3.10	0.55	137.24	52.00
1989	236.46	4.50	3.01	2.24	3.08	0.58	156.90	66.15
1990	237.67	4.50	2.70	2.32	3.03	0.60	156.60	67.92
1991	243.34	4.73	2.60	2.56	3.09	0.63	159.39	70.39
1992	236.97	4.54	2.43	2.88	3.26	0.72	152.81	70.33
1993	228.09	4.53	2.18	3.05	3.29	0.74	144.46	69.84
1994	229.51	4.76	1.93	2.86	3.15	0.61	144.27	71.90
1995	246.49	6.56	1.68	2.50	2.93	0.52	150.08	82.22
1996	264.67	7.90	1.62	2.63	2.82	0.56	161.39	87.75
1997	279.48	8.60	1.46	2.83	2.81	0.62	170.09	93.07
1998	284.77	8.11	1.39	3.13	2.93	0.68	169.53	99.00
1999	285.86	8.08	1.33	3.21	2.93	0.73	168.15	101.43
2000	270.78	8.36	0.84	3.08	2.68	0.48	159.79	95.55
2001	249.23	8.27	0.55	3.06	2.53	0.57	143.40	90.85
2002	215.14	11.40	0.36	2.95	2.19	0.62	117.54	80.08
2003	215.45	19.88	0.33	2.69	1.97	0.52	113.43	76.63
2004	245.82	30.29	0.33	2.58	1.74	0.54	127.51	82.83
2005	321.67	41.78	0.36	2.41	1.59	0.49	175.54	99.50
2006	315.20	47.91	0.32	2.14	1.26	0.47	169.88	93.22
2007	337.52	45.21	0.29	2.13	1.22	0.39	193.10	95.18
2008	309.22	40.43	0.27	1.88	1.06	0.33	186.60	78.67
2009	307.97	38.40	0.26	1.76	0.97	0.32	185.14	81.12
2010	311.76	33.78	0.38	1.91	0.89	0.31	190.70	83.79
2011	312.98	33.82	0.52	1.81	0.81	0.29	192.02	83.70
2012	341.82	30.84	0.67	1.67	0.75	0.29	204.52	103.08
2013	358.57	29.00	1.04	1.57	0.65	0.26	219.99	106.06
2014	390.94	22.66	1.42	1.44	0.59	0.29	252.50	112.03
2015	400.07	22.25	1.57	1.41	0.46	0.31	258.00	116.07
2016	407.13	17.67	1.46	1.32	0.32	0.22	272.27	113.87
2017	362.02	15.49	1.72	0.41	0.07	0.13	255.11	89.09
2018	379.87	13.58	1.84	0.53	0.04	0.12	276.14	87.62
2019	375.39	13.12	2.58	0.44	0.03	0.13	231.52	106.58

11-16　年末牲畜总头数

单位：万头（只）

指　标	2015	2016	2017	2018	2019
大牲畜和羊合计	**240.55**	**262.51**	**251.56**	**264.24**	**253.69**
大牲畜	28.33	20.21	21.24	18.45	15.92
牛	25.56	17.9	17.53	15.01	12.27
#良种及改良种乳牛	18.08	13.79	12.23	11.36	7.61
马	1.52	1.61	2.92	2.59	2.89
驴	0.81	0.53	0.61	0.64	0.6
骡	0.24	0.09	0.08	0.08	0.05
骆驼	0.20	0.08	0.10	0.13	0.11
羊	212.22	242.3	230.32	245.79	237.77
绵羊	140.20	167.11	155.92	165.38	161.11
山羊	72.02	75.19	74.40	80.41	76.66
猪	**25.12**	**23.2**	**21.64**	**17.97**	**16.04**

注：2015年-2017年已根据第三次农牧业普查结果进行修订。

11-17 年末能繁殖母畜、良种牲畜及改良种牲畜（2019年）

单位：万头（只）

指　标	能繁殖母畜	良种牲畜	改良种牲畜
大牲畜和羊合计	**166.02**	**89.44**	**151.21**
大牲畜	10.82	9.23	5.31
牛	9.03	7.43	4.42
马	1.38	1.69	0.84
驴	0.35	0.06	0.03
骡			
骆驼	0.06	0.05	0.02
羊	155.20	80.21	145.90
绵羊	104.46	52.10	100.17
山羊	50.74	28.11	45.73
猪	**2.38**	**6.84**	**8.70**

11-18 年末牲畜增减变化情况（2019年）

单位：万头（只）

指　标	繁殖仔畜	成活仔畜		成幼畜死亡	
	头数	头数	成活率(%)	头数	死亡率(%)
大牲畜和羊合计	**206.89**	**203.63**	**98.42**	**2.94**	**1.11**
大牲畜	9.73	9.56	98.25	0.20	1.08
牛	8.37	8.22	98.21	0.18	1.20
#良种及改良种乳牛	6.10	5.92	97.05	0.07	0.62
马	0.99	0.98	98.99	0.02	0.77
驴	0.29	0.28	96.55		
骡	0.01	0.01	100.00		
骆驼	0.07	0.07	100.00		
羊	197.16	194.07	98.43	2.74	1.11
绵羊	119.15	116.73	97.97	1.90	1.15
山羊	78.01	77.34	99.14	0.84	1.04
猪	**14.66**	**14.39**	**98.16**	**0.47**	**2.62**

11-18 续 表

单位：万头（只）

指　标	自宰自食	出　售	#出售肉畜	出栏率（%）	商品率（%）
大牲畜和羊合计	**49.40**	**489.83**	**464.65**	**194.54**	**186.42**
大牲畜	1.97	26.72	24.11	141.36	443.20
牛	1.86	24.56	22.07	159.43	514.45
#良种及改良种乳牛	0.46	16.49	15.73	142.52	738.50
马	0.01	1.46	1.45	56.37	155.91
驴	0.09	0.53	0.49	90.63	288.24
骡	0.01	0.07	0.05	75.00	
骆驼		0.10	0.05	38.46	100.00
羊	47.43	463.11	440.54	198.53	180.69
绵羊	26.16	268.27	253.42	169.05	132.59
山羊	21.27	194.84	187.12	259.16	355.20
猪	**13.79**	**44.15**	**41.70**	**308.79**	**349.54**

11-19　主要畜禽产品产量

指　标	2015	2016	2017	2018	2019
当年出栏肉猪头数（头）	524418	343718	551062	663660	554862
当年出栏和自宰的肉用牛（头）	215991	227231	228961	244449	239317
当年出栏和自宰的肉用羊（只）	4007767	4431171	4248866	4930715	4879658
当年肉类总产量（吨）	161704	167104	162937	178966	173385
#猪肉产量	43503	29962	45442	50000	41763
牛肉产量	36555	37983	39958	39990	39546
羊肉产量	65832	73176	69552	79253	81726
奶类产量（吨）	767045	723684	633199	629667	638572
#牛奶	766938	723575	633094	629561	638465
山羊毛产量（吨）	334	289	284	282	296
绵羊毛产量（吨）	3453	3703	3461	3640	3844
山羊绒产量（吨）	279	263	250	248	254
蜂蜜产量（吨）	50	31	24	23	20
禽蛋产量（吨）	27200	24860	30849	41343	37963
年末实有家禽（万只）	127.45	234.88	180.28	220.93	245.24
牛皮产量（张）	243913	251303	225522	245831	240136
绵羊皮产量（张）	3243745	3309368	2385992	2914378	2792974
山羊皮产量（张）	937193	990727	1887030	1107153	2082240
驼绒产量（吨）	10	11			
水产品（吨）	8861	9102	9126	9171	8176

注：2015年—2017年数据已根据第三次农牧业普查结果进行修订。

11-20　生态建设基本情况

指　　标	2015	2016	2017	2018	2019
荒山荒(沙)地造林面积（公顷）	**36834**	**38029**	**35033**	**30673**	**47504**
人工造林	13833	19561	23033	30673	21503
无林地和疏林地新封	23001	8468	9667		26001
林业重点工程合计（公顷）	**31936**	**25469**	**28065**	**28190**	**46812**
天然林资源保护工程	13602	5002	3866	2577	6400
退耕还林工程		8000	12200	23481	17412
荒山荒地造林		267			
京津风沙源治理工程	18334	12467	11999	2132	23000
三北及长江流域等防护工程					
当年造林面积（千公顷）	36.83	38.03	35.03	30.67	47.50
按经济成份分					
国有造林	17.63	5.77	5.47	1.22	8.61
集体造林	19.20	22.18	15.83	29.45	38.89
非公有制造林		0.08	11.40		
按主要林种用途分					
用材林					
经济林					
防护林	**36.83**	**28.03**	**32.70**	**30.67**	**47.50**
#农田防护林					
薪炭林					
其他林					
草场面积（千公顷）	**2034.67**	**1991.23**	**1991.23**	**2035.23**	**2024.21**
#承包到户面积	1675.00	1753.91	1579.40	1517.31	1517.31
围栏草场面积（万亩）	**830.52**	**830.52**	**899.02**	**887.77**	**907.77**
人工种草保有面积（千公顷）	**152.11**	**101.61**	**92.67**	**80.00**	**77.30**
#当年种草面积	134.92	91.43	78.73	66.27	67.71
年末实有自然保护区（个）	**5**	**3**	**4**	**6**	**6**
年末实有自然保护区面积（公顷）	**173357**	**68262**	**105177**	**174778**	**190033**

主要统计指标解释

农林牧渔业总产值　指以货币表现的农、林、牧、渔业全部产品和对农林牧渔业生产活动进行的各种支持性服务活动的价值总量，它反映一定时期内农林牧渔业生产总规模和总成果。1957年以前的农林牧渔业总产值中包括了厩肥和农民自给性手工业（如农民自制衣服、鞋、袜，自己从事粮食初步加工等）。1958年及以后，林业中增加了村及村以下竹木采伐产值；牧业中取消了厩肥产值；副业中取消了农民自给性手工业产值，增加了村及村以下办的工业产值；渔业中增加了海洋捕捞水产品产值。1980年及以后，在副业中增加了农民家庭兼营工业商品部分的产值。从1984年起村及村以下工业产值划归工业。从1993年起取消副业，将野生动物的捕猎划入牧业、野生植物采集和农民家庭兼营商品性工业划归农业。从2003年起，执行新的国民经济行业分类标准，农林牧渔业总产值中包括了农林牧渔服务业产值。林业中增加了森林采运业产值。农业中取消了家庭兼营商品性工业产值，将野生林产品的采集划归林业。第一次农业普查以后，由于畜牧业产品年报数据与普查数据之间存在一定的差距，国家统计局农调总队对畜牧业年报数据与普查数据进行衔接，相应的畜牧业产值进行调整。

农林牧渔业总产值的计算方法通常是按农、林、牧、渔业产品及其副产品的产量分别乘以各自单位产品价格求得；少数生产周期较长，当年没有产品或产品产量不易统计的，则采用间接方法匡算其产值；然后将四业产品产值相加即为农林牧渔业总产值。

粮食产量　指全社会的产量。包括国有经济经营的、集体统一经营的和农民家庭经营的粮食产量，还包括工矿企业办的农场和其他生产单位的产量。粮食除包括稻谷、小麦、玉米、高粱、谷子及其他杂粮外，还包括薯类和豆类。其产量计算方法，豆类按去豆荚后的干豆计算；薯类（包括甘薯和马铃薯，不包括芋头和木薯）1963年以前按每4公斤鲜薯折1公斤粮食计算，从1964年开始改为按5公斤鲜薯折1公斤粮食计算。城市郊区作为蔬菜的薯类（如马铃薯等）按鲜品计算，并且不作粮食统计。其他粮食一律按脱粒后的原粮计算。1989年以前全国粮食产量数据主要靠全面报表取得，1989年以后开始使用抽样调查数据。

油料产量　指全部油料作物的生产量。包括花生、油菜籽、芝麻、向日葵籽、胡麻籽（亚麻籽）和其他油料。不包括大豆、木本油料和野生油料。花生以带壳干花生计算。

水产品产量　指人工养殖的水产品和天然生长的水产品的捕捞量。包括海水的鱼类、虾蟹类、贝类和藻类以及内陆水域的鱼类、虾蟹类和贝类，不包括淡水生植物。水产品产量是通过各级水产和统计部门逐级上报取得数据。1995年及以前，贝类中牡蛎按鲜肉计算；蚶、蛤、蛙按5斤鲜品折1斤计算。1996年以后则统一按鲜品计算。

猪、牛、羊肉产量　指当年出栏并已屠宰、除去头蹄下水后带骨肉（即胴体重）的重量。包括全社会范围内的产量。1996年前为各级逐级上报数据。1996年第一次农业普查以后，由于畜牧业产品年报数据与普查数据之间存在一定的差距，国家统计局农调总队对畜牧业年报数据与普查数据进行衔接。1999年以后，国家统计局开展了猪、牛、羊、禽等主要畜禽品种的抽样调查，并用抽样数据作为国家定案数据使用。未开展抽样调查的品种，仍使用各级统计部门逐级上报数据。

期末畜禽存栏头(只)数　指报告期末农村各种合作经济组织和国营农场、农民个人、机关、团体、学校、工矿企业、部队等单位以及城镇居民饲养的大牲畜、猪、羊、家禽等畜禽的存栏数。数据上报方式及数据调整情况同猪、牛、羊肉产量。

常用耕地 是指耕地总资源中专门种植农作物并经常进行耕种、能够正常收获的土地。包括当年实际耕种的熟地；弃耕、休闲不满三年，随时可以复耕的地；开荒利用三年以上的土地。在统计口径上包括南方小于1米、北方小于2米宽的沟、渠、路和田埂。不包括临时种植农作物的坡度在25度以上的陡坡地；在河套、湖畔、库区临时开发的成片或零星土地；也不包括已列为国家和省（区、市）退耕计划但临时耕种的土地。常用耕地是国家需要重点保护的耕地，是反映我国农业综合生产能力的一个重要指标。

农作物播种面积 指实际播种或移植有农作物的面积。凡是实际种植有农作物的面积，不论种植在耕地上还是种植在非耕地上，均包括在农作物播种面积中。在播种季节基本结束后，因遭灾而重新改种和补种的农作物面积，也包括在内。农作物播种面积主要包括粮食、棉花、油料、糖料、麻类、烟叶、蔬菜和瓜类、药材和其他农作物九大类。

有效灌溉面积 指具有一定的水源，地块比较平整，灌溉工程或设备已经配套，在一般年景下当年能够进行正常灌溉的耕地面积。

农用化肥施用量 指本年内实际用于农业生产的化肥数量，包括氮肥、磷肥、钾肥和复合肥。化肥施用量要求按折纯量计算数量。折纯量是把氮肥、磷肥、钾肥分别按含氮、含五氧化二磷、含氧化钾的百分之一百成份进行折算后的数量。复合肥按其所含主要成分折算。

农业机械总动力 指主要用于农、林、牧、渔业的各种动力机械的动力总和。包括耕作机械、排灌机械、收获机械、农用运输机械、植物保护机械、牧业机械、林业机械、渔业机械和其他农业机械［内燃机按引擎马力折成瓦(特)计算、电动机按功率折成瓦(特)计算］。不包括专门用于乡、镇、村、组办工业、基本建设、非农业运输、科学试验和教学等非农业生产方面用的动力机械与作业机械。

12 工　业

Industry

资料整理：王晨　杨颖

12-1 规模以上工业企业可比价增加值增速

单位：%

项目	2016	2017	2018	2019
总计	**8.9**	**6.0**	**11.0**	**11.2**
按行业分				
采矿业	**13.3**	**-19.7**	**2.0**	**-3.7**
煤炭开采和洗选业	14.4	-13.6	-4.6	-16.2
黑色金属矿采选业	12.6	-41.0	-15.6	29.6
有色金属矿采选业	13.4	228.8	82.3	-17.2
非金属矿采选业	9.7	-31.9	25.0	28.0
制造业	**7.5**	**10.7**	**12.5**	**15.3**
农副食品加工业	-1.6	-39.1	6.2	40.3
食品制造业	-10.9	0.1	-3.8	18.4
酒、饮料和精制茶制造业	-0.6	-14.0	-14.6	-8.7
纺织业	15.1	-53.9	-10.8	36.5
纺织服装、服饰业	6.8	2.2	1.1	-17.0
皮革、毛皮、羽毛及其制品和制鞋业	18.1	-25.8	-6.0	27.8
木材加工和木、竹、藤、棕、草制品业	19.6	-88.3	6.4	-97.8
造纸及纸制品业	11.3	-20.8	-34.0	21.4
印刷和记录媒介复制业	22.9	-95.8		
石油加工、炼焦和核燃料加工业	-14.2	108.2	19.6	18.3
化学原料和化学制品制造业	-5.6	-3.1	2.2	15.7
医药制造业	1.8	-6.8	-35.5	23.4
化学纤维制造业	-92.6			
橡胶和塑料制品业	22.7	-95.4	-26.6	8.3
非金属矿物制品业	9.8	162.4	-34.9	75.6
黑色金属冶炼和压延加工业	6.5	7.8	20.3	8.9
有色金属冶炼和压延加工业	17.6	-2.5	29.6	8.4
金属制品业	11.8	17.2	10.1	2.4
通用设备制造业	-3.4	268.6	-29.7	71.2
专用设备制造业	-4.0	25.0	-2.8	115.2
汽车制造业	11.7	62.0	-2.8	-39.0
铁路、船舶、航空航天和其他运输设备制造业	-11.4	-7.8	-20.5	16.7
电气机械和器材制造业	5.5	-75.4	34.2	149.8
计算机、通信和其他电子设备制造业	-8.0	-40.9	17.6	30.9
仪器仪表制造业	10.2	-72.0		138.3
其他制造业	129.6	-87.8		
废弃资源综合利用业	41.1	-16.4	36.9	32.8
金属制品、机械和设备修理业	-5.8	-14.6	21.2	32.8
电力、燃气及水的生产和供应业	**8.8**	**15.5**	**10.7**	**7.9**
电力、热力生产和供应业	2.3	21.4	17.5	8.5
燃气生产和供应业	24.3	-14.4	-6.7	0.4
水的生产和供应业	58.0	22.8	-41.9	11.9

12-2 规模以上工业企业

项　目	企业单位数（个）	资产合计	流动资产合计	应收账款
总 计	**420**	**56620700**	**22894187**	**4479451**
在总计中 ：				
亏损企业	102	12048681	4078652	843266
按轻重工业分				
轻工业	40	1351432	724624	224518
重工业	380	55269267	22169564	4254933
按行业分				
采矿业	44	7986402	2323094	213137
制造业	291	41556358	18679674	3575260
电力、燃气及水的生产和供应业	85	7077941	1891419	691054
按企业规模分				
大型企业	25	40001701	15098996	2117364
中型企业	66	7573514	3928077	1105191
小型企业	270	7005466	3029794	1006573
微型企业	59	2040020	837321	250323
按登记注册类型分组				
内资企业	407	55781028	22587237	4418379
国有企业	4	1033415	527272	14519
中央企业	2	865828	442944	13193
地方企业	2	167587	84328	1326
集体企业	2	16195	15093	4571
有限责任公司	202	32432922	11948708	2673077
#国有独资公司	18	2354068	748164	225514
股份有限公司	23	17256935	7198134	1004040
私营企业	176	5041561	2898029	722171
港澳台商投资企业	3	438191	120515	7951
外商投资企业	10	401481	186435	53121

主要经济指标(2019年)

单位:万元

存货	负债合计	所有者权益	营业收入	营业成本	营业利润	利润总额
5563074	**34084458**	**22528986**	**30260756**	**26611138**	**977028**	**989390**
541131	8885992	3155917	4127084	3773512	-278806	-296644
209580	773048	578384	1092571	944403	48719	51839
5353494	33311410	21950602	29168184	25666735	928308	937550
161206	4544117	3443441	1651613	1080211	114133	95811
5354368	24335428	17212517	26762179	24130443	735697	756744
47500	5204912	1873027	1846964	1400483	127198	136835
4172752	22700109	17301591	19100016	16916328	540888	533188
745430	5205512	2368002	5956022	5247048	198885	201344
598276	4587309	2418153	4794339	4150710	195622	213071
46617	1591527	441240	410379	297052	41633	41788
5471261	33738414	22035357	29666861	26118245	923510	934800
24463	294882	738534	582814	368669	115424	115135
20336	172707	693122	515274	334273	121507	121336
4127	122175	45412	67540	34396	-6083	-6201
943	9412	6783	17887	16688	347	819
2181079	19259637	13165418	16325360	14180067	623989	624279
203351	1726176	627892	754076	602875	53118	51968
2680696	10153367	7103569	7936234	7107295	115745	124448
584080	4021118	1021054	4804566	4445525	68005	70120
43847	165087	273104	323697	276484	28129	29193
47966	180957	220524	270197	216409	25389	25397

12-3　国有及国有控股工业企业主要经济指标(2019年)

单位: 万元

项　目	企业单位数(个)	资产合计	流动资产合计	应收账款	存货	负债合计
总 计	**109**	**43406839**	**15707466**	**2267060**	**4139602**	**24933277**
在总计中:亏损企业	22	8351535	2208032	416950	167726	5471118
在总计中:轻工业	7	309620	161866	18414	41524	134489
重工业	102	43097219	15545600	2248646	4098078	24798788
在总计中:						
采矿业	6	6946475	1697914	122098	56280	3773463
制造业	64	31656879	12876247	1676010	4044200	17604981
电力、燃气及水的生产和供应业	39	4803485	1133306	468952	39122	3554834
在总计中:						
大型企业	16	36987752	13251235	1487543	3800189	20654701
中型企业	26	3174243	1461029	307525	222643	2140319
小型企业	50	2517057	776993	350154	106196	1648673
微型企业	17	727787	218210	121838	10575	489583

12-3　续　表

单位: 万元

项　目	所有者权益	营业收入	营业成本	营业利润	利润总额
总 计	**18473561**	**18717663**	**16215479**	**574447**	**571692**
在总计中:亏损企业	2880417	1534882	1226041	-186924	-202534
在总计中:轻工业	175131	173287	136402	10282	10743
重工业	18298430	18544376	16079077	564165	560949
在总计中:					
采矿业	3173013	1025298	589326	66151	48358
制造业	14051898	16295284	14514555	450346	460315
电力、燃气及水的生产和供应业	1248650	1397081	1111598	57949	63019
在总计中:					
大型企业	16333051	16084930	14134556	417293	408427
中型企业	1033924	1661286	1355867	68882	72383
小型企业	868383	826317	628369	73719	76241
微型企业	238203	145131	96688	14554	14641

12－4 规模以上民营工业企业主要经济指标(2019年)

单位:万元

项目	企业单位数(个)	资产合计	流动资产合计	应收账款	存货	负债合计
总计	**300**	**12691604**	**7086265**	**2164330**	**1389491**	**8978378**
在总计中:亏损企业	80	3697147	1870620	426316	373405	3414874.5
在总计中:轻工业	30	949584	529077	200842	162997	592473.7
重工业	270	11742020	6557188	1963488	1226494	8385904
在总计中:						
采矿业	38	1039927	625181	91040	104927	770654.3
制造业	218	9501454	5730345	1866017	1277201	6599933
电力、燃气及水的生产和供应业	44	2150223	730739	207274	7364	1607790.7
在总计中:						
大型企业	9	3013949	1847761	629821	372563	2045408
中型企业	41	4563437	2553881	804610	524894	3132015
小型企业	209	3835515	2089793	616941	458293	2705659
微型企业	41	1278703	594830	112959	33740	1095295

12－4 续 表

单位:万元

项目	所有者权益	营业收入	营业成本	营业利润	利润总额
总计	**3705970**	**11243301**	**10177573**	**356569**	**370211**
在总计中:亏损企业	275500	2592202	2547471	-91882	-94110
在总计中:轻工业	357110	831874	737746	35013	37619
重工业	3348860	10411427	9439827	321556	332592
在总计中:					
采矿业	270429	626315	490885	47982	47453
制造业	2893109	10190806	9410849	246982	257595
电力、燃气及水的生产和供应业	542432	426180	275838	61606	65163
在总计中:					
大型企业	968540	3015086	2781772	123596	124761
中型企业	1431422	4356796	3938877	136456	134907
小型企业	1129852	3635589	3282707	71052	84942
微型企业	176156	235830	174217	25465	25602

12-5 规模以上工业企业分行业

行 业	企业单位数(个)	资产合计	流动资产合计	应收账款
总 计	**420**	**56620700**	**22894187**	**4479451**
采矿业	**44**	**7986402**	**2323094**	**213137**
煤炭开采和洗选业	14	1278054	695467	33542
黑色金属矿采选业	24	6572615	1587644	166961
有色金属矿采选业	3	113991	22860	7126
非金属矿采选业	3	21742	17123	5509
制造业	**291**	**41556358**	**18679674**	**3575260**
农副食品加工业	12	129562	66356	10212
食品制造业	7	341468	155256	31427
酒、饮料和精制茶制造业	4	220567	95243	1865
纺织服装、服饰业	5	210611	172368	54121
皮革、毛皮、羽毛及其制品和制鞋业	1	7003	6664	41
木材加工和木、竹、藤、棕、草制品业	1	9950	9673	5682
造纸及纸制品业	1	15941	10370	3355
石油加工、炼焦和核燃料加工业	1	48615	18736	-305
化学原料和化学制品制造业	19	2519293	874911	254479
医药制造业	1	17628	11839	2688
橡胶和塑料制品业	4	50690	37819	20788
非金属矿物制品业	38	1805961	802063	172530
黑色金属冶炼和压延加工业	40	20140350	6879899	998266
有色金属冶炼和压延加工业	49	7240171	3920191	989075
金属制品业	22	5285382	3220270	272014
通用设备制造业	14	345288	258903	136654
专用设备制造业	15	515045	381582	74693
汽车制造业	10	899658	671037	255257
铁路、船舶、航空航天和其他运输设备制造业	6	250963	209383	22580
电气机械和器材制造业	12	312986	221229	104329
计算机、通信和其他电子设备制造业	20	406870	245822	97722
仪器仪表制造业	1	6035	4263	2387
其他制造业	1	606889	292534	3633
废弃资源综合利用业	3	120144	74505	37431
金属制品、机械和设备修理业	4	49289	38760	24338
电力、燃气及水的生产和供应业	**85**	**7077941**	**1891419**	**691054**
电力、热力生产和供应业	66	5782450	1259539	551094
燃气生产和供应业	10	583522	348599	72566
水的生产和供应业	9	711969	283281	67394

主要经济指标(2019年)

单位:万元

存货	负债合计	所有者权益	营业收入	营业成本	营业利润	利润总额
5563074	**34084458**	**22528986**	**30260756**	**26611138**	**977028**	**989390**
161206	**4544117**	**3443441**	**1651613**	**1080211**	**114133**	**95811**
83249	658083	621127	739663	528634	124587	125155
67400	3802068	2770548	808628	474848	-15173	-34350
7002	70763	43228	77029	53589	4330	4545
3555	13203	8538	26293	23140	389	461
5354368	**24335428**	**17212517**	**26762179**	**24130443**	**735697**	**756744**
31118	80834	48728	172652	146914	7410	7818
19788	197978	143490	319887	263466	23758	24663
28961	125941	94625	84003	63849	4890	5182
73197	122226	88385	106588	97434	2626	2850
1546	1394	5610	4992	4572	13	63
105	4923	5027	6496	3069	2167	2167
4826	7559	8382	18094	16014	515	529
20864	14543	34072	159636	147879	1066	1242
162127	1297681	1221612	1361673	1097909	103976	103186
2379	10102	7526	5858	3824	-324	166
6926	22184	28506	56664	52232	-3202	-3179
156166	1321592	484369	1088025	994129	11354	11736
2241815	11562742	8580002	11282545	10355537	158068	157587
1334815	4017949	3213875	6902824	6375056	268980	274215
660923	3320657	1964725	2703522	2362263	90812	94100
56666	193299	151989	328385	266643	30010	30099
130431	246105	268940	320133	231756	25788	27159
84741	690615	206587	562732	524340	-40121	-38224
15063	97957	153006	172846	145049	8119	8440
63045	238599	74388	411212	381831	7671	9271
87168	229515	177355	329380	286242	10579	12194
719	1174	4861	3247	2285	27	102
156742	411353	195536	174374	136494	22681	22650
8601	89971	30173	163031	152550	-1157	2367
5636	28537	20751	23380	19111	-9	363
47500	**5204912**	**1873027**	**1846964**	**1400483**	**127198**	**136835**
34054	4374525	1407925	1375397	1058111	88549	92496
8716	391551	191970	311644	258021	27623	33276
4730	438836	273132	159923	84352	11026	11063

12-6 国有及国有控股工业企业

行　业	企业单位数（个）	资产合计	流动资产合计	应收账款
总 计	**109**	**43406839**	**15707467**	**2267060**
采矿业	**6**	**6946475**	**1697914**	**122098**
煤炭开采和洗选业	1	701662	356111	6250
黑色金属矿采选业	4	6143345	1327023	108899
有色金属矿采选业	1	101469	14780	6949
制造业	**64**	**31656879**	**12876247**	**1676011**
食品制造业	1	71136	48830	5952
酒、饮料和精制茶制造业	2	141818	74835	-3452
造纸及纸制品业	1	15941	10370	3355
化学原料和化学制品制造业	4	1097413	173716	13114
橡胶和塑料制品业	1	17153	10226	1128
非金属矿物制品业	6	202200	67027	16926
黑色金属冶炼和压延加工业	4	18524446	5854312	673718
有色金属冶炼和压延加工业	8	4248178	2016493	336820
金属制品业	9	5062294	3081258	226022
通用设备制造业	6	145196	89706	53654
专用设备制造业	6	347085	244619	50959
汽车制造业	5	768289	604410	234772
铁路、船舶、航空航天和其他运输设备制造业	3	215699	180418	11136
电气机械和器材制造业	2	59571	50237	4082
计算机、通信和其他电子设备制造业	1	4841	2006	418
其他制造业	1	606889	292534	3633
废弃资源综合利用业	1	82021	38879	21566
金属制品、机械和设备修理业	3	46711	36371	22209
电力、燃气及水的生产和供应业	**39**	**4803485**	**1133306**	**468952**
电力、热力生产和供应业	32	4020884	653399	387088
燃气生产和供应业	2	382914	260660	58874
水的生产和供应业	5	399687	219247	22990

分行业主要经济指标(2019年)

单位: 万元

存货	负债合计	所有者权益	营业收入	营业成本	营业利润	利润总额
4139602	**24933277**	**18473561**	**18717663**	**16215480**	**574446**	**571691**
56280	**3773463**	**3173013**	**1025298**	**589326**	**66151**	**48358**
18229	105884	595778	453214	286577	115053	115389
37081	3601789	2541556	504734	257135	-53326	-71676
970	65789	35679	67350	45614	4424	4645
4044200	**17604981**	**14051898**	**16295284**	**14514556**	**450346**	**460314**
12086	18879	52257	95338	80864	7220	7278
17118	74350	67468	30417	16777	3900	4205
4826	7559	8382	18094	16014	515	529
64336	392114	705299	738349	602551	30380	30420
4997	10351	6802	27602	25197	-3607	-3601
18488	165302	36898	124826	101762	4868	3540
1989776	10298915	8225531	8820498	8018315	146424	149792
945305	1960272	2287905	2810977	2507401	168418	170509
623317	3198645	1863649	2418544	2107251	84019	85994
17034	62420	82776	153559	134659	13968	13998
81935	185777	161308	212704	159457	9360	10870
71892	614453	153836	423300	403144	-48165	-46719
13711	84429	131270	141796	123383	4881	5174
11250	30501	29070	52595	40682	5551	5682
1289	3322	1519	3726	3539	-721	-703
156742	411353	195536	174374	136494	22681	22650
4621	59822	22199	27579	20041	665	335
5478	26519	20193	21007	17027	-11	362
39122	**3554834**	**1248650**	**1397081**	**1111598**	**57949**	**63019**
30107	3047999	972884	1128090	919667	37352	38098
4511	248592	134323	172626	134113	26996	31426
4504	258244	141443	96366	57818	-6399	-6505

12-7 规模以上民营工业企业

行 业	企业单位数（个）	资产合计	流动资产合计	应收账款
总 计	**300**	**12691604**	**7086265**	**2164331**
采矿业	**38**	**1039927**	**625181**	**91040**
煤炭开采和洗选业	13	576392	339356	27291
黑色金属矿采选业	20	429271	260621	58062
有色金属矿采选业	2	12523	8081	177
非金属矿采选业	3	21742	17123	5509
制造业	**218**	**9501454**	**5730345**	**1866017**
农副食品加工业	11	121693	63128	9705
食品制造业	5	236788	82810	23898
酒、饮料和精制茶制造业	1	27934	13573	2138
纺织服装、服饰业	5	210611	172368	54121
皮革、毛皮、羽毛及其制品和制鞋业	1	7003	6664	41
木材加工和木、竹、藤、棕、草制品业	1	9950	9673	5682
石油加工、炼焦和核燃料加工业	1	48615	18736	-305
化学原料和化学制品制造业	13	1102378	677557	237681
医药制造业	1	17628	11839	2688
橡胶和塑料制品业	3	33537	27592	19660
非金属矿物制品业	31	1574626	731901	154283
黑色金属冶炼和压延加工业	36	1615904	1025586	324548
有色金属冶炼和压延加工业	39	2972899	1892336	647054
金属制品业	14	387255	225846	52935
通用设备制造业	8	200092	169197	83000
专用设备制造业	8	99259	73144	14552
汽车制造业	5	131369	66627	20486
铁路、船舶、航空航天和其他运输设备制造业	3	35263	28965	11444
电气机械和器材制造业	10	253415	170992	100247
计算机、通信和其他电子设备制造业	18	368500	219535	81778
仪器仪表制造业	1	6035	4263	2387
废弃资源综合利用业	2	38123	35626	15865
金属制品、机械和设备修理业	1	2577	2389	2129
电力、燃气及水的生产和供应业	**44**	**2150223**	**730739**	**207274**
电力、热力生产和供应业	32	1637334	578767	149177
燃气生产和供应业	8	200607	87938	13692
水的生产和供应业	4	312282	64034	44404

分行业主要经济指标(2019年)

单位:万元

存货	负债合计	所有者权益	营业收入	营业成本	营业利润	利润总额
1389491	**8978378**	**3705970**	**11243301**	**10177573**	**356569**	**370212**
104927	**770654**	**270429**	**626315**	**490885**	**47982**	**47453**
65020	552199	25350	286449	242057	9534	9766
30320	200279	228992	303894	217713	38153	37326
6031	4974	7549	9679	7976	-95	-99
3555	13203	8538	26293	23140	389	461
1277201	**6599933**	**2893110**	**10190806**	**9410849**	**246982**	**257596**
30226	78362	43330	153705	132198	7070	7478
6141	174745	62043	200751	169224	14326	15125
9238	12333	15601	8920	4910	117	101
73197	122226	88385	106588	97434	2626	2850
1546	1394	5610	4992	4572	13	63
105	4923	5027	6496	3069	2167	2167
20864	14543	34072	159636	147879	1066	1242
97148	802678	299700	476275	388499	46176	45346
2379	10102	7526	5858	3824	-324	166
1930	11833	21703	29062	27035	405	421
137048	1142177	432448	950052	881057	6361	8072
252039	1263827	354471	2462047	2337223	11645	7795
386198	2048445	916108	4070058	3848859	100226	103225
39713	188834	198420	347038	302708	13246	14053
39632	130880	69212	174826	131984	16043	16102
25368	41958	57301	68094	52930	4526	4555
12850	76161	52751	139432	121196	8044	8495
1351	13528	21736	31050	21667	3237	3266
51796	208098	45318	358618	341149	2120	3589
83577	219544	148956	296235	256556	9685	11352
719	1174	4861	3247	2285	27	102
3980	30149	7974	135452	132509	-1821	2033
158	2019	559	2373	2083	2	2
7364	**1607791**	**542432**	**426180**	**275838**	**61606**	**65163**
2933	1284239	353095	223605	125397	43553	45745
4204	142960	57647	139018	123908	627	1850
227	180593	131689	63557	26533	17425	17569

12-8 历年主要工业

年 份	钢（万吨）	铁（万吨）	钢材（万吨）	铝锭（万吨）	发电量（亿千瓦时）	原煤（万吨）
1962	8.24	2242.2	0.66	1.04	6.70	164.46
1965	34.22	2242.2	1.34	2.43	10.19	161.91
1970	80.05	146.5	14.52	2.12	17.37	190.31
1975	41.40	44.28	32.45	1.09	19.18	229.23
1978	89.23	97.73	55.53	1.93	20.45	303.71
1980	130.83	128.12	84.07	2.67	21.24	290.92
1985	166.97	170.75	82.93	2.73	32.00	444.93
1990	261.90	258.24	146.64	5.91	44.19	476.77
1991	256.17	246.27	147.23	6.45	46.50	498.80
1992	289.80	274.68	167.84	7.18	55.12	532.16
1993	324.07	298.02	214.53	7.07	58.29	588.88
1994	316.00	296.37	234.46	7.18	56.49	631.00
1995	339.25	313.35	233.80	7.27	57.80	722.96
1996	412.71	396.30	269.26	7.59	55.89	701.03
1997	431.34	412.75	317.85	9.11	54.35	648.76
1998	385.91	373.15	319.44	11.43	55.85	447.76
1999	393.49	380.71	342.05	11.79	49.73	399.49
2000	399.67	392.87	355.42	11.84	49.60	375.45
2001	428.34	421.44	360.35	11.95	54.08	177.81
2002	489.31	498.41	457.34	14.23	61.59	248.99
2003	539.95	546.51	517.66	20.10	713.7	233.91
2004	576.42	565.46	567.56	34.40	614.7	285.99
2005	740.69	749.62	700.01	40.69	89.7	326.07
2006	799.22	871.84	742.82	49.52	9.3	181.66
2007	919.44	1032.82	862.25	66.69	242.52	180.08
2008	1052.73	1081.03	1010.21	81.19	262.78	241.45
2009	1108.42	1127.83	1051.51	83.60	274.86	1490.13
2010	1112.67	1135.35	1119.40	87.13	262.06	2235.00
2011	1176.53	1187.98	1187.29	101.71	353.26	1963.22
2012	1397.53	1126.13	1311.99	116.85	373.80	2174.39
2013	1565.52	1143.82	1388.14	120.08	395.90	1997.26
2014	1314.97	1183.70	1307.65	125.54	438.47	2041.62
2015	1479.68	1383.32	1406.99	131.94	461.59	1920.63
2016	1513.59	1386.40	1535.26	126.11	454.18	1974.43
2017	1643.40	1451.50	1588.40	145.00	497.23	1250.15
2018	1865.71	1563.20	1719.98	194.79	631.68	1707.55
2019	1995.67	2025.34	1842.19	217.99	713.69	2242.18

产品产量

布 （万米）	糖 （万吨）	白酒 （千升）	啤酒 （万千升）	硫酸 （吨）	电石 （吨）	农用化肥 （吨）	水泥 （万吨）
37	0.12	973		43	2968	4945	0.86
232	2.52	927			3614	5595	
5352	2.73	1283		622	4963	14516	0.11
2936	1.27	1600		6186	5701	10437	2.02
5720	1.42	1797		8336	9270	22838	2.49
5889	2.59	2730		21611	10910	30011	6.20
4987	5.22	6077	1.39	27091	21833	30928	10.74
7775	2.89	9477	2.42	38445	33997	14446	14.98
7466	4.56	9962	2.71	41120	31487	14448	19.85
6507	6.14	10762	3.00	46352	37284	14289	23.76
526	5.28	15000	3.64	55500	31400	14800	31.53
5440	3.80	14939	3.65	65068	36239	16520	23.00
4839	2.18	10896	4.00	71443	60593	16366	25.74
5432	4.60	11652	4.30	59038	59039	17852	30.83
5292	4.19	15608	5.01	71475	57867	16664	38.17
4065	3.66	15206	4.77	85111	59719	16524	50.31
3146	3.79	19581	5.12	81801	69014	19983	54.01
392	3.21	18818	4.85	90772	72455	18948	46.93
2522	4.47	13351	5.61	103509	68077	22230	64.61
2941	4.50	10662	6.20	179076	138474	23734	60.03
2669	4.02	8315	6.91	118282	123423	22781	60.32
2053	2.74	8020	8.01	185864	149144	23473	138.17
2230	3.36	9192	12.80	215898	224071	32265	157.43
2564	3.71	9387	16.88	233524	223918	27468	200.80
1848	3.38	8878	20.01	157203	265695	25525	242.90
1268	1.90	6828	21.18	202288	316250	19540	272.94
203	1.00	8819	22.96	227059	254742	12389	309.80
	0.09	8050	17.21	162768	152833		476.18
	0.44	10196	15.86	82945	119518		442.47
		9121	13.92		18348		578.78
		8744	13.60		8782		730.21
		8568	11.39		96591		532.66
		7046	9.58		132366		544.20
		8695	9.76		120643		347.42
		6100	9.50				254.40
		5988	7.74				331.13
		7357	6.95	536059		6207	371.61

12-9 主要工业产品产量（2019年）

产品名称	计量单位	生产量合计	产品名称	计量单位	生产量合计
原煤	万吨	2242.2	服装	万件	86.4
#一般烟煤	万吨	2242.2	#梭织服装	万件	1.1
洗精煤（用于炼焦）	万吨	146.5	针织服装	万件	85.3
铁矿石原矿	万吨	2200.0	鞋	万双	16.5
铁矿石成品矿	万吨	2327.6	硫酸（折100%）	吨	536058.8
#铁精矿	万吨	1153.4	烧碱(折100%)	万吨	31.1
稀有稀土金属矿	万吨	20.3	稀土化合物	万千克	3417.7
石灰石	万吨	463.5	精甲醇	万吨	189.6
小麦粉	万吨	1.2	农用氮、磷、钾化学肥料（折纯）	吨	6207.2
饲料	万吨	28.0	初级形态塑料	万吨	100.2
#配合饲料	万吨	25.1	#高密度聚乙烯树脂(HDPE)	万吨	31.9
混合饲料	万吨	0.8	聚丙烯树脂	万吨	29.6
精制食用植物油	万吨	0.9	聚氯乙烯树脂	万吨	38.7
熟肉制品	吨	1411.7	稀土磁性材料	吨	9958.7
乳制品	万吨	32.3	化学试剂	万吨	0.5
液体乳	万吨	31.6	单晶硅	万千克	1403.9
固体及半固体乳制品	万吨	0.7	多晶硅	万千克	3322.2
#乳粉	万吨	0.6	中成药	吨	397.4
饲料添加剂	万吨	3.8	硅酸盐水泥熟料	万吨	245.9
饮料酒	万千升	7.7	水泥	万吨	371.6
#白酒(折65度，商品量)	万千升	0.7	商品混凝土	万立方米	139.1
啤酒	万千升	6.9	水泥混凝土排水管	千米	36.6
饮料	万吨	0.8			
#包装饮用水	万吨	0.8			
毛机织物(呢绒)	万米	2.4			

12-9 续 表

产品名称	计量单位	生产量合计	产品名称	计量单位	生产量合计
石膏板	万平方米	2115.7	电工钢板(带)	万吨	13.2
钢化玻璃	万平方米	3.8	无缝钢管	万吨	159.61
夹层玻璃	万平方米	1.0	焊接钢管	万吨	12.44
中空玻璃	万平方米	15.1	其他钢材	万吨	217.06
玻璃包装容器	万吨	5.2	铁合金	万吨	27.37
耐火材料制品	万吨	5.9	十种有色金属	万吨	221.0
石墨及碳素制品	万吨	130.1	#精炼铜(电解铜)	万吨	3.0
生铁	万吨	2025.3	原铝(电解铝)	万吨	218.0
粗钢	万吨	1995.7	黄金	千克	1753.0
钢材	万吨	1842.2	单一稀土金属	万千克	595.8
铁道用钢材	万吨	92.9	铝合金	万吨	25.4
#重轨	万吨	88.1	铜材	万吨	3.5
大型型钢	万吨	57.5	铝材	万吨	135.2
棒材	万吨	100.6	铸铁件	万吨	0.5
钢筋	万吨	197.8	液压元件	万件	0.9
线材(盘条)	万吨	128.5	改装汽车	辆	373.0
特厚板	万吨	23.0	铁路货车	辆	3533
厚钢板	万吨	55.0	太阳能电池(光伏电池)	千瓦	6325.0
中板	万吨	85.2	自来水生产量	亿立方米	3.1
热轧薄板	万吨	0.2	发电量	亿千瓦小时	713.7
冷轧薄板	万吨	0.1	#火力发电	亿千瓦小时	614.7
中厚宽钢带	万吨	385.6	风力发电	亿千瓦小时	89.7
热轧薄宽钢带	万吨	30.7	太阳能发电	亿千瓦小时	9.3
冷轧薄宽钢带	万吨	186.1			
镀层板(带)	万吨	96.7			

主要统计指标解释

工业　指从事自然资源的开采，对采掘品和农产品进行加工和再加工的物质生产部门。具体包括：（1）对自然资源的开采，如采矿、晒盐、森林采伐等（但不包括禽兽捕猎和水产捕捞）；（2）对农副产品的加工、再加工，如粮油加工、食品加工、轧花、缫丝、纺织、制革等；（3）对采掘品的加工、再加工，如炼铁、炼钢、化工生产、石油加工、机器制造、木材加工等，以及电力、自来水、煤气的生产和供应等；（4）对工业品的修理、翻新，如机器设备的修理，交通运输工具（包括小卧车）的修理等。

工业统计调查单位　为独立核算法人工业企业。

独立核算法人工业企业指从事工业生产经营活动的单位。独立核算法人工业企业应同时具备以下条件：①依法成立，有自己的名称、组织机构和场所，能够承担民事责任；②独立拥有和使用资产，承担负债，有权与其他单位签订合同；③独立核算盈亏，并能够编制资产负债表。

本年鉴中涉及的企业登记注册类型：

国有及国有控股企业　指国有企业加上国有控股企业。国有企业（即原全民所有制工业或国营工业）指企业全部资产归国家所有，并按《中华人民共和国企业法人登记管理条例》规定登记注册的非公司制的经济组织。包括国有企业、国有独资公司和国有联营企业。1957年以前的公私合营和私营工业，后均改造为国营工业，1992年改为国有工业，这部分工业的资料不单独分列时，均包括在国有企业内。国有控股企业是对混合所有制经济的企业进行的“国有控股”分类。它是指这些企业的全部资产中国有资产（股份）相对其他所有者中的任何一个所有者占资（股）最多的企业。该分组反映了国有经济控股情况。

集体企业　指企业资产归集体所有，并按《中华人民共和国企业法人登记管理条例》规定登记注册的经济组织。是社会主义公有制经济的组成部分。包括城乡所有使用集体投资举办的企业，以及部分个人通过集资自愿放弃所有权并依法经工商行政管理机关认定为集体所有制的企业。

股份合作企业　指以合作制为基础，由企业职工共同出资入股，吸收一定比例的社会资产投资组建，实行自主经营，自负盈亏，共同劳动，民主管理，按劳分配与按股分红相结合的一种集体经济组织。

联营企业　指两个及两个以上相同或不同所有制性质的企业法人或事业单位法人，按自愿、平等、互利的原则，共同投资组成的经济组织。联营企业包括：

国有联营企业指国有企业与国有企业间的联营；

集体联营企业指集体企业与集体企业间的联营；

国有与集体联营企业指国有企业与集体企业间的联营。

有限责任公司　指根据《中华人民共和国公司登记管理条例》规定登记注册，由两个以上，五十个以下的股东共同出资，每个股东以其所认缴的出资额对公司承担有限责任，公司以其全部资产对其债务承担责任的经济组织。

有限责任公司包括国有独资公司以及其他有限责任公司。

股份有限公司　指根据《中华人民共和国企业法人登记管理条例》规定登记注册，其全部注册资本由等额股份构成并通过发行股票筹集资本，股东以其认购的股份对公司承担有限责任，公司以其全部资产对其债务承担责任的经济组织。

私营企业 指由自然人投资设立或由自然人控股，以雇佣劳动为基础的营利性经济组织。包括按照《公司法》、《合伙企业法》、《私营企业暂行条例》规定登记注册的私营有限责任公司、私营股份有限公司、私营合伙企业和私营独资企业。

港、澳、台商投资企业 指企业注册登记类型中的港、澳、台资合资、合作、独资经营企业和股份有限公司之和。

外商投资企业 指企业注册登记类型中的中外合资、合作经营企业、外资企业和外商投资股份有限公司之和。

“三资”企业系指港、澳、台商投资企业和外资企业的简称。

轻工业 指主要提供生活消费品和制作手工工具的工业。按其所使用的原料不同，可分为两大类：（1）以农产品为原料的轻工业，是指直接或间接以农产品为基本原料的轻工业。主要包括食品制造、饮料制造、烟草加工、纺织、缝纫、皮革和毛皮制作、造纸以及印刷等工业；（2）以非农产品为原料的轻工业，是指以工业品为原料的轻工业。主要包括文教体育用品、化学药品制造、合成纤维制造、日用化学制品、日用玻璃制品、日用金属制品、手工工具制造、医疗器械制造、文化和办公用机械制造等工业。

重工业 是指为国民经济各部门提供物质技术基础的主要生产资料的工业。按其生产性质和产品用途，可以分为下列三类：（1）采掘（伐）工业，是指对自然资源的开采，包括石油开采、煤炭开采、金属矿开采、非金属矿开采和木材采伐等工业；（2）原材料工业，指向国民经济各部门提供基本材料、动力和燃料的工业。包括金属冶炼及加工、炼焦及焦炭、化学、化工原料、水泥、人造板以及电力、石油和煤炭加工等工业；（3）加工工业，是指对工业原材料进行再加工制造的工业。包括装备国民经济各部门的机械设备制造工业、金属结构、水泥制品等工业，以及为农业提供的生产资料如化肥、农药等工业。

根据上述划分原则，修理业中以重工业产品为修理作业对象的划为重工业，反之划为轻工业。

资产总计 指企业拥有或控制的能以货币计量的经济资源，包括各种财产、债权和其他权利。资产按流动性分为流动资产、长期投资、固定资产、无形资产、递延资产和其他资产。该指标根据企业会计“资产负债表”中“资产总计”项目的期末数增列。

负债合计 指企业承担的能以货币计量，将以资产或劳务偿付的债务。负债一般按偿还期长短分为流动负债和长期负债、递延税项等。

（1）流动负债指企业在一年内或者超过一年的一个营业周期内需要偿还的债务合计，其中

包括短期借款、应付及预收款项、应付工资、应交税金和应交利润等。

（2）长期负债指企业在一年以上或者超过一年的一个营业周期以上需要偿还的债务合计，其中包括长期借款、应付债务、长期应付款项等。

所有者权益 指企业投资人对企业净资产的所有权。企业净资产等于企业全部资产减去全部负债后的余额，其中包括投资者对企业的最初投入，以及资本公积金、盈余公积金和未分配利润，对股份制企业即为股东权益。

营业收入 指企业销售产品和提供劳务

等经营业务取得的业务总额。

营业成本 指企业销售产品和提供劳务等经营业务的实际成本。

利润总额 指企业实现的利润。

13 投资和建筑业

Investment and Construction

资料整理：苏日古嘎　庞秋　范晨

13-1 固定资产投资比上年增长

单位：%

指　标	2018	2019
固定资产投资增速	**-26.2**	**2.0**
#民间投资	-10.7	-2.2
#房地产开发	18.7	21.9
#工业投资	-15.6	-2.0
#基础设施投资	-54.9	7.5
#高技术产业投资	198.4	-82.8
按登记注册类型分		
内资投资	-26.4	0.0
国有	-54.3	7.2
集体	-69.2	-34.3
股份合作	-71.5	
联营	-31.6	
#国有联营		
集体联营	-31.6	
国有与集体联营		
有限责任公司	-10.6	24.3
#国有独资	5.6	6.8
股份有限公司	-25.0	-5.3
私营	-12.8	35.6
其他	-54.5	-70.5
港澳台商投资		789.0
外商投资	-60.4	-30.7
按产业分		
第一产业	-19.3	-46.6
第二产业	-16.4	-2.0
第三产业	-32.0	7.8
按构成分		
建筑安装工程	-30.8	-13.2
设备工器具购置	-24.1	-7.9
其他费用	11.4	102.0
按隶属关系分		
中央项目	155.5	-36.2
地方项目	-28.2	3.4

注：固定资产投资统计范围为计划总投资500万元及以上建设项目（不含农户）（后同）。
*基础设施投资、民间投资、高技术产业投资要在指标解释中解释。

13-2 国民经济各行业固定资产投资占比

单位：%

行　业	2018	2019
全　　　市	**100.0**	**100.0**
农、林、牧、渔业	2.1	4.4
采矿业	1.0	0.4
制造业	23.4	23.9
″电力、燃气及水的生产和供应业″	12.9	14.4
建筑业	0.0	0.0
批发和零售业	0.0	0.1
交通运输、仓储和邮政业	6.5	4.1
住宿和餐饮业	0.7	0.2
信息传输、软件和信息技术服务业	1.1	0.6
金融业	0.4	1.3
房地产业	36.6	31.6
租赁和商务服务业	0.5	0.3
科学研究、技术服务业	0.3	0.6
水利、环境和公共设施管理业	10.7	13.2
居民服务、修理和其他服务业	0.0	0.1
教育	1.9	2.2
卫生、社会工作	1.3	1.0
文化、体育和娱乐业	0.3	0.8
公共管理、社会保障和社会组织	0.3	0.7
国际组织		

13-3　房地产开发情况

指　　标	2015	2016	2017	2018	2019
企业个数（个）	**333**	**345**	**319**	**310**	**240**
内资	330	342	317	307	238
#国有	4	10	12	11	11
集体					
港、澳、台投资	2	2	1	2	1
外商投资	1	1	1	1	1
期末从业人员（人）	**8386**	**8446**	**8915**	**7838**	**6201**
内资	8279	8350	8850	7746	6087
#国有	110	248	304	286	228
集体					
港、澳、台投资	9	9	4	36	85
外商投资	98	87	61	56	29
土地开发及购置					
待开发的土地面积（万平方米）	15.29	41.52	9.72	35.29	27.10
本年土地购置面积（万平方米）	112.35	42.50	45.38	57.62	75.19
本年土地成交价款（万元）	224398	66267	99249	190078	329811
本年完成投资额（万元）	**1973219**	**1845728**	**1553863**	**1844529**	**2247554**
#住宅	1397706	1235309	1166520	1374590	1814060
资金来源小计（万元）	**2286498**	**2216852**	**2077022**	**2233000**	**2666159**
#国内贷款	254102	118850	101148	76575	89300
自筹资金	1329796	1306465	1080925	1156824	1244054
房屋建筑面积（万平方米）					
施工面积	2210.20	2019.11	2505.70	1676.24	1898.09
竣工面积	334.66	290.27	421.07	175.83	228.55
本年新开工面积	455.20	342.27	437.39	551.16	460.34
#住宅	320.28	241.69	336.75	376.31	374.70
竣工房屋价值（万元）	1020832	718503	1081173	395587	685133
竣工房屋造价（元/平方米）	3050	2475	2568	2250	2998
商品房屋销售面积（万平方米）	**399.71**	**459.65**	**449.46**	**473.82**	**460.87**
#住宅	332.81	404.70	386.40	398.81	419.70
商品房屋销售价格（元/平方米）	**4898**	**4765**	**5104**	**5683**	**6540**
#住宅	4360	4563	4851	5382	6524

注：2011年起平均从业人员指标取消，用期末从业人员数代替。2017年资金来源小计指标取消，用本年实际到位资金数代替。

13－4　房地产开发建设投资总规模及完成情况

单位：万元

年 份	实际需要总投资	自开始建设至本年底累计完成投资	#本年完成投资	全部建成尚需投资
1997	64928	51784	33080	13144
1998	109192	72216	59348	36976
1999	142036	104783	60081	37253
2000	162831	101778	78058	61053
2001	260470	157860	112717	102610
2002	272976	188605	103755	84371
2003	421835	251462	179112	170373
2004	1092680	400604	297883	692076
2005	760056	498233	309976	261823
2006	1131260	733475	592948	397785
2007	1863608	1311973	819340	551635
2008	3295018	2119963	1396036	1175155
2009	3801114	2623127	1404316	1177987
2010	5869558	3892267	2028264	1977291
2011	7846489	5479813	2341741	2366676
2012	8418309	5091113	1585583	3327196
2013	9580831	6264967	2064694	3315864
2014	11322323	7702763	1978681	3619560
2015	12529732	9049387	1973219	3480345
2016	15379937	10276036	1845728	5103901
2017	16711705	11394886	1553863	5316819
2018	17022576	10599525	1844529	6423051
2019	14678222	10680205	2247554	3998017

13-5 按用途分房地产开发企业投资完成额

单位：万元

年份	本年完成投资额	住宅	#别墅、高档公寓	办公楼	商业营业用房	其他
1997	33080	26348		849	5681	202
1998	59348	36499	50	1737	14943	6169
1999	60081	32050	1400	3250	14245	10536
2000	78258	60366	14149	2712	10557	4423
2001	112717	85433	7112	843	18531	7910
2002	103755	69241		671	14635	19208
2003	179112	117404		9906	41929	9873
2004	297883	201552		7435	84285	4611
2005	309976	201954	500	1988	101031	2003
2006	592948	477918		1195	111812	2023
2007	819340	682332	10286	18918	109671	8419
2008	1396036	1161665	24183	59580	164790	10001
2009	1404316	1121850	27105	66368	123174	92924
2010	2028264	1411621	29717	126665	362730	127248
2011	2341741	1682473	33037	98851	410815	149602
2012	1585583	1086398	13851	97337	240015	161833
2013	2064694	1423593	68444	101279	355236	184586
2014	1978681	1327232	64894	93506	399833	158110
2015	1973219	1397706	74077	61120	324118	190275
2016	1845728	1235309	55856	36837	403240	170342
2017	1553863	1166520	26438	33027	228902	125414
2018	1844529	1374590	57639	34396	256043	179500
2019	2247554	1814060	69531	4125	275896	153473

13－6 商品房屋销售情况

年 份	房屋销售面积（万平方米）	#住宅	商品房屋销售额（万元）	#住宅
1994	13.27	12.04	12730	11769
1995	15.21	14.16	16454	14440
1996	16.85	15.52	16348	14258
1997	24.68	22.02	23429	17854
1998	36.39	31.59	30748	23581
1999	55.49	45.06	48567	36633
2000	64.08	56.04	61546	49041
2001	67.95	64.81	68892	63328
2002	75.21	68.94	76286	61997
2003	114.04	99.05	127351	101913
2004	137.52	125.22	184962	156725
2005	217.49	182.54	376736	281228
2006	262.03	229.25	508412	387547
2007	306.86	265.63	940240	699922
2008	418.73	337.65	1353379	1008590
2009	570.05	517.66	1927244	1665846
2010	597.72	473.96	2665691	1624098
2011	730.65	591.97	3230772	2366622
2012	354.30	314.15	1618014	1348541
2013	408.28	352.30	2141525	1658466
2014	377.43	317.16	1941711	1525817
2015	399.71	332.81	1957793	1450910
2016	459.65	404.70	2190042	1846792
2017	449.46	386.40	2293913	1874595
2018	473.82	398.81	2692794	2146447
2019	460.87	419.70	3014113	2738017

13-7　建筑业企业基本情况

年　份	企业单位数（个）	#国有及国有控股	从业人员（万人）	#国有及国有控股	建筑业总产值（万元）	#国有及国有控股
1993	158	50	9.75	4.64	248690	132501
1994	136	29	9.22	4.05	296523	157437
1995	134	29	9.00	3.84	323217	164861
1996	163	31	10.30	4.00	335379	155975
1997	161	29	9.24	3.51	334703	157198
1998	172	28	8.27	3.19	289728	130629
1999	169	26	8.20	3.13	275700	131540
2000	168	25	8.02	3.20	284845	133509
2001	140	21	8.59	2.95	332437	159741
2002	104	20	8.48	1.25	377791	251046
2003	99	20	6.84	3.78	453070	325719
2004	91	19	5.95	3.05	674001	527589
2005	94	20	6.84	2.82	739986	512441
2006	91	20	6.78	2.53	837981	512130
2007	95	16	8.98	2.41	1086886	500053
2008	102	16	9.18	2.52	1346522	708853
2009	102	15	10.16	2.59	1624474	696748
2010	98	14	12.06	2.58	1922125	704562
2011	99	15	12.16	2.54	2380333	912483
2012	101	14	7.89	1.66	2355490	898510
2013	97	13	8.29	1.70	2387822	942884
2014	100	13	6.24	1.53	2218730	1013800
2015	100	15	5.80	1.43	1848024	737451
2016	114	15	6.19	1.33	2015111	638965
2017	113	13	6.10	1.05	2102614	712784
2018	126	12	5.32	0.99	2230103	878729
2019	122	13	4.03	1.03	2533854	1361704

注：1.1996年起建筑业企业的统计范围是资质等级四级及四级以上建筑企业，2002年起建筑业按新资质统计，2002年之前为国有数据，之后为国有及国有控股数据，因此数据存在着与以前年度不可比因素；
2.2010年及以前年度从业人员为年平均人数，2011年为计算劳动生产率的平均人数，2012年起为从事主营业务活动的平均人数。

13-8 建筑施工企业

指　标	企业个数（个）	有工作量企业数（个）	建筑业总产值（万元）	建筑工程产值	安装工程产值
总计	**122**	**108**	**2533854**	**2335090**	**136851**
#国有及国有控股企业	13	13	1361704	1294229	67475
按登记注册类型分组					
内资企业	122	108	2533854	2335090	136851
有限责任公司	73	68	1764463	1609333	106945
国有独资公司	6	6	1228755	1168899	59856
其他有限责任公司	67	62	535708	440435	47089
股份有限公司	6	4	145407	145407	
私营企业	43	36	623985	580351	29906
私营有限责任公司	39	32	524212	490330	29906
私营股份有限公司	3	3	90020	90020	
按国民经济行业分组					
房屋建筑业	52	46	1664819	1590384	47983
土木工程建筑业	41	38	778800	708555	44972
建筑安装业	13	12	60986	14069	43896
建筑装饰和其他建筑业	16	12	29249	22082	
按企业资质等级分组					
施工总承包	91	83	2441207	2294279	93592
特级	1	1	1170850	1131512	39337
一级	18	16	932065	907315	1912
二级	34	34	209992	148764	39315
三级及以下	38	32	128300	106687	13029
专业承包	31	25	92648	40811	43258
一级	9	6	36531	18265	15246
二级	19	16	48326	22099	22793
三级及以下	3	3	7790	447	5219
按控股情况分组					
国有控股	13	13	1361704	1294229	67475
集体控股	14	14	254789	207906	21157
私人控股	82	69	836733	759176	46415
其他	13	12	80628	73780	1805

主要生产指标（2019年）

	竣工产值（万元）	房屋建筑施工面积（平方米）	房屋建筑竣工面积（平方米）	从事建筑业活动的平均人数（人）	劳动生产率（元/人）按总产值计算
其他产值					
61913	**522044**	**18995083**	**1967842**	**40282**	**629029**
	235976	16037413	1212639	10332	1317948
61913	522044	18995083	1967842	40282	629029
48185	391979	17688423	1774114	23642	746326
	186056	15803658	1041815	5988	2052029
48185	205923	1884765	732299	17654	303449
	20	101351	300	2457	591807
13728	130045	1205309	193428	14183	439953
3976	95876	84078	28271	8190	640063
	34169	1121231	165157	5908	152370
26452	316874	18904144	1938938	21182	785959
25273	166500	45230	7141	16499	472029
	14055	45709	21763	1563	390186
	24615			1038	281782
53335	483190	18995083	1967842	38096	640804
	154727	15758428	1034674	3343	3502393
22838	168792	1945440	464756	22767	409393
21913	79972	1013516	345536	7595	276487
8584	79700	277699	122876	4391	292189
8578	38854			2186	423824
3020	18051			544	671526
3433	18232			1038	465568
2124	2571			604	128974
	235976	16037413	1212639	10332	1317948
25727	60754	478365	208901	7765	328125
31143	204102	1619171	300632	20153	415190
5043	21212	860134	245670	2032	396791

13-9 建筑施工企业

指 标	资产合计	流动资产合计	#存货	固定资产合计
总计	**3576338**	**3013264**	**324362**	**201818**
#国有及国有控股企业	1357342	1057451	50943	97147
按登记注册类型分组				
内资企业	3576338	3013264	324362	201818
有限责任公司	2318880	1876987	169554	161779
国有独资公司	1357342	1057451	50943	97147
其他有限责任公司	961538	819535	118611	64632
股份有限公司	559293	488126	29110	19254
私营企业	698166	648152	125698	20785
私营有限责任公司	520607	486591	101127	15510
私营股份有限公司	177560	161561	24571	5275
按国民经济行业分组				
房屋建筑业	2014445	1661559	165656	96876
土木工程建筑业	1360643	1183008	122861	96194
建筑安装业	164406	137290	32736	7036
建筑装饰和其他建筑业	36844	31408	3109	1712
按企业资质等级分组				
施工总承包	3428244	2891512	303988	192060
特级	1111566	871099	48383	59677
一级	1645921	1424336	184635	89157
二级	410994	364041	31754	21739
三级及以下	259764	232037	39216	21488
专业承包	148095	121753	20374	9758
一级	48967	43455	7256	2024
二级	91571	72235	13116	7627
三级及以下	6835	5342	3	105
按控股情况分组				
国有控股	1762685	1410278	72846	126920
集体控股	370486	316753	45405	23890
私人控股	1304822	1155908	176855	47474
其他	138346	130325	29256	3534

主要财务指标（2019年）

单位：万元

在建工程	固定资产原价	累计折旧		负债合计		
			#本年折旧		流动负债	非流动负债
54093	**389629**	**187811**	**26723**	**2962967**	**2880897**	**82070**
48664	186202	89055	11762	1178812	1126257	52555
54093	389629	187811	26723	2962967	2880897	82070
51058	313937	152158	20147	1931042	1854002	77040
48664	186202	89055	11762	1178812	1126257	52555
2394	127735	63103	8385	752230	727746	24484
497	33079	13825	1740	449724	449469	255
2538	42613	21828	4836	582201	577427	4774
1610	32157	16647	4151	419906	419068	838
929	10456	5181	686	162295	158359	3936
44141	174443	77567	8919	1671952	1594035	77917
9608	193901	97707	15258	1154912	1152209	2703
344	17478	10442	2415	117881	117146	735
0	3807	2095	132	18221	17507	714
52735	368721	176661	24157	2877181	2796021	81160
42472	103498	43821	5689	942478	890522	51956
1024	162757	73600	9802	1411741	1395092	16649
8313	65966	44227	5780	323250	319311	3939
926	36501	15013	2887	199712	191096	8616
1359	20908	11150	2565	85786	84876	910
0	3961	1937	110	24826	24826	
1359	15739	8112	2425	55200	55025	175
0	1207	1102	31	5303	4568	735
49344	240011	113091	13895	1504154	1451232	52922
53	43335	19445	2822	293172	288119	5053
4272	97699	50225	9713	1070718	1054022	16696
425	8584	5050	293	94923	87525	7398

13-9 续

指　　标	所有者权益合计	#实收资本	营业收入	#主营业务收入
总计	**613372**	**533810**	**2918762**	**2907703**
#国有及国有控股企业	178530	181437	1264722	1259495
按登记注册类型分组				
内资企业	613372	533810	2918762	2907703
有限责任公司	387838	334327	2013129	2003167
国有独资公司	178530	181437	1264722	1259495
其他有限责任公司	209308	152889	748407	743672
股份有限公司	109569	88763	189606	189532
私营企业	115965	110721	716027	715004
私营有限责任公司	100701	92140	608498	607475
私营股份有限公司	15265	18581	107528	107528
按国民经济行业分组				
房屋建筑业	342493	272188	1916490	1911323
土木工程建筑业	205731	219379	876321	870647
建筑安装业	46525	26667	94709	94490
建筑装饰和其他建筑业	18623	15577	31242	31242
按企业资质等级分组				
施工总承包	551063	496011	2808376	2798235
特级	169088	128329	1202057	1198756
一级	234180	230519	1131567	1129242
二级	87744	97791	286919	284680
三级及以下	60051	39372	187834	185557
专业承包	62309	37799	110386	109468
一级	24142	19159	41651	41651
二级	36372	17740	60945	60027
三级及以下	1532	700	5666	5666
按控股情况分组				
国有控股	258531	253102	1409540	1403068
集体控股	77314	46780	300170	299153
私人控股	234104	202207	1015794	1012260
其他	43423	31721	193258	193221

表 1

单位：万元

营业成本	#主营业务成本	营业税金及附加	#主营业务税金及附加
2742489	**2736366**	**14035**	**13002**
1172866	1170292	47194	4398
2742489	2736366	14035	13002
1881672	1875735	9761	8907
1172866	1170292	4719	4398
708807	705443	5041	4509
172573	172573	1147	1008
688244	688058	3128	3088
585502	585316	2667	2664
102742	102742	460	424
1802934	1799898	8357	7910
827912	825053	4673	4122
82944	82716	819	785
28699	28699	186	186
2646737	2640867	13444	12417
1115869	1114099	4099	4097
1076035	1075315	6086	5531
275768	273866	2142	1768
179065	177587	1117	1022
95752	95499	591	585
36561	36561	222	222
52216	51964	331	325
4928	4928	38	27
1298851	1295380	5750	5418
280526	279913	2106	2095
974562	972573	5166	4761
188551	188500	1014	729

指　标	财务费用	#利息支出	管理费用	销售费用
总计	**34661**	**31982**	**91565**	**362**
#国有及国有控股企业	27661	26860	41980	110
按登记注册类型分组				0
内资企业	34661	31982	91565	362
有限责任公司	30571	28499	70934	308
国有独资公司	27661	26860	41980	110
其他有限责任公司	2910	1639	28954	198
股份有限公司	3323	3369	5145	0
私营企业	767	115	15487	54
私营有限责任公司	55	115	12805	54
私营股份有限公司	713	0	2681	0
按国民经济行业分组				0
房屋建筑业	23991	21926	49056	149
土木工程建筑业	10482	9908	33132	51
建筑安装业	155	120	7457	159
建筑装饰和其他建筑业	33	29	1921	2
按企业资质等级分组				0
施工总承包	34537	31860	81202	173
特级	21797	20406	29192	110
一级	9319	8507	29480	17
二级	3197	2795	15458	46
三级及以下	225	151	7072	0
专业承包	124	123	10364	189
一级	108	106	2855	113
二级	-21	17	6818	75
三级及以下	31	0	663	0
按控股情况分组				0
国有控股	31866	30188	49294	135
集体控股	1426	1140	14737	17
私人控股	1116	465	24660	195
其他	253	190	2875	15

表 2

单位：万元

其他业务利润	营业利润	利润总额	应交增值税	应付职工薪酬
2438	**14042**	**15144**	**54749**	**296757**
1614	-3298	-744	7918	67323
2438	14042	15144	54749	296757
2337	-1923	-114	32005	233917
1614	-3298	-744	7918	67323
723	1375	630	24086	166593
74	7422	7268	4620	14806
27	8543	7990	18124	48034
36	7621	7088	15623	18163
-9	923	902	2501	29871
2286	10247	12131	27288	210763
146	151	-499	23200	71776
6	3241	3261	3228	10778
0	403	251	1033	3439
2388	10384	11454	51814	284402
1531	10329	12640	5303	47882
148	9357	8472	31577	166644
704	-9658	-9581	9696	49356
6	355	-76	5238	20519
50	3658	3690	2935	12355
0	1734	1645	908	2221
50	1874	1951	1835	7247
0	17	61	173	821
1740	2951	5552	12380	92274
671	1507	1488	10740	84207
27	9031	7543	25051	84198
0	552	561	6578	36078

13-10 建筑施工企业房屋

指　　标	合　计	住宅房屋	商业及服务用房屋	批发和零售用房屋	住宿、餐饮用房屋	商务会展用 房 屋
总计	**1967842**	**869439**	**83301**	**8000**	**63041**	
＃国有及国有控股企业	1212639	377642	55661		55661	
按登记注册类型分组						
内资企业	1967842	869439	83301	8000	63041	
有限责任公司	1774114	744105	75921	8000	55661	
国有独资公司	1041815	214818	55661		55661	
其他有限责任公司	732299	529287	20260	8000		
股份有限公司	300					
私营企业	193428	125334	7380		7380	
私营有限责任公司	28271	5112	7380		7380	
私营股份有限公司	165157	120222				
按国民经济行业分组						
房屋建筑业	1938938	869439	83301	8000	63041	
土木工程建筑业	7141					
建筑安装业	21763					
建筑装饰和其他建筑业						
按企业资质等级分组						
施工总承包	1967842	869439	83301	8000	63041	
特级	1034674	214818	55661		55661	
一级	464756	310038	20260	8000		
二级	345536	289369	7380		7380	
三级及以下	122876	55214				
专业承包						
一级						
二级						
三级及以下						
按控股情况分组						
国有控股	1212639	377642	55661		55661	
集体控股	208901	123351	12000	8000		
私人控股	300632	222181	7380		7380	
其他	245670	146265	8260			

建筑竣工面积情况（2019年）

单位：平方米

	居民服务业用房屋	办公用房屋	科学研究用房屋	教育用房屋	卫生医疗用房屋	文化、体育、娱乐用房屋	厂房及仓库	其他用房
	12260	**96584**		**61121**		**11603**	**515282**	**330512**
		35112					416733	327491
	12260	96584		61121		11603	515282	330512
	12260	92589		16716		11564	505728	327491
		35112					416733	319491
	12260	57477		16716		11564	88995	8000
							300	
		3995		44405		39	9254	3021
		3995				39	8724	3021
				44405			530	
	12260	96584		61121		11603	493519	323371
								7141
							21763	
	12260	96584		61121		11603	515282	330512
		35112					416733	312350
	12260	24423		61121		11564	30209	7141
		11622				39	37126	
		25427					31214	11021
		35112					416733	327491
	4000	28947		3500			41103	
		12702		44405		39	10904	3021
	8260	19823		13216		11564	46542	

13-11 建筑施工企业房屋

指标	合计	住宅房屋	商业及服务用房屋	批发和零售用房屋	住宿、餐饮用房屋	商务会展用房屋
总计	**291184**	**110755**	**11639**	**2800**	**7291**	
#国有及国有控股企业	178244	37566	6481		6481	
按登记注册类型分组						
内资企业	291184	110755	11639	2800	7291	
有限责任公司	253030	91186	10830	2800	6481	
国有独资公司	158128	17850	6481		6481	
其他有限责任公司	94902	73336	4349	2800		
股份有限公司	20					
私营企业	38134	19569	809		809	
私营有限责任公司	4412	1057	809		809	
私营股份有限公司	33722	18512				
按国民经济行业分组						
房屋建筑业	285368	110755	11639	2800	7291	
土木工程建筑业	3401					
建筑安装业	2415					
建筑装饰和其他建筑业						
按企业资质等级分组						
施工总承包	291184	110755	11639	2800	7291	
特级	154727	17850	6481		6481	
一级	75179	46420	4349	2800		
二级	38627	34509	809		809	
三级及以下	22651	11976				
专业承包						
一级						
二级						
三级及以下						
按控股情况分组						
国有控股	178244	37566	6481		6481	
集体控股	44519	30011	4200	2800		
私人控股	55402	33971	809		809	
其他	13019	9207	149			

建筑竣工价值情况（2019年）

单位：万元

居民服务业用房屋	办公用房屋	科学研究用房屋	教育用房屋	卫生医疗用房屋	文化、体育、娱乐用房屋	厂房及仓库	其他用房
1549	**13288**		**16528**		**214**	**55321**	**83438**
	3583					47920	82693
1549	13288		16528		214	55321	83438
1549	12777		1463		208	53872	82693
	3583					47920	82293
1549	9194		1463		208	5952	400
						20	
	511		15065		6	1429	745
	511				6	1284	745
			15065			145	
1549	13288		16528		214	52906	80037
							3401
						2415	
1549	13288		16528		214	55321	83438
	3583					47920	78892
1549	1967		16528		208	2306	3401
	2051				6	1252	
	5687					3843	1145
	3583					47920	82693
1400	6222		1225			2861	
	3126		15065		6	1679	745
149	357		238		208	2861	

主要统计指标解释

固定资产投资（不含农户） 指城镇和农村各种登记注册类型的企业、事业、行政单位及城镇个体户进行的计划总投资500万元及500万元以上的建设项目投资和房地产开发投资，包含原口径的城镇固定资产投资加上农村企事业组织项目投资，该口径自2011年起开始使用。

房地产开发投资 指房地产开发公司、商品房建设公司及其他房地产开发法人单位和附属于其他法人单位实际从事房地产开发或经营的活动单位统一开发的包括统代建、拆迁还建的住宅、厂房、仓库、饭店、宾馆、度假村、写字楼、办公楼等房屋建筑物和配套的服务设施，土地开发工程(如道路、给水、排水、供电、供热、通讯、平整场地等基础设施工程)的投资；不包括单纯的土地交易活动。

固定资产投资的资金来源 根据固定资产投资的资金来源不同，分为国家预算内资金、国内贷款、利用外资、自筹资金和其他资金来源。

（1）国家预算内资金：指中央财政和地方财政中由国家统筹安排的基本建设拨款和更新改造拨款，以及中央财政安排的专项拨款中用于基本建设的资金和基本建设拨款改贷款的资金等。

（2）国内贷款：指报告期内企、事业单位向银行及非银行金融机构借入的用于固定资产投资的各种国内借款。包括银行利用自有资金及吸收的存款发放的贷款、上级主管部门拨入的国内贷款、国家专项贷款(包括煤代油贷款、劳改煤矿专项贷款等)、地方财政专项资金安排的贷款、国内储备贷款、周转贷款等。

（3）利用外资：指报告期内收到的用于固定资产投资的国外资金，包括统借统还、自借自还的国外贷款，中外合资项目中的外资，以及对外发行债券和股票等。国家统借统还的外资指由我国政府出面同外国政府、团体或金融组织签订贷款协议、并负责偿还本息的国外贷款。

（4）自筹资金：指建设单位报告期内收到的，用于进行固定资产投资的上级主管部门、地方和企、事业单位自筹资金。

（5）其他资金来源：指报告期内收到的除以上各种拨款、借款、自筹资金之外，其他用于固定资产投资的资金。

固定资产投资按构成分 固定资产投资活动按其工作内容和实现方式分为建筑安装工程，设备、工具、器具购置，其他费用三个部分。

（1）建筑安装工程(建筑安装工作量)：指各种房屋、建筑物的建造工程和各种设备、装置的安装工程。包括各种房屋建造工程，各种用途设备基础和各种工业窑炉的砌筑工程；为施工而进行的各种准备工作和临时工程以及完工后的清理工作等；铁路、道路的铺设，矿井的开凿及石油管道的架设等；水利工程；防空地下建筑等特殊工程；以及各机械设备的安装工程；为测定安装工程质量，对设备进行的试运工作。在安装工程中，不包括被安装设备本身的价值；

（2）设备、工具、器具购置：指购置或自制达到固定资产标准的设备、工具、器具的价值，固定资产的标准按财务部门规定。新建单位、扩建单位的新建车间按照设计和计划要求购置或自制的全部设备、工具、器具，不论是否达到固定资产标准均计入“设备、工具、器具购置”中。

（3）其他费用：指在固定资产建造和购置过程中发生的，除建筑安装工程和设备、工具、器具购置以外的各种应摊入固定资产的费用。

房屋建筑面积 指从房屋外墙线算起的各层平面面积的总和，包括可供使用的有效面积和房屋结构(如柱、墙)占用的面积。多层建筑按各层(包括地下室)面积总和计算。

住宅建筑面积 指施工和竣工房屋建筑面积中供居住用的施工和竣工房屋建筑面积。

施工面积 指报告期内施工的全部房屋建筑面积。包括本期新开工的面积、上期跨入本期继续施工的房屋面积、上期停缓建在本期恢复施工的房屋面积、本期竣工的房屋面积及本期施工后又停缓建的房屋面积。

竣工面积 指在报告期内房屋建筑按照设计要求已全部完工，达到住人和使用条件，经验收鉴定合格，正式移交使用单位的建筑面积。

商品房销售面积 指报告期内出售商品房屋的合同总面积(即双方签署的正式买卖合同中所确定的建筑面积)。由现房销售建筑面积和期房销售建筑面积两部分组成。

商品房销售额 指报告期内出售商品房屋的合同总价款(即双方签署的正式买卖合同中所确定的合同总价)。该指标与商品房销售面积同口径，由现房销售额和期房销售额两部分组成。

建筑业统计单位 指从事房屋、构筑物建造和设备安装活动的法人企业。建筑业法人企业应具有建筑业资质并能够独立核算；同时应具备以下条件：①依法成立，有自己的名称、组织机构和场所，能够承担民事责任；②独立拥有和使用资产，承担负债，有权与其他单位签订合同；③独立核算盈亏，能够编制资产负债表。

建筑业总产值 是以货币形式表现的建筑业企业在一定时期内生产的建筑业产品和提供的服务的总和。建筑业总产值包括：

（1）建筑工程产值：指列入建筑工程预算内的各种工程价值。

（2）安装工程产值：指设备安装工程价值，不包括被安装设备本身的价值。

（3）其他产值：建筑业总产值中除建筑工程、安装工程以外的产值。包括房屋构筑物修理产值、非标准设备制造产值、总包企业向分包企业收取的管理费以及不能明确划分的施工活动所完成的产值。

a.房屋构筑物修理产值：指房屋和构筑物修理所完成的产值，但不包括被修理房屋、构筑物本身价值和生产设备的修理产值。

b.非标准设备制造产值：指加工制造没有定型的非标准生产设备的加工费和原材料价值（如化工厂、炼油厂用的各种罐、槽，矿井生产统一使用的各种漏斗、三角槽、阀门等）以及附属加工厂为本企业承建工程制作的非标准设备的价值。

房屋建筑施工面积 指在报告期内施过工的全部房屋建筑面积，包括本期新开工的房屋面积、上期施工跨入本期继续施工的房屋面积、上期停缓建在本期恢复施工的房屋面积、本期竣工的房屋面积及本期施工后又停缓建的房屋面积。

房屋建筑竣工面积 指在报告期内房屋建筑按照设计要求全部完工，达到了住人和使用条件，经验收鉴定合格，正式移交使用单位的房屋建筑面积。

营业收入 指企业经营主要业务和其他业务所确认的收入总额。营业收入合计包括“主营业务收入”和“其他业务收入”。根据会计“利润表”中“营业收入”项目的本期金额数填报。

营业成本 指企业经营主要业务和其他业务所发生的成本总额。包括企业（单位）在报告期内从事销售商品、提供劳务等日常活动发生的各种耗费。包括“主营业务成本”。根据会计“利润表”中“营业成本”项目的本期金额数填表。

营业利润　指企业从事生产经营活动所取得的利润。执行2006年《企业会计准则》的企业，营业利润为营业收入减去营业成本、营业税金及附加、销售费用、管理费用、财务费用、资产减值损失，再加上公充价值变动收益和投资收益。未执行2006年《企业会计准则》的企业，营业利润为主营业务收入减去主营业务成本、主营业务税金及附加，加上其他利润后，再减去销售费用、管理费用、财务费用后的金额。根据会计“利润表”中“营业利润”项目的本期金额数填报。

14 运输和邮电

Transportation,postal and Telecommunecations Services

资料整理：李建梅　周虎成

14-1　交通运输业基本情况

指　　标	2015	2016	2017	2018	2019
客运量总计（万人）	**1516.09**	**1652.41**	**1746.36**	**1614.76**	**1681.3**
铁路	839	896	962	1011	1013
公路	581	657	675	498	549
民用航空	96.09	99.41	109.36	105.76	119.3
货运量总计（万吨）	**33056.38**	**36145.33**	**11254.34**	**46730.23**	**48576.3**
铁路	5801	6342	7890	10151	10365
公路	27255	29803	33664	36579	38211
民用航空	0.38	0.33	0.34	0.23	0.3
公路旅客周转量总计（亿人公里）	**13.90**	**12.09**	**10.80**	**7.70**	**8.66**
公路货物周转量总计（亿吨公里）	**517.13**	**559.74**	**638.70**	**690.30**	**711.92**
公路里程（公里）	**6968**	**9004**	**9061**	**9169**	**9344**
#可绿化里程	4883	8554	8716	8817	8997
在总计中：等级公路	5938	8448	8692	8809	9007
#高速公路	141	139	140	140	139
等外公路	1029	556	369	360	336
在总计中：有铺装路面里程（高级）	3723	6179	6522	6905	7017
简易铺路面里程（次高级）	310	191	153	112	123
未铺装路面里程（中级、低级、无路面）	2934	2634	2386	2264	2203
在总计中：国道	271	756	756	757	757
省道	525	541	578	612	622
县道	1780	1928	1948	1958	1989
乡道	2705	2331	2273	2291	2354
专用公路	130	85	85	85	85
村道	1556	3363	3421	3466	3537
汽车拥有量（辆）	**524247**	**573745**	**638316**	**685763**	**725762**
载客汽车	454432	503223	561826	605127	642864
载货汽车	65899	66941	72955	76916	79057
其他类型汽车	3916	3581	3535	3720	3841
在总计中：个人汽车拥有量	463648	512914	573535	617413	655174
摩托车（辆）	**34891**	**19737**	**29421**	**27347**	**25925**
挂车拥有量（辆）	**15567**	**15995**	**17760**	**17645**	**17371**
其他类型（辆）	**38**	**12**		**1**	**1**

注：1.从2009年开始交通部门公路运输数据统计口径调整（后同）；
2.2014、2015年，交通部门对公路客运量、货运量和周转量数据调整（后同）。

14-2 历年交通运输基本情况

年 份	铁路运输		民航运输		公路运输			
	货物发送量（万吨）	旅客发送人数（万人）	货物发运量（吨）	旅客出港数（人）	货运量（万吨）	货物周转量（万吨公里）	客运量（万人）	客运周转量（万人公里）
1950	17	25			4	409	2	320
1952	15	18			13	937	5	677
1957	267	56			713	6015	56	6307
1962	348	260	13		246	2821	10	619
1965	457	110	6		429	6244	38	1609
1970	821		115	2299	403	4555	72	3072
1975	660	184	17	1003	547	7906	94	4486
1978	975	215	31	1209	634	9215	123	5935
1980	922	221	70	2815	515	8606	130	6449
1985	1213	300	37	589	1391	34929	150	8578
1990	1653	196	26	4425	2271	70051	306	22036
1991	1700	200	20	6193	2654	70224	304	23179
1992	1874	219	34	8906	2640	78181	300	22062
1993	1945	249	61	13155	3026	97078	324	22976
1994	2135	240	83	15608	3245	101474	354	26589
1995	2536	220	121	22900	3767	111287	415	32400
1996	2673	204	128	36500	3862	138262	465	45576
1997	2760	231	179	51900	4320	158461	774	54462
1998	2549	279	192	47400	4852	229909	876	59918
1999	2605	295	302	53300	5710	261910	920	66650
2000	2657	313	362	63737	6800	251014	950	71005
2001	2710	335	403	67370	7938	250374	1005	71589
2002	3685	337	567	70875	9497	684265	8429	334748
2003	3218	256	610	88711	12420	884700	9033	365028
2004	4163	327	954	142651	13729	1207696	10812	430019
2005	5374	434	570	168557	15118	1389986	11866	486769
2006	6088	486	628	172526	17539	1671097	13422	608808
2007	7235	508	1160	260500	21088	2177066	15503	751151
2008	8481	586	1482	374653	30360	3156745	20153	1051611
2009	8787	621	1362	533011	13706	3665702	1267	154530
2010	11446	643	1607	662538	16928	4543735	1406	169346
2011	10915	600	1497	674668	21475	5690200	1453	172200
2012	9324	587	2422	814267	26951	7120000	1417	163000
2013	9485	778	2830	857700	22949	8423000	1182	166000
2014	9257	743	3094	906850	24255	4549572	845	191087
2015	5801	839	3764	960893	27255	5171293	581	139018
2016	6342	896	3335	994092	29803	5597407	657	120882
2017	7890	962	3438	1093578	33664	6386829	675	108438
2018	10151	1011	2255	1057573	36579	6903095	498	76976
2019	10365	1013	2960	1192753	38211	7119203	549	86623

14-3　公路交通运输工具

单位:辆

年 份	载货汽车	载客汽车	挂车
1991	13164	2865	5141
1992	13970	3472	5505
1993	14954	4488	5700
1994	13090	4954	5657
1995	16100	9706	6375
1996	18224	15111	7074
1997	21120	16477	5255
1998	20826	19289	5319
1999	22096	22038	5343
2000	24230	25216	5528
2001	21941	25709	4168
2002	25210	30966	5345
2003	27668	38656	2727
2004	38562	51195	11257
2005	34016	59382	8410
2006	36949	76687	9183
2007	40003	94119	10458
2008	45618	125481	14024
2009	57290	164278	15893
2010	70657	216825	22590
2011	79741	280113	23883
2012	72726	336718	25856
2013	70363	383012	26686
2014	71222	422743	16351
2015	65899	454432	15567
2016	66941	503223	15995
2017	72955	561826	17760
2018	76916	605127	17645
2019	79057	642864	17371

14-4 年末机动车保有量

单位：辆

指 标	2017		2018		2019	
	合计	#个人	合计	#个人	合计	#个人
汽车	**638316**	**573535**	**685763**	**617413**	**725762**	**655174**
载客	561826	534387	605127	575722	642864	611421
载货	72955	37863	76916	40369	79057	42361
其它	3535	1285	3720	1322	3841	1392
摩托车	**29421**	**29277**	**27347**	**27203**	**25925**	**25796**
普通	25324	25191	23269	23135	21868	21749
轻便	4097	4086	4078	4068	4057	4047
挂车	**17760**	**233**	**17645**	**175**	**17371**	**212**

14-5 邮电通信水平

指 标	2015	2016	2017	2018	2019
全市邮电通信水平					
平均每人每年发函件数（件）	0.3	0.1	0.1	0.1	0.1
平均每百人每年订报刊数（份）	6.8	5.9	6.1	6.4	6.6
平均每百人拥有电话机部数（部）	123.2	132.1	148.8	147.7	134.2
邮政储蓄市场占有率（%）	2.8	3.3	3.3	2.9	2.8

14-6　邮电业务基本情况

指　标	2015	2016	2017	2018	2019
邮政行业业务总量（亿元）	**2.24**	**2.92**	**3.77**	4.65	**5.42**
邮政服务业务总量	1.09	1.40	1.93	2.12	2.42
邮政行业业务收入（亿元）	**3.05**	**3.96**	**4.91**	**5.75**	**5.92**
邮政服务业务收入	1.43	1.92	2.06	2.18	2.03
电信业务收入（亿元）	**26.12**	**27.37**	**26.56**	**23.29**	**22.13**
邮政业务分项					
国内函件（万件）	83.23	38.55	19.78	18.84	15.22
国际及港澳台函件（万件）	0.11	0.20	0.05	0.07	0.04
国内包裹（万件）	8.26	24.17	39.90	112.25	223.85
国际及港澳台包裹（件）	564	613	557	480	352
国内特快专递信件（万件）	11.70	11.10	10.37	10.00	12.52
国际特快专递信件（件）	439	396	417	272	326
订阅报纸累计份数（万份）	3318	2977	2900	2840	2777
订阅杂志累计份数（万份）	97	95	100	110	114
报纸期发份数（万份）	13	12	12	12	12
杂志期发份数（万份）	6	5	6	7	7
邮政储蓄平均余额（亿元）	37.18	39.52	46.51	46.74	47.86
本地固定电话年末用户（万户）	**36.63**	**29.40**	**26.43**	**22.30**	**21.39**
#住宅电话	18.96	15.02	11.52	9.41	5.95
移动电话用户（万户）	**309.97**	**346.15**	**400.24**	**403.69**	**366.59**

注：1、邮政行业业务总量包含邮政公司及其他快递公司的数据。
　　2、2016年起取消长途电话费，长途电信业务不单独统计。

14-7　主要年份邮电业务基本情况

年 份	邮电局所数（个）	报刊期发数（万份）	国内长途电话（万次）	本市固定电话年末用户（户）
1950	28		2	372
1957	39		7	1427
1962	89	12	19	7413
1965	60	16	14	8352
1970	63	8	14	9812
1975	74	25	25	15574
1978	83	32	32	15175
1980	83	49	36	17807
1985	80	78	50	24578
1990	81	39	100	41996
1991	80	47	194	45763
1992	80	48	392	49143
1993	79	200	1011	59572
1994	93	55	1227	88264
1995	99	63	1422	139309
1996	121	175	1872	187489
1997	124	225	2340	214497
1998	166	28	2730	236688
1999	118	34	2813	277462
2000	122	29	2325	354302
2001	117	45	2946	410200
2002	116	35	3350	439322
2003	116	37	2780	491900
2004	109	23	5499	512600
2005	119	21	3544	499500
2006	120	22	3970	495600
2007	120	24	6334	496200
2008	114	25	3495	407743
2009	112	25	3045	364387
2010	108	26	1390	388645
2011	106	31	7553	399911
2012	107	23	29774	452690
2013	96	29	16354	466012
2014	95	249	16830	415760
2015	106	19	13623	366335
2016	109	17		293978
2017	109	18		264331
2018	108	19		223039
2019	109	19		213922

14-8　邮电部门机构、邮路、电路

指　　标	2015	2016	2017	2018	2019
邮政机构					
邮政局（所）总数（处）	106	109	109	108	109
邮政支局	66	66	66	60	61
自办邮政所	2	2	2	8	5
代办邮政所	38	41	41	40	43
邮政储蓄点（处）	64	64	62	60	61
邮政信筒信箱（个）	85	105	109	108	110
邮路					
邮路总条数（条）	52	50	53	49	126
#快速邮路	2	1	1	1	
邮路总长度（公里）	2983	2395	2547	2511	3334
自办汽车邮路	1673	2395	2257	2222	3225
委办汽车邮路	1310		289	289	109
农村单程投递线路总长度（公里）	2805	1249	1184	1184	1223
电信机构					
电信局所总数（处）	628	1515	1798	1454	1227
#自办局所	71	138	153	146	138
电信委代办所	548	1377	1645	1308	1089
电信电路					
本地电话电缆长度（皮长公里）	2281	2281	1273	679	614
本地中继光缆长度（皮长公里）	4179	4179	4374	4374	4387

14-9 邮电通信设备年末拥有量

指　标	2015	2016	2017	2018	2019
邮政设备					
邮政汽车（辆）	150	173	199	195	224
#邮运汽车	34	42	44	44	63
邮政储蓄专用汽车	17	19	16	19	18
速递业务专用汽车	74	82	86	80	102
邮政摩托车（辆）	14	13	21	7	3
本地电信设备					
局用交换机容量（万门）	11.37	30.54	29.10	29.30	29.10
#实占容量	4.80	11.58	11.02	11.01	10.87
出局用户线对数（万对）	1.47	1.47	1.27	1.27	1.27
#实占线对	0.61	0.61	0.41	0.35	0.35
接入网设备容量（万门）	42.47	53.82	104.70	114.16	119.97
#实占线对	25.67	28.19	40.77	44.39	46.57
移动通信设备					
GSM900交换机容量（万门）	923	824	824	824	824
GSM机站数（个）	7813	3942	3193	3097	2941
GSM话音信道数（个）	176139	176651	154508	149256	131257

主要统计指标解释

公路里程　指在一定时期内实际达到《公路工程技术标准JTJ01–88》规定的等级公路，并经公路主管部门正式验收交付使用的公路里程数。包括大中城市的郊区公路以及通过小城镇街道部分的公路里程和桥梁、渡口的长度，不包括大中城市的街道、厂矿、林区生产用道和农业生产用道的里程。两条或多条公路共同经由同一路段，只计算一次，不得重复计算里程长度。它是反映公路建设发展规模的重要指标，也是计算运输网密度等指标的基础资料。

货（客）运量　指在一定时期内，各种运输工具实际运送的货物（旅客）数量。它是反映运输业为国民经济和人民生活服务的数量指标，也是制定和检查运输生产计划、研究运输发展规模和速度的重要指标。货运按吨计算，客运按人计算。货物不论运输距离长短、货物类别，均按实际重量统计。旅客不论行程远近或票价多少，均按一人一次客运量统计；半价票、小孩票也按一人统计。

货物（旅客）周转量　指在一定时期内，由各种运输工具运送的货物（旅客）数量与其相应运输距离的乘积之总和。它是反映运输业生产总成果的重要指标，也是编制和检查运输生产计划，计算运输效率、劳动生产率以及核算运输单位成本的主要基础资料。计算货物周转量通常按发出站与到达站之间的最短距离，也就是计费距离计算。计算公式为：

货物（旅客）周转量=∑货物（旅客）运输量×运输距离

民用汽车拥有量　指报告期末，在公安交通管理部门按照《机动车注册登记工作规范》，已注册登记领有民用车辆牌照的全部汽车数量。汽车拥有量统计的主要分类：根据汽车结构分为载客汽车、载货汽车及其他汽车；根据汽车所有者不同分为个人（私人）汽车、单位汽车；根据汽车的使用性质分为营运汽车、非营运汽车和特种汽车；根据汽车大小规格不同载客汽车分为大型、中型、小型和微型，载货汽车分为重型、中型、轻型和微型。

移动电话用户　指通过移动电话交换机进入移动电话网、占用移动电话号码的各类电话用户。包括签约用户和智能网预付费用户。一个移动电话号码统计为一户。

本地电话用户　指接入本地电信运营商固定电话网上的电话用户。包括：住宅用户、单位用户、公用电话用户等。按电话用户位置又分为市内电话用户和农村电话用户。1997年以前，“市内电话用户”是指接入县城及县以上城市的电话网上的电话用户；“农村电话用户”是指接入县邮电局农话台及县以下农村电话交换点，以县城为中心（除市话用户外）联通县、乡（镇）、行政村、村民小组的用户。从1997年起，电话用户数分组调整为以用户所在区域划分为“城市电话用户”和“乡村电话用户”，与过去的按市内电话和农村电话划分方法不同。而电话用户总数、电话机总部数统计范围不变。

住宅电话用户　指话机装在居民住宅或农民家里并按照住宅电话用户登记注册和收费的电话用户。包括私人付费、单位付费和按规定免费安装的住宅电话用户。

局用交换机容量　指安装在电信运营企业内用于接续本地固定电话的电话交换机容量，包括现用和备用的人工或自动交换机的全部容量。不包括用户交换机容量。

15 国内贸易

Domestic Trade

资料整理：珊珊

15-1 社会消费品零售总额（按销售单位所在地和行业分）

单位:万元

年 份	社会消费品零售总额	按地区分		按行业分		
		市	县及县以下	批发零售贸易业	住宿餐饮业	其它行业
1980	48410	41422	6988	45475	2178	757
1981	54311	46362	7949	50975	2479	857
1982	60043	50929	9114	56234	2903	906
1983	64796	55280	9516	60533	3186	1077
1984	80689	70929	9760	75423	3989	1277
1985	96515	86341	10174	92041	4474	1412
1986	111638	98804	12834	104476	5628	1534
1987	124258	109827	14431	115701	6799	1758
1988	163260	146545	16715	151748	9580	1932
1989	169664	153253	16411	159653	7799	2212
1990	178487	162436	16051	167582	8470	2435
1991	198918	181303	17615	186707	9392	2819
1992	238430	217577	20853	223137	11766	3526
1993	337245	306657	30588	312756	19114	5375
1994	432641	380487	52153	398161	27757	6723
1995	524002	419302	104700	472554	43510	7938
1996	612021	428580	183440	540670	62129	9221
1997	707197	597510	109686	618663	78774	9759
1998	791994	663242	128752	684543	94453	12998
1999	886514	755704	130810	763205	109131	14178
2000	1007081	864138	142943	860447	129795	16838
2001	1144256	994782	149473	965250	158148	20858
2002	1332357	1177821	154537	1110848	196122	25387
2003	1570357	1408305	162052	1282621	257836	29901
2004	2031470	1868937	162533	1632237	362993	36240
2005	2336067	2155198	180869	1856188	445809	34070
2006	2795364	2587835	207529	2198270	560695	36399
2007	3311047	3076849	234198	2586235	685380	39432
2008	4067881	3796300	271581	3130142	891515	46224
2009	4596683	4292276	304407	3523044	996992	76647

15-2　社会消费品零售总额（按销售单位所在地和消费形态分）

单位:万元

年份	社会消费品零售总额	按销售单位所在地分				按消费形态分	
		城镇	城区	镇区	乡村	商品零售收入	餐费收入
2010	5339703	5202177	4926743	275434	137527	4458652	881051
2011	6140735	5990784	5612732	378052	149951	5139795	1000940
2012	6838079	6705241	6291413	413827	132839	5704006	1134073
2013	7471684	7335375	6750143	585233	136309	6253145	1218539
2014	8017097	7876032	7292146	583886	141065	6649618	1367479
2015	8486382	8275371	7275763	999608	211011	7139024	1347358
2016	9123960	8892309	7815357	1076952	231652	7600183	1523778
2017	9520701	9276235	8477222	799013	244466	7919961	1600740
2018	9948434	9694898	9264041	430857	253536	8307173	1641261
2019	10362200	9836848	7132502	2704345	525353	8672351	1689850

注：根据全国第四次经济普查结果对1992-2018年社会消费品零售总额数据进行了修订。

15-3　限额以上批发零售贸易业商品分类销售额

单位：万元

指　标	合计		批发		零售	
	2018	2019	2018	2019	2018	2019
类值合计	**6269759**	**5400212**	**4190086**	**3440536**	**2079673**	**1959676**
粮油、食品、饮料、烟酒类	820295	725280	606693	520743	213603	204537
粮油、食品类	327625	231332	170997	77556	156628	153776
饮料类	26965	29453	20048	21915	6918	7538
烟酒类	465705	464495	415649	421272	50056	43223
服装、鞋帽、针纺织品类	216997	187327	29636	18839	187361	168487
服装类	146764	129765	6195		140569	129765
鞋帽类	33575	28412			33575	28412
针、纺织品类	36659	29150	23441	18839	13218	10310
化妆品类	32484	31573			32484	31573
金银珠宝类	50442	49605			50442	49605
日用品类	89695	39769	17512	6396	72183	33373
五金、电料类	7866	3441	7856	3441	10	
体育、娱乐用品类	3120	1428			3120	1428
书报杂志类	5385	14370			5385	14370
电子出版物及音像制品类	1				1	
家用电器和音像器材类	170680	208663	8655		162024	208663
中西药品类	90813	149635	48243	87398	42570	62237
文化办公用品类	10168	12290		2	10168	12289
家具类	28000	10046			28000	10046
通讯器材类	41059	17388			41059	17388
煤炭及制品类	495990	453439	495990	453439		
石油及制品类	633221	599272	38238	75296	594983	523975
化工材料及制品类	39979	36642	39979	36456		186
金属材料类	2756560	1938509	2756560	1938509		
建筑及装潢材料类	28280	12371	28280	12371		
机电产品及设备类	70090	52134	70090	52134		
汽车类	636366	742784	10714	136259	625652	606525
其他类	36856	114246	26228	99251	10628	14995

注：以上数据为年快合一数据。

15-4 限额以上批发零售贸易企业主要

指　　标	资产合计	#流动资产	#固定资产净额	负债合计
总计	**4011682**	**2962011**	**298707**	**2530079**
批发业	**3041494**	**2381399**	**72697**	**1747993**
内资企业	2820026	2197340	72697	1476476
国有企业	215826	196086	15019	63766
有限责任公司	1938562	1461582	45028	1012104
国有独资公司	1198999	773563	26325	477087
其他有限责任公司	739563	688019	18704	535017
股份有限公司	364617	259193	3386	156637
私营企业	301022	280479	9264	243969
私营有限责任公司	291437	270983	9176	236748
私营股份有限公司	9585	9497	88	7221
港、澳、台商投资企业	205698	168698		269784
港、澳、台商独资经营企业	205698	168698		269784
外商投资企业	15770	15361		1734
中外合资经营企业	15770	15361		1734
零售业	**970188**	**580612**	**226010**	**782086**
内资企业	968088	579055	226010	779599
国有企业	36060	16961	5503	11935
有限责任公司	487658	282684	154237	431613
国有独资公司	2824	2386	438	3378
其他有限责任公司	484834	280298	153798	428235
股份有限公司	91015	66622	19920	52981
私营企业	353355	212789	46351	283070
私营独资企业	149	135	14	8
私营有限责任公司	347944	210876	42905	278064
私营股份有限公司	5262	1778	3432	4999
港、澳、台商投资企业	2101	1557		2487
合资经营企业(港或澳、台资)	2101	1557		2487

财务指标（2019年，按登记注册类型分）

单位：万元

营业收入	营业成本	税金及附加	销售费用	营业利润
4838438	**4451825**	**63603**	**204531**	**51660**
3026274	**2849870**	**56335**	**78232**	**49139**
2815576	2664122	56161	62665	42557
382130	334135	51076	6071	45477
1152267	1103795	3195	25031	3501
164319	161519	198	3674	3385
987948	942275	2998	21357	116
298537	285322	565	9468	3064
982642	940870	1324	22094	-9484
974895	933566	1324	22094	-9490
7747	7304	1		6
191401	172331	123	14866	3781
191401	172331	123	14866	3781
19297	13416	52	702	2800
19297	13416	52	702	2800
1812164	**1601955**	**7268**	**126300**	**2521**
1811541	1601447	7251	125917	2806
136037	122605	248	6716	5144
926522	827507	3711	71176	-8105
413	331	3	55	-116
926109	827176	3708	71121	-7989
142988	119886	759	8555	3787
605994	531450	2534	39470	1979
565	453	4	6	61
596837	522323	2479	38985	3096
8593	8674	51	478	-1178
623	508	16	383	-285
623	508	16	383	-285

15-5 限额以上批发零售贸易企业主要

指　标	资产合计	#流动资产小　计	#固定资产净　额	负债合计
总计	**4011682**	**2962011**	**298707**	**2530079**
批发业	**3041494**	**2381399**	**72697**	**1747993**
农、林、牧产品批发	320507	287244	27461	295943
谷物、豆及薯类批发	286654	254068	27414	260767
其他农牧产品批发	33854	33176	48	35176
食品、饮料及烟草制品批发	205130	189361	12913	55001
#肉、禽、蛋、奶及水产品批发	6293	5161	876	5635
烟草制品批发	181305	168801	10305	35891
纺织、服装及家庭用品批发	5711	5062	648	4311
化妆品及卫生用品批发	1138	1031	107	847
厨具卫具及日用杂品批发	2048	1506	541	1744
日用家电批发	2525	2525		1720
医药及医疗器材批发	103535	97643	4565	88112
西药批发	57312	56311	705	47920
中药批发	42031	37234	3859	36238
医疗用品及器材批发	4191	4099	1	3953
矿产品、建材及化工产品批发	2313640	1712216	25079	1236153
煤炭及制品批发	773909	621213	4778	569085
石油及制品批发	88349	60174	11676	32907
金属及金属矿批发	1304258	887128	7682	511153
建材批发	55066	54255	311	50824
农用薄膜批发	2246	2218	28	2241
其他化工产品批发	89812	87228	605	69944
机械设备、五金产品及电子产品批发	92971	89873	2031	68474
汽车及零配件批发	52968	50830	1659	49113
五金产品批发	1732	1697	35	1190
电气设备批发	3159	3027	131	2992
通讯设备批发	3012	3005	3	2587
其他机械设备及电子产品批发	32102	31314	203	12592

财务指标情况（2019年，按行业分）

单位：万元

营业收入	营业成本	税金及附加	销售费用	营业利润
4838438	**4451825**	**63603**	**204531**	**51660**
3026274	**2849870**	**56335**	**78232**	**49139**
58080	61566	7	3721	-5230
41382	45619	4	3176	-5282
16698	15948	3	545	51
422656	368176	51122	8860	49205
19581	16596	18	2081	167
369886	321018	51034	5497	48867
17241	15307	30	1296	106
5955	5197	6	529	22
113058	102529	423	3920	-274
76384	70196	290	2902	-65
34021	30077	126	1015	-229
2653	2257	7	3	21
2147492	2054819	4350	52769	-890
529885	486139	2375	32349	-12118
219415	208300	257	4940	2438
1198374	1180350	1432	5907	5960
113276	106034	33	4197	891
8550	8341	9	187	10
77993	65655	244	5189	1928
267748	247473	404	7666	6222
186499	178203	174	5104	1190
4658	4247	23		343
4742	4367	8	182	149
37875	36264	69	1172	12
33974	24392	129	1209	4528

指　标	资产合计	#流动资产小计	#固定资产净额	负债合计
零售业	**970188.4**	**580612.3**	**226009.6**	**782086**
综合零售	261200.8	92799.9	80057.5	240183.8
百货零售	187743.1	49000.9	69996.8	161551.6
超级市场零售	69646.8	41064.3	9577.1	70885.4
便利店零售	987.1	349	45.5	4368.5
其他综合零售	2823.8	2385.7	438.1	3378.3
食品、饮料及烟草制品专门零售	17521.8	16284.6	1119.9	14195.3
#酒、饮料及茶叶零售	6270.6	6124.8	145.8	3258.1
纺织、服装及日用品专门零售	21108.1	20427	344.7	17221.3
纺织品及针织品零售	1694.4	1686.4	7.9	1507.9
服装零售	10411.8	9853.3	238.9	8055.4
化妆品及卫生用品零售	8320.3	8303.5		7416
钟表、眼镜零售	681.6	583.8	97.9	242
文化、体育用品及器材专门零售	38513.1	31327.9	4985.6	31149.7
体育用品及器材零售	322.3	322.2		365.1
图书、报刊零售	27025.6	20112.9	4832.5	24791.8
珠宝首饰零售	11165.2	10892.8	153.1	5992.8
医药及医疗器材专门零售	49394.6	46308.4	2082.8	44080.5
西药零售	36846.1	35905.2	541.6	34222.8
中药零售	12548.5	10403.2	1541.2	9857.7
汽车、摩托车、燃料及零配件专门零售	433980.8	291847.7	89424.4	316775.9
汽车新车零售	265130.9	212659.5	32220.8	206286.7
汽车旧车零售	1210.4	1129.7	22.6	580.3
汽车零配件零售	1263.7	1247	16.7	1045.7
摩托车及零配件零售	557	556.7	0.3	405.1
机动车燃油零售	130164.3	65976.7	39481.7	77311.7
机动车燃气零售	35654.5	10278.1	17682.3	31146.4
家用电器及电子产品专门零售	141466.4	76493.1	47511.6	113271.4
日用家电设备零售	125201.6	60554.6	47419.2	94884.8
计算机、软件及辅助设备零售	6111	6036.1	71.6	1316.5
通信设备零售	10153.8	9902.4	20.8	17070.1
五金、家具及室内装修材料专门零售	342.2	245.6		332.4
家具零售	342.2	245.6		332.4
货摊、无店铺及其他零售业	6660.6	4878.1	483.1	4875.7
互联网零售	3037.1	2944.3	59.5	3333.3
生活用燃料零售	3623.5	1933.8	423.6	1542.4

表

单位：万元

营业收入	营业成本	税金及附加	销售费用	营业利润
1812164	**1601955**	**7268**	**126300**	**2521**
367046	294373	3726	47621	7645
225849	170659	3192	24359	11681
138194	120960	529	20430	-1282
2590	2423	2	2777	-2639
413	331	3	55	-116
43929	37403	126	3173	364
26625	22247	86	1882	793
31691	26088	62	3285	590
21627	18137	39	2202	255
28903	21323	245	2675	2062
2157	1592	7	407	142
15065	10090	147	1615	1523
11682	9642	90	653	398
67878	60055	142	2783	784
50050	45576	91	1727	-533
17828	14479	50	1057	1317
1059517	985099	2099	47078	-4618
561106	525229	1088	19393	-3675
5157	5033	6	276	-160
3483	3325	5	40	56
1509	1379	1		93
451280	417789	903	26037	348
36982	32345	97	1333	-1280
206362	172394	835	18732	-4057
184049	152031	806	18157	-2070
9279	8143	18	222	94
13034	12221	12	353	-2080
774	731	9	5	16
774	731	9	5	16
6066	4490	26	950	-266
1066	325	8	289	-191
5000	4166	18	661	-75

15-6 限额以上住宿餐饮企业主要财务指标

指　标	法人企业（个）	资产合计	#流动资产小计	#固定资产净额
总计	**72**	**494082**	**157958**	**187507**
住宿业	**31**	**159291**	**27747**	**107909**
按登记注册类型分				
内资企业	29	125091	23980	80305
国有企业	1	701	440	250
有限责任公司	17	96262	8021	74962
国有独资公司	1	9881	1539	8342
其他有限责任公司	16	86380	6482	66620
股份有限公司	1	506	146	130
私营企业	10	27622	15373	4963
私营有限责任公司	10	27622	15373	4963
港、澳、台商投资企业	1	33201	3475	27538
港、澳、台商独资企业	1	33201	3475	27538
外商投资企业	1	1000	293	66
外资企业	1	1000	293	66
按住宿行业中类分				
旅游饭店	21	146617	23459	106302
旅游饭店	21	146617	23459	106302
一般旅馆	9	11675	3996	1541
经济型连锁酒店	5	6070	3127	1028
其他一般旅馆	4	5604	869	514
其他住宿业	1	1000	293	66
其他住宿业	1	1000	293	66
餐饮业	**41**	**334791**	**130210**	**79598**
按登记注册类型分				
内资企业	40	288492	102682	72055
国有企业	1	80297	11382	7530
联营企业	1	634	40	254
集体联营企业	1	634	40	254
有限责任公司	12	14468	7063	3861
其他有限责任公司	12	14468	7063	3861
股份有限公司	2	137670	67838	43419
私营企业	24	55422	16358	16991
私营独资企业	1	239	50	
私营有限责任公司	22	49880	14039	14630
私营股份有限公司	1	5304	2269	2361
外商投资企业	1	46299	27529	7544
外资企业	1	46299	27529	7544
按餐饮行业中类分				
正餐服务	41	334791	130210	79598
正餐服务	41	334791	130210	79598

情况（2019年，按登记注册类型和行业分）

单位：万元

负债合计	营业收入	营业成本	税金及附加	销售费用	营业利润
317348	**278887**	**185981**	**2597**	**45813**	**–2443**
129876	**41928**	**16433**	**1342**	**17479**	**-10178**
99142	33389	10117	1318	16454	-8969
167	2647	1282	15		-428
65624	20519	5625	988	10885	-3899
9792	3033	125	265	2413	229
55832	17487	5500	724	8472	-4128
386	603	126	13	212	47
32966	9620	3084	301	5358	-4689
32966	9620	3084	301	5358	-4689
29450	8104	6290	23	559	-1132
29450	8104	6290	23	559	-1132
1283	435	26	1	465	-77
1283	435	26	1	465	-77
117338	35014	14346	1300	14851	-9313
117338	35014	14346	1300	14851	-9313
11255	6479	2062	40	2162	-787
4806	2508	407	23	1355	-30
6449	3972	1655	17	808	-758
1283	435	26	1	465	-77
1283	435	26	1	465	-77
187472	**236959**	**169548**	**1254**	**28334**	**7735**
151539	206307	150574	1086	23371	8924
34866	5476	1240	456	3433	-2119
2327	488	230	13	198	-37
2327	488	230	13	198	-37
9426	18274	13426	117	1758	-610
9426	18274	13426	117	1758	-610
57525	151245	118569	290	11556	11114
47395	30825	17110	210	6426	575
129	1049	652	3	192	175
45402	23547	11946	206	5172	150
1865	6229	4512	1	1062	250
35933	30651	18973	169	4964	-1190
35933	30651	18973	169	4964	-1190
187472	236959	169548	1254	28334	7735
187472	236959	169548	1254	28334	7735

15-7　限额以上批发零售贸易业商品销售总额（2019年，按登记注册类型分）

指　标	法人企业（个）	从业人员期末人数（人）	销售总额（万元）	批发额	零售额
总计	**303**	**16369**	**6102914**	**4060235**	**2042678**
批发业	**129**	**4268**	**4036924**	**3959521**	**77403**
内资企业	127	4228	3823396	3745993	77403
国有企业	3	532	433689	433689	
有限责任公司	57	2235	1957223	1933409	23814
国有独资公司	5	249	196389	196389	
其他有限责任公司	52	1986	1760834	1737020	23814
股份有限公司	3	108	334522	334522	
私营企业	64	1353	1097962	1044373	53589
私营有限责任公司	63	1288	1089196	1035950	53247
私营股份有限公司	1	65	8766	8424	342
港、澳、台商投资企业	1	4	192627	192627	
港、澳、台商独资企业	1	4	192627	192627	
外商投资企业	1	36	20902	20902	
中外合资经营企业	1	36	20902	20902	
零售业	**174**	**12101**	**2065989**	**100714**	**1965275**
内资企业	173	12078	2065304	100714	1964590
国有企业	2	321	153734	21716	132018
有限责任公司	85	5617	1044352	56834	987517
国有独资公司	1	10	469	43	427
其他有限责任公司	84	5607	1043882	56792	987091
股份有限公司	4	1058	200889		200889
私营企业	82	5082	666330	22164	644166
私营独资企业	1	7	638		638
私营有限责任公司	80	5027	655637	22164	633473
私营股份有限公司	1	48	10055		10055
港、澳、台商投资企业	1	23	685		685
与港澳台商合资经营企业	1	23	685		685

15-8 限额以上批发零售贸易业商品销售总额（2019年，按行业分）

指标	法人企业（个）	从业人员期末人数（人）	商品销售额（万元）		
				批发额	零售额
总计	**303**	**16369**	**6102914**	**4060235**	**2042678**
批发业	**129**	**4268**	**4036924**	**3959521**	**77403**
农、林、牧产品批发	5	190	71077	71077	
谷物、豆及薯类批发	3	190	52209	52209	
其他农牧产品批发	2		18869	18869	
食品、饮料及烟草制品批发	13	1174	479236	477490	1745
#肉、禽、蛋、奶及水产品批发	4	523	21742	21742	
烟草制品批发	1	408	421268	421268	
纺织、服装及家庭用品批发	4	265	19180	19140	40
化妆品及卫生用品批发	1	99	6396	6396	
厨具卫具及日用杂品批发	1	122	6747	6747	
日用家电批发	2	44	6037	5997	40
医药及医疗器材批发	15	913	126171	122529	3643
西药批发	8	545	84823	81180	3643
中药批发	6	343	38337	38337	
医疗用品及器材批发	1	25	3011	3011	
矿产品、建材及化工产品批发	77	1376	3042459	2970483	71975
煤炭及制品批发	22	212	569659	569656	4
石油及制品批发	7	334	234319	226498	7821
金属及金属矿批发	38	654	2013115	1948965	64150
建材批发	1	34	127329	127329	
农用薄膜批发	1	5	9320	9320	
其他化工产品批发	8	137	88717	88717	
机械设备、五金产品及电子产品批发	15	350	298802	298802	
汽车及零配件批发	6	120	208053	208053	
五金产品批发	1	3	5216	5216	
电气设备批发	1	13	5359	5359	
通讯设备批发	2	83	42645	42645	
其他机械设备及电子产品批发	5	131	37529	37529	

15-8 续 表

指 标	法人企业（个）	从业人员期末人数（人）	商品销售额（万元）		
				批发额	零售额
零售业	**174**	**12101**	**2065989**	**100714**	**1965275**
综合零售	11	4058	438628	43	438585
百货零售	7	1512	288085		288085
超级市场零售	2	2397	147171		147171
便利店零售	1	139	2904		2904
其他综合零售	1	10	469	43	427
食品、饮料及烟草制品专门零售	12	452	49144		49144
#酒、饮料及茶叶零售	4	257	30096		30096
纺织、服装及日用品专门零售	19	419	35546		35546
#服装零售	13	237	24389		24389
文化、体育用品及器材专门零售	7	341	30022	15555	14467
体育用品及器材零售	1	6	2437		2437
图书、报刊零售	1	178	14363	11896	2468
珠宝首饰零售	5	157	13222	3659	9563
医药及医疗器材专门零售	14	1025	76030	2099	73931
西药零售	12	850	56271	2099	54172
中药零售	2	175	19758		19758
汽车、摩托车、燃料及零配件专门零售	94	4710	1196143	69303	1126840
汽车新车零售	60	2638	635753		635753
汽车旧车零售	1	18	5766		5766
汽车零配件零售	2	16	3955		3955
摩托车及零配件零售	1	3	1712	144	1568
机动车燃油零售	25	1733	508880	64577	444303
机动车燃气零售	5	302	40078	4582	35496
家用电器及电子产品专门零售	13	883	233132	11774	221358
日用家电设备零售	8	697	208093	6481	201612
计算机、软件及辅助设备零售	3	65	10547	1560	8987
通信设备零售	2	121	14491	3732	10759
五金、家具及室内装修材料专门零售	1	6	818		818
家具零售	1	6	818		818
货摊、无店铺及其他零售业	3	207	6527	1940	4587
互联网零售	1	87	1066	640	427
生活用燃料零售	2	120	5461	1301	4161

主要统计指标解释

社会消费品零售总额　指企业（单位、个体户）通过交易直接售给个人、社会集团非生产,非经营用的实物商品金额，以及提供餐饮服务所取得的收入金额。个人包括城乡居民和入境人员，社会集团包括机关、社会团体、部队、学校、企事业单位、居委会或村委会等。主要是用于全社会实物商品的非生产方面消费情况，即从商品流通环节入手，来观察进入城乡居民生活消费和社会集团公共消费的商品变化情况。

包括：（1）售给城乡居民和入境外国人、华侨、港澳台同胞的各类生活消费品；（2）售给行政事业单位、社会团体、军队和武警等机构的商品，以及以零售方式售给各类企业的商品。具体包括：用于非生产和社会交往的办公用品，如通讯设备、计算器具和设备、电讯网络设备、文印设备、音像视听器材和设备、纸张、本册、文具及装订文印材料、家具、日用电器、针纺织品、清洁卫生用品、文体用品、奖品、纪念品、礼品等；供内部人员乘坐的交通工具和燃料；用于办公设施修缮的各类配件、材料、工具等；用于取暖和防暑降温的设备、燃料、材料及食品等；专用于教学的用品和设备；非专用的劳动保护用品；不对外营业的内部食堂用的餐具、炊具、设备、清洁卫生工具和食品、燃料等；军队、武警用于其人员生活的衣着品和个人用品；其他各类非生产性设备和用品。

商品销售额　指对本单位以外的单位和个人出售的商品金额（包括售给本单位消费用的商品，含增值税），在批发和零售业中，本指标反映在国内市场上销售商品以及出口商品的总价。

包括：（1）售给个人和社会集团消费用的商品；（2）售给农业、工业、建筑业、服务业等国民经济各行业用于生产、经营用的商品，包括售予批发和零售业作为转卖或加工后转卖的商品；（3）对国（境）外直接出口的商品。

不包括：（1）未通过买卖行为付出的商品，如因机构变动移交给其他企业单位的商品、借出的商品、归还受其他单位委托代保管的商品、付出的加工原料和赠送给其他单位的样品等；（2）促销返券所销售的、不计入营业收入的商品；（3）经本单位介绍，由买卖双方直接结算，本单位只收取手续费的业务；（4）未发生所有权转移的商品预付卡销售，如加油卡；（5）汽车维修、电话卡销售等服务性经济活动；（6）购货退回的商品；（7）商品损耗和损失；（8）出售本单位自用的废旧物资；（9）期货交易商品；（10）自来水供应企业、电力企业、天然气供应企业提供的水、电、气。

16 对外经济贸易和旅游

Foreign Trade,economic Cooperation and Tourism

资料整理：珊珊

16-1 利用外资和外贸进出口贸易总额

单位:万美元

年 份	实际利用外资到位金额	进出口总额		
			出口总额	进口总额
1991		1632	1617	15
1992		4484	3630	854
1993		7713	4474	3239
1994		13088	8008	5080
1995		31540	17341	14199
1996	1983	35800	19420	16380
1997	2714	40700	23275	17425
1998	3224	28604	18190	10414
1999	3948	18171	14619	3552
2000	4277	31527	17189	14338
2001	5810	29960	19387	10573
2002	7144	34369	23928	10441
2003	12143	50037	32125	17912
2004	25000	80207	43388	36819
2005	40800	93321	52242	41079
2006	54000	121274	86746	34528
2007	61557	184120	119982	64138
2008	81500	233926	151301	82625
2009	94900	128356	66852	61504
2010	110000	195303	120403	74900
2011	124000	276915	181773	95142
2012	136500	209982	116358	93624
2013	141000	210508	111273	99235
2014	111900	180500	127000	53500
2015	82400	155300	88800	66500
2016	101000	172100	123100	49000
2017	20400	199600	128900	70700
2018	17713	248962	145528	103434
2019	18100	273170	140238	132932

16-2 对外经济贸易

项　目	2015	2016	2017	2018	2019
进出口总额（人民币、万元）	**1007897**	**1194890**	**1298657**	**1711738**	**1907000**
出口总额	576312	854683	838662	1000578	979000
进口总额	431585	340207	459995	711160	928000
进出口总额（万美元）	**155300**	**172100**	**199600**	**248962**	**273170**
出口总额	88800	123100	128900	145528	140238
进口总额	66500	49000	70700	103434	132932
外商投资企业基本情况					
年底登记户数（户）	340	365	395	409	402
投资总额（万美元）	316150	360887	360055	683364	631530
注册资本（万美元）	138467	145341	141510	180474	175535
#外方	104124	104878	102478	146932	141873

16-3 年末登记外商投资企业行业分布

项　目	企业数（户）		投资总额（万美元）		注册资本（万美元）		#外方	
	2018	2019	2018	2019	2018	2019	2018	2019
总　计	**409**	**402**	**683364**	**631530**	**180474**	**175535**	**146932**	**141873**
农、林、牧、渔业	4	4	373	373	373	373	311	311
采掘业	1	1	470	470	235	235	235	235
制造业	55	52	228834	176929	72164	67094	59356	55227
电力、热力、燃气及水的生产和供应业	7	6	54618	54401	17391	17236	12697	12618
建筑业	1	1						
批发和零售贸易餐饮业	141	150	36372	36369	17518	17513	16212	15363
信息传输：软件和信息技术服务业	107	102	73	73	73	73	73	73
房地产业	11	11	5383	5383	4269	4269	3210	3210
其他	82	75	357241	357532	68451	68742	54838	54836

16-4　旅游事业发展情况

项　　目	2015	2016	2017	2018	2019
旅行社总数（个）	**96**	**90**	**90**	**93**	**85**
出境资格旅行社	11	17	18	21	20
其他旅行社	85	73	72	72	65
旅行社总收入（亿元）	**2.95**	**3.27**	**4.85**	**3.69**	**3.17**
星级饭店总数（个）	**28**	**28**	**25**	**25**	**21**
星级饭店总收入（亿元）	3.35	3.65	4.04	3.79	3.62
入境旅游人数（人次）	**37516**		**39954**	**40230**	**32445**
国内旅游人数（万人次）	**1036**	**1209**	**1428**	**1596**	**2240**
旅游综合收入（亿元）	**325**	**403**	**505**	**580**	**620**
入境旅游收入（万美元）	3960	7201	4602	4730	3582
国内旅游收入（亿元）	322.41	398.40	502.21	577.02	617.70

主要统计指标解释

进出口总额　指实际进出我国国境的货物总金额。包括对外贸易实际进出口货物，来料加工装配进出口货物，国家间、联合国及国际组织无偿援助物资和赠送品，华侨、港澳台同胞和外籍华人捐赠品，租赁期满归承租人所有的租赁货物，进料加工进出口货物，边境地方贸易及边境地区小额贸易进出口货物（边民互市贸易除外），中外合资经营企业、中外合作经营企业、外商独资企业进出口货物和公用物品，到、离岸价格在规定限额以上的进出口货样和广告品（无商业价值、无使用价值和免费提供出口的除外），从保税仓库提取在中国境内销售的进口货物，以及其他进出口货物。进出口总额用以观察一个国家在对外贸易方面的总规模。我国规定出口货物按离岸价格统计，进口货物按到岸价格统计。

利用外资　指我国各级政府、部门、企业和其他经济组织通过对外借款、吸收外商直接投资以及用其他方式筹措的境外现汇、设备、技术等。

外商投资　指外国企业和经济组织或个人（包括华侨、港澳台胞以及我国在境外注册的企业）按我国有关政策、法规，用现汇、实物、技术等在我国境内开办外商独资企业、与我国境内的企业或经济组织共同举办中外合资经营企业，合作经营企业或合作开发资源的投资（包括外商投资收益的再投资），以及经政府有关部门批准的项目投资总额内企业从境外借入的资金。

旅游者人数　（1）入境国际旅游者人数：指来中国参观、访问、旅行、探亲、访友、休养、考察、参加会议和从事经济、科技、文化、教育、宗教等活动的外国人、华侨、港澳同胞和台湾同胞的人数。不包括外国在我国的常驻机构，如使领馆、通讯社、企业办事处的工作人员；来我国常住的外国专家、留学生以及在岸逗留不过夜人员。

（2）出境居民人数：指大陆居民因公务活动或私人事务短期出境的人数。公务活动出境居民人数包括在国际交通工具上的中国服务员工，因私出境居民人数不包括在国际交通工具上的中国服务员工。

（3）国内旅游者人数：指我国大陆居民和在我国常住1年以上的外国人、华侨、港澳台同胞离开常住地在境内其他地方的旅游设施内至少停留一夜，最长不超过6个月的人数。

入境旅游收入　指入境旅游的外国人、华侨、港澳同胞和台湾同胞在中国大陆旅游过程中发生的一切旅游支出。

星级饭店　指已评定星级的饭店。

17 金融和保险

Banking and Insurance

资料整理：杨烨坤

17-1 金融系统机构、人员数（2019年）

项　　目	机构数（个）	年末人数（人）
总　　计	**665**	**14220**
中国人民银行	5	377
中国工商银行	59	1652
中国农业银行	64	1067
中国银行	43	966
中国建设银行	55	1153
中国光大银行	5	99
中国农业发展银行	5	112
交通银行	11	234
包商银行	80	3697
农村信用合作联社	76	1045
新时代信托投资公司	1	248
中国邮政储蓄银行	80	412
上海浦东发展银行	10	142
中信银行	8	157
招商银行	3	80
华夏银行	3	109
兴业银行	9	225
内蒙古银行	7	183
包头农村商业银行	92	1364
村镇银行	36	663
包钢集团财务有限责任公司	1	47
民生银行	1	40
渤海银行	1	36
鄂尔多斯银行	10	112

17-2 金融机构人民币信贷资金平衡表（2019年）

单位：万元

负债项目	2019	资产项目	2019
资金来源合计	**59251604**	**资金运用合计**	**59251604**
各项存款	32922978	各项贷款	29715364
境内存款	32902515	境内贷款	29708989
住户存款	18445537	住户贷款	11308685
非金融企业存款	7164828	短期贷款	4885459
广义政府存款	3367706	中长期贷款	6423226
非银行业金融机构存款	3924443	非金融企业及机关团体贷款	18400304
境外存款	20464	非银行业金融机构贷款	
金融债券	742298	境外贷款	6376
卖出回购资产	165970	债券投资	23359943
借款及非银行业金融机构拆入	8780000	股权及其他投资	1360532
联行往来	6126099	买入返售资产	
应付及暂收款	1256479	存放非银行业金融机构款项	872
各项准备	26545371	联行往来	
所有者权益	-21599616	金银占款	
其它	4312025	中央银行外汇占款	
		应收及预付款	3801003
		投资性房地产	373
		固定资产	1013516

17-3 金融机构人民币存、贷款年末余额及保险业务收入

单位：万元

年 份	各项存款余额合计	#企业存款	#城乡居民储蓄余额	各项贷款余额合计	#工业贷款	#商业贷款	#农业贷款	保险收入小计	#企业财产险	#家庭财产险
1949	10	8	2		1			3		
1952	831	231	72	391	141	118	81			
1957	3123	1165	1023	8082	685	7057	193			
1962	11309	7067	889	27043	15583	10847	580			
1965	13811	6241	1752	21110	12186	8158	706			
1970	13356	5320	2088	57401	35802	20544	909			
1975	27291	16982	4078	56062	30793	23664	1431			
1978	30955	17251	6105	67225	35748	29044	2209			
1979	32895	17121	8061	67380	35512	28952	2801			
1980	37053	16096	11604	77263	36637	30962	7882			
1981	43525	18486	14012	78763	38859	27700	8529	52	49	
1982	53289	22449	17955	78292	35691	27294	7225	170	124	1
1983	56814	20029	22692	83987	39065	28327	9000	270	123	1
1984	92213	43433	31263	114500	50073	36948	8830	394	199	3
1985	95872	38373	41603	125825	58248	37040	3015	577	231	12
1986	121884	44409	56074	166289	80707	38469	3142	872	263	12
1987	147825	49509	72446	180454	85219	44763	3100	942	388	13
1988	185159	62039	93054	219547	102346	54428	2986	1384	470	33
1989	222898	58901	130079	261327	126429	66220	2924	2036	520	98
1990	290081	64400	184953	337695	168818	80705	2970	3518	571	80
1991	356097	71502	242651	423010	202775	91062	3625	4849	706	75
1992	566706	205698	308702	521669	217043	109785	5239	8772	837	57
1993	655026	174086	407237	644636	269882	139231	7819	13081	1294	942
1994	811130	199172	547001	812097	353130	133175	6309	12409	1782	401
1995	962643	222049	714101	975374	431048	163079	8009	17510	2590	568
1996	1175301	273764	869283	1249633	572491	199892	12361	22013	3886	399
1997	1403965	358222	997345	1460069	687448	220476	13478	27228	4204	443
1998	1862415	459485	1313633	1786748	829716	241573	38334	30300	4318	450
1999	2021079	452972	1454255	1873146	754085	270675	40170	30888	3109	324
2000	2328763	621958	1526830	1767827	597389	216481	43355	35233	3047	318

17-3 续 表

单位：万元

年 份	各项存款余额合计	#企业存款	#城乡居民储蓄余额	各项贷款余额合计	#工业贷款	#商业贷款	#农业贷款	保险收入	#企业财产险	#家庭财产险
2001	2797076	806105	1748623	1905282	707426	254389	41873	41836	3400	364
2002	3367217	1056292	1999792	2083831	745055	276611	55570	55151	3480	372
2003	4308288	1463170	2434595	2491122	870562	266395	70400	73969	3197	784
2004	5283194	1569773	2997616	2736468	952668	229943	90137	104404	2992	548
2005	6789213	2146159	3894793	3367626	949637	410134	110196	101088	2741	450
2006	8556975	2596971	4379926	4824822	1430782	404062	124938	112266	3596	475
2007	10210139	3274556	4740067	5445744	1399474	505175	151809	128639	3399	369
2008	12019765	3727678	5939716	6312534	1412355	614033	336067	228581	4764	533
2009	14962084	5160819	6860044	8140452	1344250	698658	423846	263134	5337	750
2010	17056150	5285371	7507459							

年 份	各项存款余额	#单位存款	#个人存款	各项贷款余额	#短期贷款	#中长期贷款	#票据融资	保费收入	#财产保险	#人寿保险
2010				10372879	3617073	6475509	277812	346134	153254	192880
2011	19929680	9359410	8499037	12796174	4974666	7483243	315404	352786	188322	164464
2012	20797880	8956370	10499472	14198606	6238115	7478946	454294	351491	180745	170746
2013	23265862	10109942	11900022	16290042	7705055	7888587	664593	366013	167613	198400
2014	24935956	9597758	12961987	18340852	8762036	8868899	688716	399528	164819	234709

年 份	各项存款余额	#非金融企业存款	#住户存款	各项贷款余额	#住户贷款	#非金融企业及机关团体贷款	#非银行业金融机构贷款	保费收入	#财产保险	#人寿保险
2015	27096992	8541978	13079941	21925210	6511494	15328697	85000	504093	178913	325181
2016	32359986	9150070	13713081	24030526	7766557	16243473		650829	190511	460317
2017	38866061	11400491	14572170	29603937	9769104	19826646		707191	212615	494576
2018	37734200	13900205	16229534	29983519	10690258	19271112		846499	227567	618932
2019	32922978	7164828	18445537	29715364	11308685	18400304		862316	206641	655675

注：1、2009、2010、2015年金融机构存贷款余额分项内容均发生变化，表式做相应调整。
2、2019年保费收入中人寿保险改为人身保险。

17-4 保险公司业务技术指标（2019年）

项　目	保费收入（万元）	赔款与给付（万元）
总　计	**862315.65**	**224000.84**
财产保险小计	206640.70	112647.04
企业财产保险	9190.15	8461.39
家庭财产保险	352.77	201.51
机动车辆保险	160110.49	85018.11
工程保险	290.42	709.93
责任保险	10043.93	5991.35
信用保险	6.37	63.61
保证保险	17680.08	7344.83
船舶保险	0.00	0.71
货物运输保险	715.37	321.73
特殊风险保险	-1671.41	4.17
农业保险	9837.07	4566.46
其他险	85.46	-36.76
人身保险小计	655674.95	111353.80
人寿保险	513854.68	75508.04
健康保险	123535.61	32282.94
意外伤害保险	18284.66	3562.82

17-5 保险公司主要指标

项　目	2018	2019	2019年比2018年增长（%）
财产保险公司			
保费收入（万元）	230943.9	224939.1	-2.6
赔款与给付（万元）	112414.5	123346.1	9.7
市场份额（%）	27.4	26.1	-1.3
人寿保险公司			
保费收入（万元）	613252.2	637376.6	3.9
赔款与给付（万元）	97139.8	100654.7	3.6
市场份额（%）	72.6	73.9	1.3

主要统计指标解释

信贷资金 指金融机构以信用方式积聚和分配的货币资金。金融机构信贷资金的来源有各项存款、金融债券、对国际金融机构负债、流通中现金、其他项目等；信贷资金的运用有各项贷款、有价证券及投资、黄金占款、外汇买卖、财政借款及在国际金融机构中的资产等。

存款 指企业、机关、团体或居民根据资金必须收回的原则，把货币资金存入银行或其他信贷机构保管并取得一定利息的一种信用活动形式。根据存款对象的不同可划分为住户存款、非金融企业存款、政府存款、非银行业金融机构存款等科目。它是银行信贷资金的主要来源。

贷款 指银行或其他信用机构根据资金必须归还的原则，按一定利率，为企业、个人等提供资金的一种信用活动形式。我国银行贷款分为短期贷款、中长期贷款、融资租赁、票据融资、各项垫款、境外贷款等。

保险公司 在中国境内的、经过保险监督管理部门批准设立，并依法登记注册的各类商业保险公司。

保费 指投保人为取得保险人在约定范围内所承担赔偿责任而支付给保险人的费用。

赔款 指保险人根据保险合同的规定，向被保险人支付的赔偿保险责任损失的金额。

给付 包括死伤医疗给付和满期给付。死伤医疗给付是指保险人根据人寿保险及长期健康保险合同的规定，因被保险人在保险期内发生保险责任范围内的保险事故支付给被保险人（或受益人）的金额。满期给付是指被保险人生存期满，保险人按人寿保险合同规定支付给被保险人的满期保险金额。

18 教育、科技和文化

Education,science and Culture

资料整理：张振峰　蒋思楠

18-1　教育事业基本情况（2015-2019年）

指　标	2015	2016	2017	2018	2019
学校数（所）					
普通高等学校	5	5	5	5	5
普通中专	14	14	14	14	13
普通中学	93	94	94	96	97
高　中	36	37	37	39	39
初　中	57	57	57	57	58
职业高中	2	2	2	2	2
小　学	138	136	134	138	138
幼儿园	312	312	326	337	350
特殊教育	3	3	3	3	3
专任教师（人）					
普通高等学校	4373	4484	4547	4563	4563
普通中专	1104	1151	1158	1144	1050
普通中学	9845	10110	10340	10925	10361
高　中	3711	3898	4063	5241	4090
初　中	6134	6212	6277	5684	6271
职业高中	172	171	190	183	177
小　学	8736	8888	9239	8650	9340
幼儿园	4649	4648	4924	5141	5238
特殊教育	88	89	84	82	84
招生数（人）					
普通高等学校	21926	23125	23625	24672	22633
普通中专	8185	7686	8046	6144	5370
普通中学	36451	33410	37691	34168	35812

注：2011年起普通高等学校中包含高职（专科）院校。

18-1 续 表

指　标	2015	2016	2017	2018	2019
高　中	15629	15070	14488	13221	12142
初　中	20822	18340	23203	20947	23670
职业高中	1378	1164	721	1007	680
小　学	23222	24476	23801	23724	25337
幼儿园	24521	22088	22459	19302	16357
特殊教育	63	41	43	67	57
在校学生（人）					
普通高等学校	72320	80246	78064	76417	76417
普通中专	23937	23462	22402	20517	16373
普通中学	117914	108469	106398	104938	107481
高　中	49394	46224	45008	42747	39905
初　中	68520	62245	61390	62191	67576
职业高中	3937	3670	2431	2564	2270
小　学	133377	138601	138930	143268	146812
幼儿园	57275	58036	61334	59584	59009
特殊教育	333	359	357	407	435
毕业生数（人）					
普通高等学校	19230	27675	24262	21374	22586
普通中专	7536	7007	8405	6620	7225
普通中学	42938	42239	38775	35885	33123
高　中	18125	18028	15672	15466	15030
初　中	24813	24211	23103	20419	18093
职业高中	417	1178	875	848	847
小　学	21005	18516	23237	21049	23692
幼儿园	16446	17463	18527	19783	19543
特殊教育	7	18	36	40	29

18-2 历年教育事业情况

单位：所、人

年份	普通高校		中等专业学校		职业中学	
	学校数	在校学生	学校数	在校学生	学校数	在校学生
1979	3	2367	9	3695		
1980	3	2573	8	4193		
1981	3	2686	9	3291		
1982	3	2872	11	2766		
1983	3	2868	11	3556		
1984	3	3192	12	4031	3	195
1985	3	3972	12	4920	3	334
1986	3	4392	13	5391	5	366
1987	3	4283	17	3721	15	9990
1988	3	4728	13	5966	16	9676
1989	3	6430	13	6371	16	10588
1990	3	4653	13	6284	18	9677
1991	3	4144	13	6600	18	10494
1992	3	4495	13	6761	19	13097
1993	3	5152	13	7769	28	12717
1994	3	5069	13	8388	31	13654
1995	3	4923	13	8361	26	13511
1996	3	5372	13	8557	17	9938
1997	3	5766	13	8587	17	8362
1998	3	6486	13	11475	19	10813
1999	4	9621	13	13971	17	10291
2000	4	12158	10	14735	17	9120
2001	4	16848	8	13992	13	9694
2002	4	21921	8	13590	11	7375
2003	3	28236	8	12986	10	7850
2004	3	34109	8	14550	9	6095
2005	3	31819	9	19049	9	7374
2006	3	40368	10	21341	9	8055
2007	3	38299	13	27460	9	9528
2008	3	42456	13	24920	9	9251
2009	3	52733	13	28055	2	1420
2010	3	56361	13	26030	2	2404
2011	5	67514	15	25764	2	2487
2012	5	68641	15	25840	2	1899
2013	5	70100	14	25775	2	2397
2014	5	70324	14	24299	2	3244
2015	5	72320	14	23937	2	3937
2016	5	80246	14	23462	2	3670
2017	5	78064	14	22402	2	2431
2018	5	76417	14	20517	2	2564
2019	5	76417	13	16373	2	2270

18-2 续 表

单位：所、人

年 份	普通中学		小学		成人高校	
	学校数	在校学生	学校数	在校学生	学校数	在校学生
1979	146	167785	1475	235904		
1980	167	154996	1186	230417	14	7648
1981	134	136351	988	220508		
1982	147	126089	1117	210082	4	1083
1983	143	123518	916	196907	5	1176
1984	140	122258	772	195433	7	2593
1985	146	119912	764	188612	7	3593
1986	145	122080	718	179421	7	3624
1987	146	120570	731	171487	7	3394
1988	146	114889	719	164109	7	4147
1989	148	108005	890	160301	7	4832
1990	148	104819	885	156743	7	4696
1991	149	99798	880	157350	7	3479
1992	149	93380	857	162322	7	4225
1993	149	85785	836	166038	6	5002
1994	152	89196	814	170018	8	5990
1995	149	95548	774	170945	8	5990
1996	148	104572	638	174607	8	6240
1997	152	112392	633	176900	5	3666
1998	154	118064	621	174370	4	1907
1999	152	122680	629	169116	3	1795
2000	147	132326	595	164719	2	2299
2001	159	144541	554	159541	2	3610
2002	162	162519	531	155005	2	5516
2003	161	170562	474	149796	3	7765
2004	157	175087	437	146140	3	5722
2005	145	176780	369	140540	2	4830
2006	133	176610	317	136261	2	4101
2007	119	143937	249	164542	2	3985
2008	104	142222	219	157318	2	5545
2009	101	140002	198	151557	2	4527
2010	96	134852	185	142909	1	2634
2011	98	132858	183	141902		19268
2012	98	130521	162	135400		19632
2013	96	128945	153	133111		20367
2014	94	125433	153	131676		20892
2015	93	117914	138	133377		13336
2016	94	108469	136	138601		5141
2017	94	106938	134	138930		
2018	96	104938	138	143268		
2019	97	107481	138	146812		

18-3 规模以上工业企业研究与试验发展（R&D）人员情况（2019年）

指　　标	R&D人员合计（人）	参加项目人员	管理和服务人员	全时人员	非全时人员	#研究人员
总计	**9643**	**8667**	**976**	**7085**	**2558**	**2934**
#国有控股企业	6680	5945	735	4636	2044	2097
按企业规模分						
大型	6723	6013	710	4751	1972	2009
中型	1027	964	63	828	199	253
小型	795	700	95	525	270	164
微型	1098	990	108	981	117	509
按登记注册类型分						
内资企业	9453	8485	968	6972	2481	2916
国有企业	135	114	21	99	36	33
有限责任公司	5452	4815	637	4153	1299	1732
国有独资公司	1076	998	78	898	178	438
其他有限责任公司	4376	3817	559	3255	1121	1295
股份有限公司	2080	1922	158	1164	916	545
私营企业	740	685	55	622	118	109
其他企业	1046	949	97	934	112	497
外商投资企业	32	30	2	6	26	5
港、澳、台商投资企业	158	152	6	107	51	14
按国民经济行业分						
黑色金属矿采选业	315	283	32	267	48	69
有色金属矿采选业	26	20	6	9	17	3
煤炭开采和洗选业	33	24	9	7	26	4
农副食品加工业	53	48	5	46	7	24
食品制造业	2	2		2		1
酒、饮料和精制茶制造业	111	109	2	86	25	10
纺织服装、服饰业	176	167	9	158	18	44
化学原料和化学制品制造业	482	458	24	244	238	100
医药制造业	17	7	10	3	14	4
橡胶和塑料制品业	10	9	1	4	6	1
非金属矿物制品业	284	265	19	232	52	25
黑色金属冶炼和压延加工业	1813	1689	124	824	989	517
有色金属冶炼和压延加工业	935	876	59	459	476	169
金属制品业	1939	1769	170	1734	205	897
通用设备制造业	68	61	7	51	17	13
专用设备制造业	248	218	30	205	43	83
汽车制造业	246	226	20	221	25	30
铁路、船舶、航空航天和其他运输设备制造业	2406	1996	410	2165	241	826
电气机械和器材制造业	136	122	14	121	15	31
计算机、通信和其他电子设备制造业	248	235	13	208	40	66
电力、热力生产和供应业	95	83	12	39	56	21

18-4　规模以上工业企业研究与试验

指　　标	R&D经费内部支出合计（万元）	按资金来源分组			按活动
		政府资金	企业资金	境外资金	基础研究支出
总计	350404	17645	332752	6	2414
#国有控股企业	258779	11406	247366	6	2414
按企业规模分					
大型	247101	11396	235704		2414
中型	47321		47315	6	
小型	28481	169	28312		
微型	27501	6079	21421		
按登记注册类型分					
内资企业	342279	17645	324627	6	2414
国有企业	4164		4164		
有限责任公司	193568	10548	183014	6	2414
国有独资公司	21440	9090	12350		2414
其他有限责任公司	172128	1458	170664	6	
股份有限公司	96540	940	95600		
私营企业	21643	78	21565		
其他企业	26364	6079	20284		
外商投资企业	340		340		
港、澳、台商投资企业	7785		7785		
按国民经济行业分					
黑色金属矿采选业	4341	60	4281		
有色金属矿采选业	330		330		
煤炭开采和洗选业	60		60		
农副食品加工业	854		854		
食品制造业	139		139		
酒、饮料和精制茶制造业	796		796		
纺织服装、服饰业	3193		3193		
化学原料和化学制品制造业	11293	68	11225		
医药制造业	206	20	186		
橡胶和塑料制品业	98	10	88		
非金属矿物制品业	8714	10	8704		
黑色金属冶炼和压延加工业	145304	554	144750		
有色金属冶炼和压延加工业	38423	386	38037		
金属制品业	48117	15169	32948		2414
通用设备制造业	3496		3496		
专用设备制造业	12865		12865		
汽车制造业	4182		4182		
铁路、船舶、航空航天和其他运输设备制造业	52712	1307	51399	6	
电气机械和器材制造业	4011	60	3951		
计算机、通信和其他电子设备制造业	9401	1	9400		
电力、热力生产和供应业	1870		1870		

发展（R&D）经费情况（2019年）

类型分组		按支出用途分组					R&D经费外部支出合计（万元）
应用研究支出	试验发展支出	经常费支出	#人员劳务费	资产性支出	土建工程	仪器设备	
5690	342300	336749	53122	13655	419	13235	8815
5201	251164	249988	32724	8791	9	8782	6751
4863	239824	238192	30690	8909	4	8905	6589
611	46710	46437	8251	884	176	708	738
216	28266	27305	5242	1176	213	963	1394
	27501	24815	8939	2685	26	2660	94
5690	334175	328857	51611	13422	191	13231	7608
	4164	4140	1148	24	3	21	390
1482	189673	190947	25069	2621	72	2549	5974
	19026	21440	2612				310
1482	170647	169507	22457	2621	72	2549	5664
3992	92548	89145	12506	7396	1	7395	603
216	21427	20922	4343	721	94	627	590
	26364	23703	8546	2661	22	2639	51
	340	282	193	59	54	4	1207
	7785	7611	1319	174	174		
	4341	4105	866	236	1	236	47
	330	330	140				2
	60	60	57				347
	854	829	422	25	5	20	37
	139	139	61				1
273	523	749	348	47	1	46	
	3193	3024	854	169		169	30
	11293	11291	2183	2		2	384
	206	124	86	82	1	81	2
	98	98	31				
	8714	8390	1149	324	19	306	552
4699	140605	138767	8793	6537	43	6494	511
583	37841	37490	9037	934	177	756	
	45703	45419	10164	2699	35	2664	51
	3496	3496	240				19
	12865	12615	1877	251	76	174	95
	4182	3858	1827	324	3	321	43
25	52687	51573	11294	1139	5	1134	5438
	4011	4011	1000				48
	9401	8866	1807	534		534	
110	1760	1516	889	353	55	298	1207

18-5　规模以上工业企业办科技机构情况（2019年）

指　标	机构数（个）	机构人员合计（人）	#博士毕业	#硕士毕业	机构经费支出（万元）	仪器和设备原价（万元）
总计	**57**	**6706**	**24**	**1118**	**130278**	**235064**
#国有控股企业	39	4113	20	757	106991	119313
按企业规模分						
大型	30	3837	20	661	84834	124356
中型	8	347	1	65	18304	3435
小型	16	217	2	16	13633	57857
微型	3	2305	1	376	13507	49416
按登记注册类型分						
内资企业	55	6674	24	1115	126924	203398
国有企业	2	201		51	8828	1035
有限责任公司	38	3429	4	448	85682	104764
国有独资公司	11	1092	2	179	22471	52338
其他有限责任公司	27	2337	2	269	63211	52426
股份有限公司	9	871	17	287	23892	42821
私营企业	5	69	2	4	3843	6396
其他企业	1	2104	1	325	4679	48381
外商投资企业	1	10		3	205	121
港、澳、台商投资企业	1	22			3148	31545
按国民经济行业分						
黑色金属矿采选业						
有色金属矿采选业						
煤炭开采和洗选业						
农副食品加工业						
食品制造业						
酒、饮料和精制茶制造业	1	38	1	3	560	522
纺织服装、服饰业	1	168		3	3176	7064
化学原料和化学制品制造业	7	502		24	12457	50648
医药制造业	1	6		1	23	81
橡胶和塑料制品业						
非金属矿物制品业	1	8		1	133	105
黑色金属冶炼和压延加工业	3	295	4	86	6164	18049
有色金属冶炼和压延加工业	7	447	12	166	13211	29173
金属制品业	12	2864	5	505	22213	100002
通用设备制造业						
专用设备制造业	2	94		18	9062	533
汽车制造业	2	201		51	8828	1035
铁路、船舶、航空航天和其他运输设备制造业	17	2027	2	259	53725	26327
电气机械和器材制造业						
计算机、通信和其他电子设备制造业	2	38			722	1490
金属制品、机械和设备修理业	1	18		1	4	35

18－6　科学研究与技术开发机构情况（2019年）

指　标	科学研究与技术服务事业单位
机构数（个）	**11**
从业人员（人）	**664**
科技活动人员（人）	**494**
博士	17
硕士	86
大学	295
其他	96
科技活动收入（万元）	**12955**
#政府资金	11839
科技经费内部支出（万元）	**12508**
日常性支出	10487
资产性支出	2021
R&D人员合计（人）	**145**
博士	12
硕士	38
大学	84
其他	11
R&D经费内部支出（万元）	**3114**
日常性支出	2830
资产性支出	284
课题情况	
课题数（个）	32
课题经费内部支出（万元）	2283
#R&D课题经费内部支出	1793
专利申请受理数（件）	**14**
专利授权数（件）	**10**
科技论文（篇）	**16**

指　标	转制为企业的研究机构
机构数（个）	**3**
从业人员（人）	**707**
专业技术人员（人）	**311**
#本科及以上学历	269
技术性收入（万元）	**3536**
#技术开发收入	1891
科技活动支出（万元）	**9218**
人员人工费用（包含各种补贴）	4076
直接投入费用	4757
其他费用	385
R&D人员合计（人）	**291**
博士	13
硕士	156
大学	90
其他	32
R&D经费内部支出（万元）	**7641**
经常费支出	6802
基本建设费	839
课题情况	
课题数（个）	107
项目经费内部支出（万元）	6751
#政府资金（万元）	2020
专利申请受理数（件）	**98**
专利授权数（件）	**31**
科技论文（篇）	**59**

18－7 文化事业基本情况（2019年）

指标		2019
文化部门艺术表演团体		
单位数	（个）	5
年末职工人数	（人）	437
本团原创首演剧目	（个）	1
演出场次	（次）	570
#农村演出		200
观众人次	（千人次）	637
总收入	（千元）	82319
#财政补助		74685
事业收入		2922
#演出收入		2922
总支出	（千元）	83810
固定资产原值	（千元）	25870
艺术研究机构		
单位数	（个）	1
职工人数	（人）	25
文化部门艺术表演场所		
单位数	（个）	3
职工人数	（人）	28
群艺馆、文化馆		
单位数	（个）	23
职工人数	（人）	236
举办展览个数	（个）	174
组织文艺活动次数	（次）	833
举办训练班次	（次）	2714
训练班培训人数	（人次）	119850
总收入	（千元）	35101
固定资产原值	（千元）	18340
文化站		
机构数	（个）	83
从业人员	（人）	288
举办展览个数	（个）	233
组织文艺活动次数	（次）	1888
举办训练班次	（次）	619
公共图书馆		
单位数	（个）	10
职工人数	（人）	185
有效借书证数	（个）	171194
总流通人次	（千人次）	1962
#书刊外借人次	（千人次）	1173
总收入	（千元）	38240
文物保护管理机构		
机构数	（个）	10
从业人员	（人）	71
博物馆		
机构数	（个）	4
从业人员	（人）	94

18-8 广播电视事业发展情况（2019年）

指　标	单　位	2019
广播电视台	**座**	**4**
调频电视转播发射台	座	23
广播		
广播人口覆盖率	%	99.58
节目套数	套	9
广播节目制作	小时	25982
新闻	小时	3962
专题	小时	8711
综艺	小时	11032
广告	小时	1387
其他	小时	890
电视		
有线广播电视用户	户	211017
电视人口覆盖率	%	99.56
节目套数	套	6
电视节目制作	小时	5381
新闻	小时	1611
专题	小时	2753
综艺	小时	355
影视剧	小时	
广告	小时	497
其他	小时	165

主要统计指标解释

普通高等学校 指按照国家规定的设置标准和审批程序批准举办的，通过全国普通高等学校统一招生考试，招收高中毕业生为主要培养对象，实施高等教育的全日制大学、独立设置的学院和高等专科学校、高等职业学校和其他机构。

大学、独立设置的学院主要实施本科层次以上教育，高等专科学校、高等职业学校实施专科层次教育，其他机构是承担国家普通招生计划任务不计校数的机构。包括普通高等学校分校和批准筹建的普通高等学校等。

科技活动 指在自然科学、农业科学、医药科学、工程与技术科学、人文与社会科学领域（简称科学技术领域）中，与科技知识的产生、发展、传播和应用密切相关的有组织的活动。可分为研究与试验发展（R&D）、研究与试验发展成果应用及相关的科技服务三类活动。该定义是联合国教科文组织考虑成员国特别是发展中国家开展科技统计工作的需要，而对科技活动所作的统计界定。

科技活动人员 指直接从事科技活动、以及专门从事科技活动管理和为科技活动提供直接服务，累计的实际工作时间占全年制度工作时间10%及以上的人员。（1）直接从事科技活动的人员包括：在独立核算的科学研究与技术开发机构、高等学校、各类企业及其他事业单位内设的研究室、实验室、技术开发中心及中试车间（基地）等机构中从事科技活动的研究人员、工程技术人员、技术工人及其它人员；虽不在上述机构工作，但编入科技活动项目（课题）组的人员；科技信息与文献机构中的专业技术人员；从事论文设计的研究生等。（2）专门从事科技活动管理和为科技活动提供直接服务的人员，包括：独立核算的科学研究与技术开发机构、科技信息与文献机构、高等学校、各类企业及其他事业单位主管科技工作的负责人，专门从事科技活动的计划、行政、人事、财务、物资供应、设备维护、图书资料管理等工作的各类人员，但不包括保卫、医疗保健人员、司机、食堂人员、茶炉工、水暖工、清洁工等为科技活动提供间接服务的人员。该指标用来反映投入科技活动人力的规模。

研究与试验发展（R&D） 指在科学技术领域，为增加知识总量，以及运用这些知识去创造新的应用进行的系统的创造性的活动，包括基础研究、应用研究、试验发展三类活动。国际上通常采用R&D活动的规模和强度指标反映一国的科技实力和核心竞争力。

科学研究与技术开发机构 指有明确的任务和研究方向，有一定学术水平的业务骨干和一定数量的研究人员，具有研究、开发、开展学术工作的基本条件，主要进行科学研究与技术开发活动，并且在行政上有独立的组织形式，财务上独立核算盈亏，有权与其他单位签订合同，在银行有单独户头的单位。包括国务院各部门、中国科学院、中国社会科学院和各省、自治区、直辖市以及地（市）以上［含地（市）］各部门所属的国有科学研究与技术开发机构。

专业技术人员 指已取得科学技术职称，或大学、中专的理、工、农、医科系毕业，以及国民经济各部门从工作实践中提拔，从事理、工、农、医等自然科学技术的研究、教学、生产的专业人员和在机关、企业、事业中从事科学技术业务管理工作的专业人员。

科学研究人员 指在国民经济各行业中从事科学技术活动的自然科学技术专业人员，包括正副研究员、助理研究员、研究实习员、技术员和未评定职称的技术人员。

文化事业机构　指从事专业文化工作和为专业文化工作服务的独立建制的单位。不包括这些单位另外举办独立核算的其他机构和各部门的业余文化组织。

艺术表演团体　指从事戏曲、音乐、舞蹈、杂技等专业艺术表演，有独立帐户的单位，不包括半工半艺、半农半艺和民间职业剧团。

艺术表演观众人数（人次）　指售票、包场演出或民族地区免费演出的艺术表演观众人次数，不包括彩排审查和内部观摩演出的观看人次数。

19 体育、卫生、社会福利

Sports,public Health,social Welfare

资料整理：张振峰　蒋思楠

19-1 等级运动员分项发展情况（2019年）

单位：人

项　　目	健将级	一　级	二　级
总　　计	**3**	**63**	**125**
田　　径			46
拳　　击			
散　　打			1
跆 拳 道			1
篮　　球		16	22
排　　球		22	15
乒 乓 球			3
网　　球			10
橄 榄 球	3	16	10
高尔夫球		1	
曲 棍 球		7	
游　　泳			6
武　　术		1	11

19-2 自治区青少年锦标赛成绩统计（2019年）

单位：块

项　　目	金 牌	银 牌	铜 牌
总　　计	**88**	**87**	**100**
田　　径	6	1	1
中国式摔跤	1	3	1
自 由 跤	1		5
柔　　道	2	2	5
拳　　击	5	7	9
举　　重	2	2	1
散　　打	1	1	4
跆 拳 道	2	1	16
射　　击	1	1	3
射　　箭	2	4	5
足　　球	5	5	10
篮　　球	2	4	
排　　球	2		1
乒 乓 球			
羽 毛 球	1	1	1
网　　球	7	9	6
橄 榄 球			3
游　　泳	34	34	22
武　　术	14	12	7

19-3 医疗卫生机构

机构分类	机构个数（个）	实有床位数（张）	合计（人）	小计	执业（助理）医师	#执业医师
总　　计	**1966**	**20051**	**29397**	**24585**	**9247**	**8403**
医院	**103**	**16998**	**20494**	**17090**	**5733**	**5444**
综合医院	38	9811	12650	10469	3622	3504
中医医院	19	840	687	581	235	198
中西医结合医院	4	321	289	222	74	56
民族医院	9	1338	1603	1370	464	426
专科医院	31	4618	5233	4418	1333	1255
护理院	2	70	32	30	5	5
基层医疗卫生机构	**1812**	**2818**	**7490**	**6512**	**3146**	**2611**
社区卫生服务中心(站)	187	1663	2407	2091	803	680
卫生院	66	1155	973	812	405	293
村卫生室	455		690	246	168	66
门诊部	120		1114	1077	504	404
诊所. 卫生所. 医务室	984		2306	2286	1266	1168
专业公共卫生机构	**37**	**35**	**1133**	**827**	**314**	**297**
疾病预防控制中心	12		417	306	161	156
健康教育所(站、中心)	3		22	11	2	2
妇幼保健院(所、站)	10	35	348	240	121	111
急救中心(站)	1		29	21	11	10
采供血机构	1		98	73	19	18
卫生监督所(中心)	10		219	176		
计划生育技术服务机构						
其他卫生机构	**14**	**200**	**280**	**156**	**54**	**51**
疗养院	2	200	146	64	26	24
卫生监督检验(监测、检测)所(站)						
医学科学研究机构	2		55	45	14	14
医学在职培训机构						
临床检验中心（所、站）	2		25	22	9	8
统计信息中心	1		7			
其他	7		47	25	5	5

注：本表人员合计中包括乡村医生413人和卫生员31人；不含乡镇卫生院在村卫生室工作的执业（助理）医师。

基本情况（2019年）

在岗职工						其他技术人员	管理人员	工勤技能人员
卫生技术人员								
注册护士	药师（士）	技师（士）	#检验师	其它	#见习医师			
11578	**1338**	**1018**	**756**	**1404**	**303**	**1095**	**2103**	**1170**
9008	**803**	**741**	**556**	**805**	**268**	**809**	**1708**	**887**
5488	470	442	342	447	134	545	1139	497
271	40	23	16	12	1	23	40	43
112	11	10	7	15		35	14	18
654	81	76	48	95	17	59	103	71
2472	200	190	143	223	116	147	410	258
11	1			13			2	
2433	**510**	**151**	**88**	**272**	**25**	**139**	**194**	**201**
983	130	67	46	108	7	62	125	129
218	34	35	24	120	15	65	41	55
78								
500	27	41	17	5		8	18	11
654	319	8	1	39	3	4	10	6
110	**12**	**101**	**90**	**290**	**5**	**112**	**136**	**58**
13		52	47	80	4	50	35	26
1				8	0	4	7	
60	8	29	23	22	1	35	48	25
5	1			4		2	6	
31	3	20	20			18	4	3
				176		3	36	4
27	**13**	**25**	**22**	**37**	**5**	**35**	**65**	**24**
8	9	15	12	6	4	13	49	20
3		7	7	21	1	7	1	2
10		3	3				2	1
						6	1	
6	4			10		9	12	1

19-4　医疗卫生事业情况

年　份	机构（个）	床位数（张）	医疗卫生工作人员（人）	
			合计	#卫生技术人员
1979	484	6595	12591	9719
1980	442	6748	13207	10094
1981	479	6861	14099	10967
1982	458	6992	14733	11377
1983	452	7321	15134	11832
1984	433	7438	15388	12065
1985	465	7444	15666	12341
1986	477	7489	15728	12366
1987	501	7919	16206	12634
1988	525	8255	16685	13182
1989	517	8296	16797	13453
1990	498	8319	17044	13505
1991	500	8569	17379	13637
1992	501	8607	17609	13771
1993	459	8676	18076	13910
1994	462	8695	18422	14608
1995	462	9339	18393	14080
1996	749	8885	17788	14246
1997	761	9132	18540	14469
1998	744	9359	17923	13932
1999	806	9745	18405	14397
2000	854	9462	18596	14639
2001	888	9509	18481	14694
2002	805	9491	17324	13015
2003	1031	9768	16831	13841
2004	1116	9846	16762	13913
2005	1123	9731	16767	13916
2006	1159	9607	17048	14176
2007	1142	9727	17843	15002
2008	1233	11024	18976	15852
2009	2120	11995	20589	16309
2010	2017	12791	21610	17023
2011	2030	13590	21498	17020
2012	1621	15124	22176	18063
2013	1645	15195	24401	19450
2014	1620	15382	24418	19774
2015	1723	16008	25807	20941
2016	1742	17334	27685	22668
2017	1779	18845	28758	23854
2018	1910	20616	28890	24129
2019	1966	20051	29397	24585

注：2009年起卫生数据汇总包含村卫生室数据，以往年度不包括。

19－5　计划生育情况

项　目	单位	2015	2016	2017	2018	2019
出生人数合计	人	**15974**	**20303**	**21033**	**19968**	**20764**
出生率	‰	5.81	7.38	7.57	7.08	7.37
一孩	人	11340	13762	12517	11581	12276
比重	%	70.99	67.78	59.51	58.00	59.12
二孩	人	3452	6266	8131	8011	8094
比重	%	21.61	30.86	38.66	40.12	38.98
多孩	人	1182	275	385	376	394
比重	%	7.00	1.35	1.83	1.88	1.90
死亡人数	人	**6828**	**8547**	**8703**	**8996**	**5889**
死亡率	‰	2.48	3.11	3.13	3.19	2.05
自然增长人数合计	人	**9146**	**11756**	**12330**	**10972**	**14875**
自然增长率	‰	3.33	4.27	4.44	3.89	5.32
已婚育龄妇女人数	人	**527349**	**522509**	**515008**	**509387**	**499410**

19-6 交通事故情况（2019年）

项　目	次数（起）	死亡人数（人）	受伤人数（人）	财产损失（万元）
总　计	**1167**	**68**	**1160**	**128.98**
死亡事故	**66**	**68**	**16**	**6.74**
伤人事故	938		1144	97.89
财产损失事故	163			24.35
机动车（涉及）	1066	66	1042	119.34
#汽车	1011	64	962	113.28
摩托车	184	10	200	18.15
拖拉机	5		5	0.42
非机动车（涉及）	510	18	554	50.96
#自行车	139	4	142	13.83
电动自行车	344	10	383	34.53
行人乘车人	437	37	605	45.47

19-7 火灾事故情况（2019年）

项　目	按事故发生程度分				
	合 计	特 大	重 大	较 大	一 般
发　生（起）	**704**				704
死　亡（人）	**6**				6
受　伤（人）	**1**				1
损失折款（万元）	**699.0**				699.0
平均每起事故损失（元）	**9928**				9928

19-8　社会福利事业、企业单位基本情况（2019年）

项　目	单位数（个）	年末职工人数（人）	年末床位数（张）	年末收养人数（人）
社会工作机构	**634**	**4990**	**10084**	**6567**
提供住宿的社会工作机构	**67**	**1677**	**10084**	**6567**
养老机构	65	1645	10022	6546
#社会福利院	3	221	898	456
儿童福利和救助机构				
其他提供住宿的机构	2	32	62	21
生活无着人员救助管理站	2	32	62	21
不提供住宿的社会工作机构	**567**	**3313**		
社区服务机构	**559**	**3109**	**6779**	**3048**
社区服务指导中心	1	6		
社区服务中心	38	685	60	
社区服务站	215	1839	69	24
未登记和挂靠的特困人员供养机构	2	22	310	160
社区养老照料机构和设施	193	367	1704	875
社区互助型养老设施	100	159	4603	1976
其他社区服务机构和设施	10	31	33	13
殡仪服务类	**20**	**314**		

19-9 低保、救济情况

项　目	单 位	2018	2019
城市居民最低生活保障人数	**人**	**11013**	**10923**
#女性	人	5010	4958
#残疾人	人	4037	4165
#重度残疾人	人	2479	2539
按年龄分类			
老年人	人	2723	2804
成年人	人	7334	7169
未成年人	人	956	950
城市居民最低生活保障户数	**户**	**6746**	**6781**
农村居民最低生活保障人数	**人**	**22733**	**21243**
#女性	人	11258	10488
#残疾人	人	2884	3736
#重度残疾人	人	2062	2385
按年龄分类			
老年人	人	13551	12300
成年人	人	8048	7775
未成年人	人	1134	1168
农村居民最低生活保障户数	**户**	**13352**	**12612**

19－10　社会保险情况（2019年）

项　目	2019	项　目	2019
养老保险情况		失业保险情况	
城镇职工基本养老保险		参保人数（万人）	43.40
参保人数（亿人）	106.07	基金收入（亿元）	2.98
企业职工	58.75	基金支出（亿元）	2.23
机关事业单位职工	7.88	工伤保险情况	
纳入统筹的离退休人员	39.44	参保人数（万人）	50.57
基金收入（亿元）	152.08	基金收入（亿元）	0.82
养老金支出（亿元）	155.15	基金支出（亿元）	1.05
城乡居民养老保险		医疗保险情况	
参保人数（亿人）	43.43	城镇职工医疗保险	
基金收入（亿元）	5.61	参保人数（万人）	89.20
养老金支出（亿元）	3.99	基金收入（亿元）	29.22
生育保险情况		基金支出（亿元）	28.36
参保人数（万人）	50.83	城乡居民医疗保险	
基金收入（亿元）	1.72	参保人数（万人）	117.77
基金支出（亿元）	1.33	基金收入（亿元）	11.18
		基金支出（亿元）	9.18

主要统计指标解释

等级运动员人数 指经考核正式批准授予等级运动员称号的人数。运动员等级分为国际级运动健将，运动健将、一级运动员、二级运动员、三级运动员、少年级运动员。该指标主要反映运动员队伍的技术水平。

卫生机构 包括医疗机构、疾病预防控制中心（防疫站）、采供血机构、卫生监督及监测（检验）机构、医学科研和在职培训机构、健康教育所等。

医疗机构 包括医院、社区卫生服务中心（站）、疗养院、卫生院、门诊部、诊所（卫生所、医务室）、妇幼保健院（所、站）、专科疾病防治院（所、站）、急救中心（站）和临床检验中心。医疗机构分为非赢利性医疗机构和赢利性医疗机构。

医院 包括综合医院、中医医院、中西医结合医院、民族医院、各类专科医院和护理院。

卫生技术人员 指卫生机构中医生、护理人员、药剂人员、检验人员等卫生技术人员。

医生 指在医疗、预防保健机构工作且取得《执业医师证书》的执业医师和执业助理医师。

社会福利事业单位 指集中收养社会孤老、残、幼的机构，包括由民政部门管理的社会福利院、儿童福利院、精神病人福利院和城镇集体举办的福利院及农村集体举办的敬老院以及优抚医院和具有收养能力的社区服务中心等。该指标主要反映我国在社会福利性单位投入的水平。

社会福利事业单位收养人数 包括民政部门管理和城镇、农村集体举办的社会福利事业单位中收养的老人、少年儿童、缺乏生活自理能力的残疾人员和精神病人。

社会福利企业单位 指以安置城镇有一定劳动能力的盲、聋、哑和肢体残疾人员就业为目的，享受国家减免税待遇的国有或集体企业。包括福利工厂、福利商业和服务业、假肢厂和安置农场等单位。

基本养老保险

1.（参保）职工人数：指报告期末按照国家法律、法规和有关政策规定参加基本养老保险并在社保经办机构已建立缴费记录档案的职工人数，包括中断缴费但未终止养老保险关系的职工人数，不包括只登记未建立缴费记录档案的人数。

2.（参保）离退休人员人数：指报告期末参加基本养老保险的离休、退休和退职人员的人数。基本医疗保险

参保人数：指报告期末按国家有关规定参加基本医疗保险的人数。包括参加保险的职工人数和退休人员人数。

失业保险

1.参保人数：指报告期末按照国家法律、法规和有关政策规定参加了失业保险的城镇企业事业单位的职工及地方政府规定参加失业保险的其他人员的人数。

2. 失业保险基金收入：指按照规定从企业、事业及其他单位筹集的失业保险费及其他并入失业保险基金收入的总额。包括单位和个人缴纳的失业保险费、失业保险基金利息收入、上级补助收入、下级上解收入、转移收入、财政补贴和其他收入。

3. 失业保险基金支出：指报告期内为保障失业人员和下岗职工基本生活、促进其再就业等支出的基金总额。包括失业救济金、医疗费、死亡丧葬补助费、抚恤救济费、转业训练费支出、失业保险经办机构管理费、补助下级支出、上解上级支出、转移支出和其他支出。

工伤保险

参加保险人数:指报告期末依据国家有关规定参加工伤保险的职工人数。

生育保险

参保人数： 指报告期末依据有关规定参加生育保险的职工人数。

20 要素市场、信息产业、高新技术开发区

Essential Market,information Industry and Exploitation Areas of Advanced Technology

资料整理：杨烨坤

20-1　国有土地使用权出让情况

指　　标	单 位	2018	2019
国有土地使用权出让情况			
出让土地	宗	187	159
#协议出让	宗	40	32
出让土地面积	公顷	525.15	787.66
成交价款	亿元	84.06	74.04

20-2　信息产业及城市信息化情况

指　　标	单 位	2018	2019
信息产业总收入	亿元	80.62	91.02
电子制造业总收入	亿元	48.63	60.30
软件业总收入	亿元	2.46	2.28
电信邮政及传输总收入	亿元	29.53	28.44
出口带宽	G	1532	2080
家庭宽带接入数	万户	92.62	100.50
互联网用户数	万户	379.51	387.90
#移动互联网用户数	万户	185.89	192.45

20-3 要素市场情况

指　标	单 位	2018	2019
房产市场情况			
商品房网签销售面积	万平方米	483.9	468.1
#住宅	万平方米	409.9	417.3
商品房网签销售金额	亿元	313.6	319.4
#住宅	亿元	248.5	278.6
技术市场情况			
技术合同数	份	70	79
合同成交总金额	万元	9700	14500
#技术交易额	万元	9000	13900
劳动力市场情况			
期末召开招聘会期次	次	307	289
招聘单位数	个	7083	7621
进场应聘人数	人	92609	92832
提供就业岗位数	个	88404	94168
达成意向人数	人	29995	36916
应聘成功人数	人	12243	12985

20-4 稀土高新技术产业开发区企业主要经济指标（2019年）

企业分类	企业数（个）	年末从业人员（人）	总收入（万元）	工业总产值（万元）	净利润（万元）	实际上缴税总额（万元）	出口总额（万元）
高新区企业	**561**	**116952**	**19487231**	**13033138**	**319725**	**524652**	**723572**
#稀土企业	62	10608	2254507	1427569	59093	56106	50787
#高新技术企业	186	87822	15882198	10095412	213655	362979	701082
#上市企业	23	43942	10960567	6609282	147856	217291	499011
按地域分类							
#政策区	89	69263	11585603	7899962	56506	261697	568780
新建区	472	47689	7901628	5133176	263219	262955	154792
#创业中心企业	264	3791	171701	62968	6332	7285	1374
按经济类型分类							
#国有企业	26	23002	2376223	1006799	-145	75943	78270
股份合作企业	3	107	5158	1348	69	54	
有限责任公司	236	36125	4479425	4104451	111692	169780	118845
股份有限公司	29	41472	10589197	6227105	134196	206626	499463
私营企业	258	12859	1566360	1360135	46349	52460	15261
外商及港澳台商投资企业	8	3034	467131	329795	26789	19699	11732
按企业收入分类							
#营业收入100亿元以上企业	5	44933	12439072	6858095	228542	280263	419793
营业收入50-100亿元企业	2	9616	1271804	1285871	-2268	25254	68073
营业收入30-50亿元企业	1	2157	338610	333665	-50023		24318
营业收入10-30亿元企业	14	12195	2150445	2094132	117496	63761	90103
营业收入1-10亿元企业	87	32739	2700054	2140028	49048	129772	104009
营业收入亿元以下企业	452	14973	583509	317843	-24776	25512	17277
#在地规模以上企业	160	37333	6559603	5053104	236270	240168	151834
工业	98	22688	6110097	5050577	244726	227564	151834
服务业	62	14645	449506	2527	-8456	12604	

21 旗县区资料

Statistice of Banners,counties and Districts

资料整理：李志伟

21-1　稀土高新区主要经济指标

指　　标	单 位	2019	2019年比2018年增长(±%)
行政区域土地面积(平方公里)	**平方公里**	**116**	
人口			
年末户籍户数	户	36366	1.3
年末户籍人口	人	93082	5.1
国民经济综合指标			
生产总值	万元	3715235	7.0
第一产业增加值	万元	35216	0.7
第二产业增加值	万元	1913828	9.0
第三产业增加值	万元	1766192	5.0
人均生产总值	元	242193	6.3
一般公共预算收入	万元	268440	0.1
一般公共预算支出	万元	274916	-18.3
农村牧区经济			
耕地面积	公顷	2611	
农作物总播种面积	公顷	1460	-2.7
粮食产量	吨	3603	15.7
油料产量	吨	59	-24.0
肉类总产量	吨	330	-8.6
奶类产量	吨	5384	24.4
规模以上工业			
工业企业单位数	个	101	3.1
工业总产值	万元	5063135	
工业企业增加值增速	%		12.4
投资、建筑业			
固定资产投资	万元		-3.3
房地产开发投资	万元	338365	11.9
贸易			
社会消费品零售总额	万元	794694	4.6
出口总额	万元	148624	-2.5
交通运输邮电通信业			
公路里程	公里	413	0.5
移动电话用户	户	173591	5.0
互联网宽带接入用户	户	35963	28.0
科技教育卫生社会保障			
小学学校数	所	9	
普通中学学校数	所	6	
全年专利授权数	件	493	
体育场馆数	个		
医疗卫生机构床位数	张		
医疗卫生机构技术人员	人		
城乡居民基本养老保险参保人数	人	5959	2.6
基本医疗保险参保人数	人	68931	31.6
居民生活			
全体居民人均可支配收入	元	53437	6.5
城镇常住居民人均可支配收入	元	53437	6.5
农村牧区常住居民人均可支配收入	元		

21-2 昆都仑区主要经济指标

指　　标	单 位	2019	2019年比2018年增长(±%)
行政区域土地面积(平方公里)	**平方公里**	**301**	
人口			
年末户籍户数	户	186321	1.6
年末户籍人口	人	520864	0.7
国民经济综合指标			
生产总值	万元	8158800	6.0
第一产业	万元	30427	0.6
第二产业	万元	3018485	10.5
第三产业	万元	5109889	3.5
人均生产总值	元	102324	5.6
一般公共预算收入	万元	288561	30.0
一般公共预算支出	万元	334138	4.6
农村牧区经济			
耕地面积	公顷	2627	
农作物总播种面积	公顷	1269	-19.2
粮食产量	吨	7926	0.1
油料产量	吨	18	
肉类总产量	吨	1258	-42.7
奶类产量	吨	6353	-8.6
规模以上工业			
工业企业单位数	个	59	-14.5
工业总产值	万元	8490749	
工业企业增加值增速	%		12.6
投资、建筑业			
固定资产投资	万元		6.6
房地产开发投资	万元	364203	-11.6
贸易			
社会消费品零售总额	万元	3365298	4.4
出口总额	万元		
交通运输邮电通信业			
公路里程	公里	521	0.6
移动电话用户	户	856898	2.4
互联网宽带接入用户	户	186545	15.8
科技教育卫生社会保障			
小学学校数	所	34	3.0
普通中学学校数	所	26	
全年专利授权数	件	684	
体育场馆数	个	6	
医疗卫生机构床位数	张	5910	-5.2
医疗卫生机构技术人员	人	7550	1.7
城乡居民基本养老保险参保人数	人	9624	4.6
基本医疗保险参保人数	人	230597	1.0
居民生活			
全体居民人均可支配收入	元	53854	6.3
城镇常住居民人均可支配收入	元	53854	6.3
农村牧区常住居民人均可支配收入	元		

21-3　东河区主要经济指标

指　标	单 位	2019	2019年比2018年增长(±%)
行政区域土地面积(平方公里)	**平方公里**	**470**	
人口			
年末户籍户数	户	161084	0.2
年末户籍人口	人	406690	-0.5
国民经济综合指标			
生产总值	万元	3294119	5.6
第一产业	万元	68067	0.9
第二产业	万元	973529	7.6
第三产业	万元	2252523	4.9
人均生产总值	元	59493	5.4
一般公共预算收入	万元	103313	-4.5
一般公共预算支出	万元	198061	9.2
农村牧区经济			
耕地面积	公顷	9343	
农作物总播种面积	公顷	8467	
粮食产量	吨	38072	-4.1
油料产量	吨	184	
肉类总产量	吨	2097	-4.5
奶类产量	吨	10049	3.9
规模以上工业			
工业企业单位数	个	34	
工业总产值	万元	3077914	
工业企业增加值增速	%		10.9
投资、建筑业			
固定资产投资	万元		22.0
房地产开发投资	万元	304186	32.1
贸易			
社会消费品零售总额	万元	1858932	4.2
出口总额	万元	10000	
交通运输邮电通信业			
公路里程	公里	265	
移动电话用户	户	402800	0.4
互联网宽带接入用户	户	89980	0.4
科技教育卫生社会保障			
小学学校数	所	22	-4.3
普通中学学校数	所	17	-5.6
全年专利授权数	件	145	
体育场馆数	个	2	
医疗卫生机构床位数	张	5042	-4.3
医疗卫生机构技术人员	人	5893	0.1
城乡居民基本养老保险参保人数	人	28996	9.4
基本医疗保险参保人数	人	217635	0.1
居民生活			
全体居民人均可支配收入	元	43924	6.1
城镇常住居民人均可支配收入	元	45780	6.4
农村牧区常住居民人均可支配收入	元	24523	9.4

21-4　青山区主要经济指标

指　标	单 位	2019	2019年比2018年增长(±%)
行政区域土地面积(平方公里)	**平方公里**	**280**	
人口			
年末户籍户数	户	131897	2.0
年末户籍人口	人	371855	1.1
国民经济综合指标			
生产总值	万元	5486982	7.0
第一产业	万元	31715	0.4
第二产业	万元	1899945	9.0
第三产业	万元	3555322	5.9
人均生产总值	元	104994	6.6
一般公共预算收入	万元	223911	6.9
一般公共预算支出	万元	256184	22.7
农村牧区经济			
耕地面积	公顷	2900	
农作物总播种面积	公顷	240	-13.1
粮食产量	吨	1248	-8.3
油料产量	吨		
肉类总产量	吨	995	-70.2
奶类产量	吨	3025	-26.3
规模以上工业			
工业企业单位数	个	36	-26.5
工业总产值	万元	1182098	
工业企业增加值增速	%		13.9
投资、建筑业			
固定资产投资	万元		3.5
房地产开发投资	万元	485335	10.6
贸易			
社会消费品零售总额	万元	2758854	4.5
出口总额	万元	124285	-22.0
交通运输邮电通信业			
公路里程	公里	310	
移动电话用户	户	858700	
互联网宽带接入用户	户	415200	
科技教育卫生社会保障			
小学学校数	所	21	
普通中学学校数	所	21	5.0
全年专利授权数	件	509	
体育场馆数	个	5	
医疗卫生机构床位数	张	5003	0.5
医疗卫生机构技术人员	人	6630	4.7
城乡居民基本养老保险参保人数	人	8947	-1.9
基本医疗保险参保人数	人	186616	2.8
居民生活			
全体居民人均可支配收入	元	53753	6.2
城镇常住居民人均可支配收入	元	53753	6.2
农村牧区常住居民人均可支配收入	元		

21-5　石拐区主要经济指标

指　　标	单 位	2019	2019年比2018年增长(±%)
行政区域土地面积(平方公里)	**平方公里**	**761**	
人口			
年末户籍户数	户	23011	-1.4
年末户籍人口	人	47226	-1.7
国民经济综合指标			
生产总值	万元	594552	1.2
第一产业	万元	8238	1.4
第二产业	万元	444382	-0.7
第三产业	万元	141933	8.8
人均生产总值	元	155642	0.5
一般公共预算收入	万元	40663	6.1
一般公共预算支出	万元	89841	7.0
农村牧区经济			
耕地面积	公顷	4318	
农作物总播种面积	公顷	2087	2.9
粮食产量	吨	8616	9.7
油料产量	吨	35	-5.4
肉类总产量	吨	946	3.3
奶类产量	吨	3765	-1.7
规模以上工业			
工业企业单位数	个	26	8.3
工业总产值	万元	1408243	
工业企业增加值增速	%		-1.8
投资、建筑业			
固定资产投资	万元		28.3
房地产开发投资	万元	15928	231.8
贸易			
社会消费品零售总额	万元	62959	3.6
出口总额	万元	5656	-40.8
交通运输邮电通信业			
公路里程	公里	324	3.8
移动电话用户	户	29057	36.7
互联网宽带接入用户	户	4497	247.3
科技教育卫生社会保障			
小学学校数	所	2	
普通中学学校数	所	4	33.3
全年专利授权数	件	10	
体育场馆数	个	2	
医疗卫生机构床位数	张	41	
医疗卫生机构技术人员	人	84	9.1
城乡居民基本养老保险参保人数	人	12768	5.4
基本医疗保险参保人数	人	34119	0.3
居民生活			
全体居民人均可支配收入	元	39316	9.9
城镇常住居民人均可支配收入	元	44294	7.0
农村牧区常住居民人均可支配收入	元	17582	10.1

21-6　白云矿区主要经济指标

指　标	单 位	2019	2019年比2018年增长(±%)
行政区域土地面积(平方公里)	**平方公里**	**303**	
人口			
年末户籍户数	户	6784	-1.2
年末户籍人口	人	15434	-2.6
国民经济综合指标			
生产总值	万元	320585	4.7
第一产业	万元	517	0.6
第二产业	万元	227330	4.4
第三产业	万元	92738	5.4
人均生产总值	元	114700	4.3
一般公共预算收入	万元	16458	-37.6
一般公共预算支出	万元	42744	-12.8
农村牧区经济			
耕地面积	公顷		
农作物总播种面积	公顷	2	
粮食产量	吨		
油料产量	吨		
肉类总产量	吨	93	-45.0
奶类产量	吨	218	1.4
规模以上工业			
工业企业单位数	个	10	
工业总产值	万元	78318	
工业企业增加值增速	%		3.0
投资、建筑业			
固定资产投资	万元		9.8
房地产开发投资	万元		
贸易			
社会消费品零售总额	万元	80620	4.4
出口总额	万元		
交通运输邮电通信业			
公路里程	公里	79	
移动电话用户	户	30800	2.6
互联网宽带接入用户	户	6900	13.8
科技教育卫生社会保障			
小学学校数	所	3	
普通中学学校数	所	2	
全年专利授权数	件	2	
体育场馆数	个	3	
医疗卫生机构床位数	张	110	
医疗卫生机构技术人员	人	149	-6.9
城乡居民基本养老保险参保人数	人	310	3.3
基本医疗保险参保人数	人	7757	-2.1
居民生活			
全体居民人均可支配收入	元	53728	6.2
城镇常住居民人均可支配收入	元	53728	6.2
农村牧区常住居民人均可支配收入	元		

21-7　九原区主要经济指标

指　　标	单 位	2019	2019年比2018年增长(±%)
行政区域土地面积(平方公里)	**平方公里**	**734**	
人口			
年末户籍户数	户	53201	1.2
年末户籍人口	人	127267	1.4
国民经济综合指标			
生产总值	万元	2465426	5.1
第一产业	万元	124342	0.8
第二产业	万元	962989	2.9
第三产业	万元	1378094	7.4
人均生产总值	元	105360	3.8
一般公共预算收入	万元	153019	6.1
一般公共预算支出	万元	201080	8.6
农村牧区经济			
耕地面积	公顷	24355	
农作物总播种面积	公顷	19438	-4.8
粮食产量	吨	65027	-4.0
油料产量	吨	2879	-0.3
肉类总产量	吨	30331	1.8
奶类产量	吨	209552	-1.0
规模以上工业			
工业企业单位数	个	37	12.1
工业总产值	万元	1877162	
工业企业增加值增速	%		5.4
投资、建筑业			
固定资产投资	万元		10.0
房地产开发投资	万元	528831	45.0
贸易			
社会消费品零售总额	万元	625225	4.1
出口总额	万元		
交通运输邮电通信业			
公路里程	公里	817	0.2
移动电话用户	户	264810	3.6
互联网宽带接入用户	户	25728	3.0
科技教育卫生社会保障			
小学学校数	所	15	
普通中学学校数	所	8	
全年专利授权数	件	97	
体育场馆数	个	2	
医疗卫生机构床位数	张	1846	29.4
医疗卫生机构技术人员	人	2176	35.9
城乡居民基本养老保险参保人数	人	23463	3.9
基本医疗保险参保人数	人	127723	-0.6
居民生活			
全体居民人均可支配收入	元	44343	7.0
城镇常住居民人均可支配收入	元	52163	6.4
农村牧区常住居民人均可支配收入	元	23213	9.6

21-8　土默特右旗主要经济指标

指　标	单 位	2019	2019年比2018年增长(±%)
行政区域土地面积(平方公里)	**平方公里**	**2368**	
人口			
年末户籍户数	户	164307	0.3
年末户籍人口	人	362417	-0.1
国民经济综合指标			
生产总值	万元	1617270	5.5
第一产业	万元	383776	1.0
第二产业	万元	489432	7.4
第三产业	万元	744063	7.1
人均生产总值	元	53936	5.5
一般公共预算收入	万元	63818	6.1
一般公共预算支出	万元	230263	-8.2
农村牧区经济			
耕地面积	公顷	111938	
农作物总播种面积	公顷	108956	-0.8
粮食产量	吨	775045	1.7
油料产量	吨	30377	-11.6
肉类总产量	吨	67686	-2.5
奶类产量	吨	302501	5.2
规模以上工业			
工业企业单位数	个	27	22.7
工业总产值	万元	725180	
工业企业增加值增速	%		11.2
投资、建筑业			
固定资产投资	万元		10.0
房地产开发投资	万元	89774	683.0
贸易			
社会消费品零售总额	万元	438042	4.3
出口总额	万元		
交通运输邮电通信业			
公路里程	公里	2460	-5.9
移动电话用户	户	246000	-11.8
互联网宽带接入用户	户	26810	0.3
科技教育卫生社会保障			
小学学校数	所	21	
普通中学学校数	所	7	
全年专利授权数	件	42	
体育场馆数	个	1	
医疗卫生机构床位数	张	878	-2.3
医疗卫生机构技术人员	人	1014	2.8
城乡居民基本养老保险参保人数	人	162500	0.0
基本医疗保险参保人数	人	288197	-1.1
居民生活			
全体居民人均可支配收入	元	27774	6.9
城镇常住居民人均可支配收入	元	39390	6.1
农村牧区常住居民人均可支配收入	元	19309	9.7

21-9　固阳县主要经济指标

指　　标	单 位	2019	2019年比2018年增长(±%)
行政区域土地面积(平方公里)	**平方公里**	**5025**	
人口			
年末户籍户数	户	97672	0.3
年末户籍人口	人	198309	-0.4
国民经济综合指标			
生产总值	万元	571178	5.6
第一产业	万元	136279	1.7
第二产业	万元	246148	13.2
第三产业	万元	188751	-0.4
人均生产总值	元	33758	5.7
一般公共预算收入	万元	37434	14.0
一般公共预算支出	万元	227589	-8.4
农村牧区经济			
耕地面积	公顷	188439	
农作物总播种面积	公顷	102556	29.3
粮食产量	吨	109586	0.8
油料产量	吨	46340	117.2
肉类总产量	吨	41113	-5.8
奶类产量	吨	34558	-11.1
规模以上工业			
工业企业单位数	个	32	33.3
工业总产值	万元	902715	
工业企业增加值增速	%		22.7
投资、建筑业			
固定资产投资	万元		-9.6
房地产开发投资	万元	20796	-21.3
贸易			
社会消费品零售总额	万元	205913	3.9
出口总额	万元		
交通运输邮电通信业			
公路里程	公里	1260	
移动电话用户	户	130000	-23.5
互联网宽带接入用户	户	20000	33.3
科技教育卫生社会保障			
小学学校数	所	5	
普通中学学校数	所	3	
全年专利授权数	件	4	
体育场馆数	个	1	
医疗卫生机构床位数	张	612	0.5
医疗卫生机构技术人员	人	544	9.0
城乡居民基本养老保险参保人数	人	107524	-0.5
基本医疗保险参保人数	人	163769	-3.8
居民生活			
全体居民人均可支配收入	元	21885	8.5
城镇常住居民人均可支配收入	元	33702	6.6
农村牧区常住居民人均可支配收入	元	15287	10.8

21-10　达尔罕茂明安联合旗主要经济指标

指　标	单 位	2019	2019年比2018年增长(±%)
行政区域土地面积(平方公里)	**平方公里**	**17410**	
人口			
年末户籍户数	户	53281	
年末户籍人口	人	110531	-0.4
国民经济综合指标			
生产总值	万元	920544	4.9
第一产业	万元	145427	1.6
第二产业	万元	488732	10.2
第三产业	万元	286386	-1.7
人均生产总值	元	95344	5.0
一般公共预算收入	万元	55699	-2.5
一般公共预算支出	万元	204597	-7.3
农村牧区经济			
耕地面积	公顷	77057	
农作物总播种面积	公顷	50252	1.7
粮食产量	吨	85542	
油料产量	吨	22000	78.0
肉类总产量	吨	28536	6.0
奶类产量	吨	63167	0.9
规模以上工业			
工业企业单位数	个	52	30.0
工业总产值	万元	631470	
工业企业增加值增速	%		13.3
投资、建筑业			
固定资产投资	万元		3.8
房地产开发投资	万元	100136	86.4
贸易			
社会消费品零售总额	万元	171663	4.0
出口总额	万元	12727	-31.5
交通运输邮电通信业			
公路里程	公里	2999	4.0
移动电话用户	户	98790	-0.2
互联网宽带接入用户	户	18110	0.6
科技教育卫生社会保障			
小学学校数	所	6	
普通中学学校数	所	3	
全年专利授权数	件	17	
体育场馆数	个	1	
医疗卫生机构床位数	张	609	-3.8
医疗卫生机构技术人员	人	545	-3.2
城乡居民基本养老保险参保人数	人	74229	0.6
基本医疗保险参保人数	人	93960	-4.1
居民生活			
全体居民人均可支配收入	元	31556	8.8
城镇常住居民人均可支配收入	元	42656	6.7
农村牧区常住居民人均可支配收入	元	16950	11.1

22 附 录

Appendix

资料整理：袁斌

22-1　西部城市国民经济和社会发展主要指标（一）

城市名称	地区生产总值		第一产业增加值		第二产业增加值		第三产业增加值	
	2019	位次	2019	位次	2019	位次	2019	位次
成　都	17012.7	1	612.2	1	5244.6	1	11155.9	1
自　贡	1428.5	28	202.4	24	572.7	28	653.4	27
攀枝花	1010.1	36	91.7	43	550.7	29	367.7	41
泸　州	2081.3	21	217.0	21	1021.9	15	842.4	23
德　阳	2335.9	17	234.6	19	1184.4	11	916.9	19
遂　宁	1345.7	29	185.2	27	615.3	25	545.2	31
绵　阳	2856.2	11	302.4	10	1151.3	12	1402.4	11
宜　宾	2601.9	16	277.6	14	1308.9	9	1015.3	17
内　江	1433.3	27	240.5	18	489.9	32	702.9	26
贵　阳	4039.6	6	161.3	33	1496.7	8	2381.6	6
遵　义	3483.3	8	431.9	6	1593.1	6	1458.3	10
六盘水	1266.0	33	154.8	35	583.9	26	527.3	33
安　顺	923.9	39	157.2	34	292.4	42	474.4	37
毕　节	1901.4	23	439.4	4	520.7	31	941.3	18
昆　明	6475.9	3	270.3	15	2078.8	5	4126.8	3
曲　靖	2637.6	15	438.4	5	1004.3	17	1194.9	15
玉　溪	1949.7	22	181.6	28	852.6	21	915.5	20
拉　萨	617.9	47	20.1	50	236.1	48	361.6	43
西　安	9321.2	2	279.1	12	3167.4	2	5874.6	2
宝　鸡	2223.8	18	178.8	29	1273.9	10	771.2	25
延　安	1663.9	26	149.3	36	999.8	18	514.7	34
咸　阳	2195.3	19	304.2	9	1011.6	16	879.5	22
榆　林	4136.3	5	250.7	16	2690.3	3	1195.2	14
渭　南	1828.5	24	325.0	7	679.5	23	823.9	24
兰　州	2837.4	12	51.7	47	945.4	19	1840.3	8
金　昌	340.3	53	24.1	49	219.9	49	96.3	53
白　银	486.3	50	87.0	44	180.8	53	218.6	49
银　川								

注：地区生产总值及三次产业增加值总量均按现行价格计算，本表中数据均为年快报数据（后同）。

22-1 续 表

城市名称	地区生产总值		第一产业增加值		第二产业增加值		第三产业增加值	
	2019	位次	2019	位次	2019	位次	2019	位次
石嘴山								
中　卫	437.7	51	60.2	46	187.1	51	190.4	51
吴　忠	580.2	48	70.2	45	257.2	44	252.8	48
西　宁								
格尔木	377.3	52	5.6	52	251.2	45	120.4	52
乌鲁木齐	3413.3	9	27.7	48	906.1	20	2479.4	5
克拉玛依	972.9	38	17.3	51	669.7	24	285.9	46
呼和浩特	2791.5	13	114.2	40	823.8	22	1853.4	7
包　头	**2714.5**	**14**	**96.4**	**42**	**1066.5**	**13**	**1551.6**	**9**
乌　海	551.0	49	5.2	53	342.6	37	203.2	50
巴彦淖尔	875.0	41	201.0	25	284.5	43	389.5	39
通　辽	1267.3	32	282.5	11	390.0	36	594.8	28
鄂尔多斯	3605.0	7	123.7	39	2092.3	4	1389.1	12
乌兰察布	808.4	42	128.6	38	316.4	41	363.5	42
呼伦贝尔	1193.0	35	279.1	13	332.6	39	581.4	30
南　宁	4506.6	4	507.3	2	1045.0	14	2954.3	4
柳　州	3128.3	10	223.5	20	1551.9	7	1353.0	13
桂　林	2105.6	20	486.9	3	474.9	33	1143.7	16
梧　州	991.4	37	162.0	32	341.6	38	487.8	36
玉　林	1679.8	25	323.0	8	469.3	34	887.5	21
钦　州	1292.0	31	245.3	17	533.1	30	513.5	35
北　海	1300.8	30	211.7	23	577.8	27	531.3	32
贵　港	1257.5	34	215.4	22	459.8	35	582.4	29
来　宾	654.1	46	164.5	31	182.2	52	307.4	45
防城港	701.2	44	109.4	41	330.8	40	261.0	47
贺　州	700.1	45	134.3	37	244.9	47	321.0	44
崇　左	760.5	43	170.2	30	213.7	50	376.6	40
河　池	878.1	40	189.0	26	247.3	46	441.8	38

22-2 西部城市国民经济和社会发展主要指标（二）

城市名称	地区生产总值增速（%）		第一产业增加值增速（%）		第二产业增加值增速（%）		第三产业增加值增速（%）	
	2019	位次	2019	位次	2019	位次	2019	位次
成　都	7.8	17	2.5	46	7.0	29	8.6	14
自　贡	7.8	17	2.9	40	8.2	21	8.7	13
攀枝花	6.3	34	3.4	38	5.7	38	8.5	16
泸　州	8.0	13	2.6	45	8.2	21	9.5	7
德　阳	7.2	23	2.5	46	7.8	24	7.7	22
遂　宁	8.1	9	2.7	44	8.7	14	9.8	5
绵　阳	8.1	9	2.9	40	8.0	23	9.4	9
宜　宾	8.8	7	2.9	40	9.6	9	9.8	5
内　江	7.8	17	2.9	40	8.9	13	8.8	12
贵　阳	7.4	22	5.6	10	8.2	18	7.0	30
遵　义	9.7	2	5.5	12	12.3	6	8.0	20
六盘水	7.5	20	5.7	6	8.7	14	6.6	35
安　顺	8.1	9	5.7	6	9.6	9	7.8	21
毕　节	8.0	13	5.7	6	6.8	30	9.9	4
昆　明	6.5	31	5.5	12	4.6	43	7.7	22
曲　靖	9.6	4	5.7	6	10.0	8	10.6	2
玉　溪	6.8	29	5.6	10	4.9	41	9.2	11
拉　萨	8.0	13	8.2	1	7.4	27	8.4	17
西　安	7.0	27	4.3	28	7.6	26	6.8	34
宝　鸡	3.5	53	4.6	24	2.1	50	5.7	42
延　安	6.7	30	5.2	18	6.5	33	7.6	25
咸　阳	1.9	56	4.2	30	-2.3	56	6.0	39
榆　林	7.1	25	3.9	33	8.2	18	5.8	40
渭　南	4.2	49	4.7	23	3.2	46	4.9	47
兰　州	6.0	39	5.5	12	1.9	51	8.4	17
金　昌	9.7	2	5.8	5	13.6	5	1.8	56
白　银	6.2	36	6.1	3	6.8	30	5.7	42
银　川	6.3	34	2.0	50	6.4	34	6.5	37

注：地区生产总值及三次产业增加值增速均按不变价计算。

22-2 续 表

城市名称	地区生产总值增速（%）		第一产业增加值增速（%）		第二产业增加值增速（%）		第三产业增加值增速（%）	
	2019	位次	2019	位次	2019	位次	2019	位次
石嘴山	7.0	27	3.1	39	7.7	25	6.9	31
中卫	6.0	39	3.6	36	5.4	39	7.5	26
吴忠	7.1	25	3.9	33	8.3	17	6.9	31
西宁	7.5	20	4.2	30	6.1	35	9.3	10
格尔木	8.0	13	4.5	25	8.5	16	6.9	31
乌鲁木齐	6.5	31	2.1	49	1.1	53	8.4	17
克拉玛依	6.1	38	3.7	35	2.5	47	13.0	1
呼和浩特	5.5	44	1.2	52	2.2	48	7.3	27
包头	**6.0**	**39**	**1.1**	**53**	**8.2**	**18**	**4.8**	**49**
乌海	9.5	5	0.4	56	13.9	4	3.1	55
巴彦淖尔	5.2	46	4.3	28	5.9	36	5.1	45
通辽	4.0	51	0.9	54	5.0	40	5.0	46
鄂尔多斯	4.0	51	1.5	51	4.3	45	3.6	53
乌兰察布	6.2	36	2.4	48	11.1	7	3.6	53
呼伦贝尔	2.7	54	0.7	55	2.2	49	4.1	51
南宁	5.0	47	5.3	17	4.4	44	5.2	44
柳州	2.4	55	5.1	19	-0.7	55	5.8	40
桂林	6.5	31	6.0	4	7.2	28	6.5	37
梧州	4.2	49	5.4	16	-0.3	54	7.2	28
玉林	7.2	23	3.6	36	9.0	12	7.7	22
钦州	6.0	39	5.5	12	1.4	52	10.2	3
北海	8.1	9	4.1	32	9.2	11	8.6	14
贵港	9.0	6	4.9	21	14.2	2	6.6	35
来宾	4.3	48	4.5	25	4.7	42	4.0	52
防城港	5.4	45	5.1	19	5.9	36	4.8	49
贺州	11.8	1	4.4	27	19.7	1	9.5	7
崇左	8.5	8	4.9	21	14.1	3	7.2	28
河池	6.0	39	7.8	2	6.6	32	4.9	47

22-3 西部城市国民经济和社会发展主要指标（三）

城市名称	一般公共预算收入（亿元）		一般公共预算支出（亿元）		进出口总额（亿元）		#出口总额（亿元）	
	2019	位次	2019	位次	2019	位次	2019	位次
成　都	1483.00	1	2006.80	1	5822.69	1	3309.80	1
自　贡	61.25	41	232.38	41	30.84	40	23.06	34
攀枝花	62.96	39	137.04	50	31.72	39	13.35	40
泸　州	159.60	15	443.40	20	84.30	24	40.99	24
德　阳	125.00	23	288.20	38	141.20	19	110.20	11
遂　宁	69.27	36	268.16	40	36.20	36	20.27	36
绵　阳	131.15	21	453.34	18	209.05	14	70.58	18
宜　宾	175.50	13	464.02	15	141.12	20	90.65	14
内　江	63.64	38	272.05	39	14.14	47	10.11	43
贵　阳	417.26	6	718.72	7	290.60	9	213.20	8
遵　义	254.45	9	743.40	6	36.06	37	27.93	31
六盘水	106.81	26	319.76	31	9.52	50	1.72	54
安　顺	64.65	37	300.58	33	11.67	49	7.77	46
毕　节	130.25	22	680.29	8	15.08	45	14.03	39
昆　明	630.03	3	820.86	3	923.09	4	252.28	6
曲　靖	149.07	19	541.63	11	83.20	26	82.06	16
玉　溪	133.20	20	292.70	36	213.80	13	209.27	9
拉　萨	117.04	24			41.08	32	34.44	28
西　安	702.55	2	1250.44	2	3243.06	2	1730.21	2
宝　鸡	87.98	30	350.12	28	83.98	25	43.80	23
延　安	159.93	14	447.20	19	24.19	43	1.32	55
咸　阳	89.10	29	403.95	23	89.30	23	55.95	22
榆　林	405.63	7	744.11	5	9.48	51	8.30	45
渭　南	86.01	31	466.88	14	14.08	48	11.69	41
兰　州	233.23	10	460.40	16	119.41	22	71.83	17
金　昌	20.83	56	66.31	54	141.52	18	5.33	50
白　银	31.12	53	190.28	46	47.67	30	5.97	49
银　川	154.70	16	346.60	29	157.60	17	104.40	12

22-3 续 表

城市名称	一般公共预算收入（亿元）		一般公共预算支出（亿元）		进出口总额（亿元）		#出口总额（亿元）	
	2019	位次	2019	位次	2019	位次	2019	位次
石嘴山	22.79	54	116.64	52	43.70	31	33.03	29
中　卫	22.05	55	173.80	48	36.78	35	9.03	44
吴　忠	35.40	50	218.90	44	2.27	55	2.22	53
西　宁	101.79	28	328.04	30	26.38	42	14.61	38
格尔木	39.04	48	15.74	55	0.36	56	0.18	56
乌鲁木齐	472.46	5	620.28	10	512.64	7	334.36	5
克拉玛依	105.70	27	120.00	51	4.80	54	3.40	52
呼和浩特	203.12	12	421.66	21	124.30	21	63.50	19
包　头	**151.82**	**18**	**364.53**	**27**	**190.70**	**15**	**97.90**	**13**
乌　海	46.48	46	102.97	53	5.80	53	5.20	51
巴彦淖尔	55.69	42	305.50	32	275.90	10	39.50	25
通　辽	76.22	35	379.31	25	23.43	44	22.05	35
鄂尔多斯	501.00	4	626.68	9	57.18	29	31.15	30
乌兰察布	49.86	44	370.50	26	35.60	38	27.60	32
呼伦贝尔	83.96	33	460.12	17	168.01	16	35.24	26
南　宁	370.93	8	787.71	4	747.79	6	363.91	4
柳　州	221.45	11	498.87	12	219.10	12	84.78	15
桂　林	152.79	17	496.03	13	70.58	27	62.30	20
梧　州	84.62	32	293.66	34	65.85	28	34.71	27
玉　林	111.09	25	418.98	22	40.17	33	25.04	33
钦　州	54.10	43	222.08	42	227.31	11	58.81	21
北　海	78.09	34	200.53	45	294.10	8	128.88	10
贵　港	62.69	40	292.98	35	38.91	34	18.91	37
来　宾	34.35	51	186.19	47	9.13	52	7.53	48
防城港	47.41	45	139.75	49	804.95	5	241.31	7
贺　州	36.16	49	220.12	43	14.38	46	10.48	42
崇　左	33.74	52	290.05	37	1893.39	3	1300.24	3
河　池	45.98	47	390.64	24	30.31	41	7.67	47

22-4 西部城市国民经济和社会发展主要指标（四）

城市名称	规模以上工业							
	增加值增速（%）		产销率（%）		营业收入增速（%）		利润总额增速（%）	
	2019	位次	2019	位次	2019	位次	2019	位次
成 都	7.8	25	98.3	20	5.6	26	−0.8	24
自 贡	9.5	18	97.8	25	7.6	19	14.8	11
攀枝花	5.7	37	98.5	18	5.7	25	14.3	13
泸 州	10.0	13	96.3	43	14.5	8	28.4	7
德 阳	8.8	21	96.4	40	9.7	13	19.6	8
遂 宁	9.8	16	98.3	20	9.7	13	4.5	21
绵 阳	10.0	13	97.1	36	10.4	11	14.7	12
宜 宾	10.4	12	97.2	34	16.4	6	18.4	9
内 江	9.5	18			10.2	12	-34.1	41
贵 阳	6.3	31	94.8	46				
遵 义	12.5	8	98.2	22	0.5	37	6.2	19
六盘水	9.0	20	99.1	9	1.0	36	10.7	15
安 顺	11.0	11			-0.8	38	-49.8	44
毕 节	5.3	39	98.0	23	-15.0	46	47.6	3
昆 明	4.8	41			1.1	35	-5.6	27
曲 靖	12.0	9	97.5	30	5.2	28	-9.9	28
玉 溪	6.0	33	96.1	44	12.0	10	-1.0	25
拉 萨	0.1	52						
西 安	6.9	26	94.0	49	7.7	18	16.7	10
宝 鸡	0.5	51	94.5	47	-1.6	40	-24.6	36
延 安	6.5	28	97.6	29	8.7	15	-20.7	33
咸 阳	-4.1	56	97.3	33	-7.5	44	-26.7	37
榆 林	8.4	22	96.9	37	1.7	34	-10.7	29
渭 南	2.6	44	96.4	40	5.6	26	0.8	23
兰 州	2.0	47	98.9	14	-2.8	41	-71.2	45
金 昌	15.9	4	99.1	9	13.7	9	-2.5	26
白 银	6.6	27	100.4	2	-5.7	43	667.5	1
银 川	6.0	33	97.8	25	2.0	33	36.1	4

22-4 续 表

城市名称	规模以上工业							
	增加值增速（%）		产销率（%）		营业收入增速（%）		利润总额增速（%）	
	2019	位次	2019	位次	2019	位次	2019	位次
石嘴山	8.2	23	98.6	17	−9.8	45	−19.6	32
中 卫	5.8	36	99.2	8	-24.3	47	-36.6	42
吴 忠	13.5	7	96.7	39	8.3	16	5.8	20
西 宁	6.5	28	97.8	25	3.7	30		
格尔木	8.0	24	86.9	52	-0.8	38		
乌鲁木齐	1.7	48	101.3	1	7.2	22	-33.9	40
克拉玛依	5.0	40	100.3	4	2.1	32	-43.2	43
呼和浩特	2.3	45	100.2	5	6.0	24	29.5	6
包 头	**11.2**	**10**	**97.5**	**30**	**20.4**	**2**	**-26.8**	**38**
乌 海	21.7	1	99.9	7	18.0	4	-21.7	34
巴彦淖尔	6.0	33	97.2	34	7.3	20	-24.0	35
通 辽	3.2	43	100.0	6	19.8	3	1.0	22
鄂尔多斯	4.2	42	100.4	2			6.7	18
乌兰察布	15.3	5	99.0	11	14.8	7	-89.4	46
呼伦贝尔	-0.5	53	99.0	11	4.1	29	139.3	2
南 宁	1.0	49	98.0	24	3.1	31	8.9	16
柳 州	-1.9	54	96.7	38				
桂 林	6.4	30	96.4	42				
梧 州	-3.3	55	92.8	50				
玉 林	10.0	13	98.8	15	7.3	20	-12.6	31
钦 州	2.3	45	97.7	28	6.8	23	-12.3	30
北 海	9.7	17	98.9	13				
贵 港	16.7	3	96.0	45				
来 宾	0.8	50	98.5	18				
防城港	5.4	38	98.7	16	-4.0	42	-27.4	39
贺 州	18.5	2	97.4	32	16.7	5	35.0	5
崇 左	15.2	6	94.4	48	21.6	1	11.3	14
河 池	6.2	32	92.5	51	8.3	16	7.9	17

22-5　西部城市国民经济和社会发展主要指标（五）

城市名称	固定资产投资增速（%）		社会消费品零售总额增速（%）		城镇常住居民人均可支配收入（元）		农村常住居民人均可支配收入（元）	
	2019	位次	2019	位次	2019	位次	2019	位次
成　都	10.0	22	9.9	13	45878	5	24357	1
自　贡	13.0	6	10.8	5	36622	25	17277	12
攀枝花	9.7	25	10.2	10	41864	9	18352	9
泸　州	11.9	13	11.4	3	37252	21	16531	15
德　阳	10.5	18	10.6	7	37222	22	18249	10
遂　宁	12.0	11	10.7	6	34854	36	16358	18
绵　阳	13.6	3	11.1	4	37454	18	17735	11
宜　宾	12.9	7	10.4	8	36694	24	16999	14
内　江	12.1	9	10.4	8	36059	30	16450	16
贵　阳	1.5	44	6.2	37	38240	14	17275	13
遵　义	1.8	43	3.4	51	35352	33	13565	36
六盘水	-3.3	50	6.8	33	33048	45	11043	50
安　顺	-4.6	52	5.5	41	32345	51	10896	51
毕　节	0.9	47	6.3	36	32638	49	10364	52
昆　明	2.8	39	9.7	14	46289	4	16356	19
曲　靖	13.5	4	12.1	1	37314	20	13697	34
玉　溪	-8.8	55	12.0	2	40700	11	15719	24
拉　萨	-3.1	49	9.1	18	39686	13	16216	21
西　安	1.1	45	6.0	38	41850	10	14588	33
宝　鸡	5.3	34	9.2	17				
延　安	1.1	45	8.0	22	34888	35	11876	48
咸　阳	-1.5	48	10.0	11	36187	28	11918	47
榆　林	14.3	2	8.0	22	33904	39	13226	40
渭　南	-3.3	50	8.2	20	33674	40	12775	43
兰　州	-4.7	53	7.6	28	38095	16	13605	35
金　昌	10.4	21	7.8	26	40553	12	15719	25
白　银	13.1	5	8.1	21	31769	52	9927	54
银　川	-6.2	54	6.0	38	38217	15	15282	29

22-5 续 表

城市名称	固定资产投资增速（%）		社会消费品零售总额增速（%）		城镇常住居民人均可支配收入（元）		农村常住居民人均可支配收入（元）	
	2019	位次	2019	位次	2019	位次	2019	位次
石嘴山	4.4	38	4.2	47	33016	47	15163	30
中　卫	4.7	37	1.8	56	29602	55	11308	49
吴　忠	-29.5	56	8.0	22	29616	54	13337	38
西　宁	2.6	40	5.0	42	34846	37	12577	45
格尔木	12.3	8	6.5	35	35401	32	19842	5
乌鲁木齐	2.0	41	3.0	54	42667	8	21448	2
克拉玛依	16.0	1	4.0	49	45658	6		
呼和浩特	5.2	35	2.7	55	49397	3	18974	8
包　头	**2.0**	**41**	**4.3**	**44**	**50427**	**1**	**19174**	**6**
乌　海	10.5	18	4.3	44	45010	7	20296	3
巴彦淖尔	5.0	36	4.3	44	32634	50	19064	7
通　辽	11.0	16	3.1	52	34127	38	15323	27
鄂尔多斯	9.5	27	4.5	43	49768	2	20075	4
乌兰察布	5.7	32	5.6	40	33042	46	11971	46
呼伦贝尔	5.4	33	3.1	52	35482	31	16420	17
南　宁	9.9	23	4.2	47	37675	17	15047	31
柳　州	9.6	26	7.0	31	37358	19	14715	32
桂　林	9.3	28	10.0	11	37178	23	16045	22
梧　州	11.0	16	8.6	19	33518	41	13474	37
玉　林	11.5	15	7.7	27	36133	29	16348	20
钦　州	11.7	14	9.5	16	33488	42	12816	41
北　海	9.0	29	7.1	29	36602	26	15510	26
贵　港	10.5	18	9.7	14	32916	48	15289	28
来　宾	9.9	23	7.0	31	34950	34	12810	42
防城港	8.0	31	3.8	50	36385	27	15962	23
贺　州	8.2	30	7.1	29	33179	44	12737	44
崇　左	12.0	11	8.0	22	33297	43	13320	39
河　池	12.1	9	6.8	33	29665	53	10141	53

22-6 西部城市国民经济和社会发展主要指标（六）

城市名称	年末总人口（万人）		居民消费价格指数（%）		金融机构存款余额（亿元）		金融机构贷款余额（亿元）	
	2019	位次	2019	位次	2019	位次	2019	位次
成　都	1658.10	1	102.8	19	39828.00	1	36464.00	1
自　贡	292.20	31	103.7	7	2070.95	27	1199.28	31
攀枝花	121.40	48	104.1	2	1082.53	44	828.80	41
泸　州	432.94	16	102.7	20	2822.52	23	2001.33	19
德　阳	356.10	23	104.1	2	2924.80	21	1662.20	24
遂　宁	318.90	26	102.6	26	1652.55	34	1172.03	32
绵　阳	487.70	12	103.4	12	4472.56	10	2481.92	17
宜　宾	457.30	13	102.3	36	3376.98	18	1976.50	20
内　江	370.00	21	103.5	11	1802.12	30	1021.42	38
贵　阳	497.14	11	102.7	20	11979.46	4	14141.31	4
遵　义	630.20	6	102.0	45	5012.93	9	3904.06	11
六盘水	295.05	30	101.5	51	1312.38	37	1425.43	27
安　顺	236.36	36	102.1	44	1090.10	42	1077.41	35
毕　节	671.43	5	101.6	50	1902.40	29	1860.08	21
昆　明	695.00	4	102.3	36	15058.85	3	18216.90	3
曲　靖	617.80	7	102.5	29	2486.88	25	1654.93	26
玉　溪	238.88	34	102.7	20	1956.80	28	1340.60	28
拉　萨			102.2	39	2888.54	22	3303.93	12
西　安	1020.35	2	102.7	20	23340.84	2	22436.65	2
宝　鸡	376.10	20	102.7	20	3183.22	20	1800.83	22
延　安	225.57	38	102.6	26	1674.88	33	1319.43	29
咸　阳	435.62	15	102.7	20	3426.58	17	1746.04	23
榆　林	342.42	25	102.3	36	4175.74	11	2122.49	18
渭　南	527.81	9	102.5	29	2589.65	24	1239.83	30
兰　州	379.09	19	102.2	39	8875.50	7	12272.83	6
金　昌	45.82	54	102.4	33	415.33	55	310.31	56
白　银	174.08	44	102.5	29	804.53	48	670.50	47
银　川	229.31	37	102.2	39	4027.40	13	5359.54	10

22-6 续 表

城市名称	年末总人口（万人）		居民消费价格指数（%）		金融机构存款余额（亿元）		金融机构贷款余额（亿元）	
	2019	位次	2019	位次	2019	位次	2019	位次
石嘴山	80.60	51	102.2	39	647.34	53	597.22	51
中卫	117.46	49	101.3	54	558.77	54	451.68	54
吴忠	142.25	47	101.4	53	730.00	52	626.30	49
西宁	238.71	35	102.5	29	4032.56	12	5396.96	9
格尔木	24.00	55	102.0	45	229.03	56	334.50	55
乌鲁木齐	346.20	24	102.0	45	8919.80	6	7297.58	8
克拉玛依	46.23	53	101.8	49	1741.80	31	756.30	44
呼和浩特	313.68	28	102.6	26	5918.89	8	8599.35	7
包头	**289.69**	**32**	**101.9**	**48**	**3319.93**	**19**	**2973.01**	**15**
乌海	56.33	52	102.4	33	847.04	47	666.41	48
巴彦淖尔	169.38	46	102.4	33	1086.00	43	923.40	39
通辽	313.88	27			1196.87	41	1034.78	37
鄂尔多斯	208.76	42	101.5	51	4015.76	14	3251.07	13
乌兰察布	209.02	41	103.3	15	1256.37	38	784.21	43
呼伦贝尔	253.41	33			1713.51	32	1150.93	33
南宁	734.48	3	103.4	12	10718.32	5	13964.35	5
柳州	407.80	18	103.1	16	3916.71	15	3226.06	14
桂林	511.23	10	103.4	12	3603.49	16	2829.19	16
梧州	307.70	29	103.9	5	1364.03	36	1040.89	36
玉林	587.78	8	103.6	9	2204.61	26	1658.40	25
钦州	415.37	17	102.2	39	1072.71	45	741.30	45
北海	170.07	45	103.1	16	1250.35	39	866.32	40
贵港	443.08	14	104.1	2	1497.76	35	1134.74	34
来宾	224.43	39	104.2	1	751.12	51	609.30	50
防城港	96.36	50	103.6	9	779.23	50	716.13	46
贺州	208.53	43	103.0	18	792.72	49	591.47	53
崇左	211.03	40	103.8	6	915.35	46	593.45	52
河池	356.36	22	103.7	7	1213.81	40	799.04	42

中国统计出版社有限公司最新图书简目

(仅供参考,以实际出版为准)

统计资料

中国统计年鉴　中国统计摘要　中国第三产业统计年鉴
中国第三次全国农业普查综合资料　国际统计年鉴　金砖国家联合统计手册
中国-东盟国家统计手册　中国农村统计年鉴　中国县域统计年鉴
中国农产品价格调查年鉴　中国城市统计年鉴　中国价格统计年鉴
中国贸易外经统计年鉴　中国零售和餐饮连锁企业统计年鉴　中国商品交易市场统计年鉴
大中型批发零售和住宿餐饮企业统计年鉴　中国住户调查年鉴　中国工业统计年鉴
中国环境统计年鉴　中国能源统计年鉴　中国建筑业统计年鉴
中国房地产统计年鉴　投资领域统计年鉴　中国对外直接投资统计公报
中国人口和就业统计年鉴　中国劳动统计年鉴　中国社会统计年鉴
中国科技统计年鉴　中国高技术产业统计年鉴　全国企业创新调查年鉴
中国文化及相关产业统计年鉴　2018年时间利用调查资料　中国妇女儿童状况统计资料
中国基本单位统计年鉴　中国教育统计年鉴　中国教育经费统计年鉴
中国民族统计年鉴　中国残疾人事业统计年鉴　长江经济带发展统计年鉴

省级综合统计年鉴系列

北京 天津 河北 山西 内蒙古 辽宁 吉林 黑龙江 上海 江苏 浙江 安徽 福建 江西 山东 河南 湖北 湖南 广东 广西 海南 重庆 四川 贵州 云南 西藏 陕西 甘肃 青海 宁夏 新疆 新疆生产建设兵团

市(县)级综合统计年鉴系列

滨海新区 石家庄 唐山 邯郸 保定 沧州 邢台 廊坊 承德 衡水 秦皇岛 张家口 太原 大同 阳泉 长治 晋城 朔州 晋中 运城 忻州 临汾 吕梁 呼和浩特 鄂尔多斯 包头 沈阳 大连 长春 延吉 四平 白山 通化 哈尔滨 齐齐哈尔 黑龙江垦区 上海浦东新区 南京 无锡 徐州 常州 苏州 南通 连云港 淮安 盐城 扬州 镇江 泰州 宿迁 江阴 丹阳 海门 张家港 杭州 宁波 温州 嘉兴 湖州 绍兴 金华 衢州 舟山 台州 丽水 合肥 安庆 福州 厦门 宁德 漳州 龙岩 莆田 泉州 三明 南平 南昌 九江 上饶 新余 抚州 赣州 景德镇 济南 青岛 枣庄 潍坊 聊城 郑州 洛阳 平顶山 三门峡 南阳 商丘 信阳 济源 汝州 武汉 十堰 荆州 宜昌 荆门 咸宁 黄冈 长沙 鹰潭 广州 深圳 惠州 东莞 汕尾 湛江 肇庆 南宁 柳州 桂林 贵港 梧州 来宾 河池 防城港 海口 三亚 儋州 成都 内江 贵阳 黔南 毕节 昆明 文山 德宏 西安 延安 安康 铜川 汉中 商洛 银川 兰州 庆阳 乌鲁木齐 昌吉 阿勒泰 兵团一师、二师、三师、四师、六师、七师、八师、十师、十三师、十四师

调查年鉴系列

天津 内蒙古 上海 河南 湖北 湖南 广东 广西 重庆 四川 云南 甘肃 宁夏 南宁 贵港 昆明

统计方法应用/实用手册

Python数据分析基础（第二版）　非参数统计（第五版）　现代金融投资统计分析（第四版）
国民经济核算初级教程（第二版）　国民经济核算教程（第五版）　概率统计基础
全国统计专业技术资格考试系列考试用书：统计业务知识（第四版修订版）　统计业务知识学习指导与习题
全国统计专业技术资格考试系列考试用书：统计相关知识（第四版）　统计相关知识学习指导与习题

统计通俗读物/统计科普图书

领导干部统计知识问答　统计公文写作及会议办理实用手册　大数据在统计工作中的应用案例汇编
中国国民经济核算知识问答（修订版）　地区生产总值核算国际比较研究　新中国统计制度方法的发展与改革

重点图书

中国农业统计资料1949-2019　第四次全国经济普查地图集　中国经济普查年鉴2018
新编英汉汉英统计大词典　中国国民经济核算体系2016　国民经济行业分类注释
挑大学选专业2020—考研择校指南　挑大学选专业2020—高考志愿填报指南　中华医学统计百科全书